기독교 교육총서 10

기독교 교육행정

양창삼

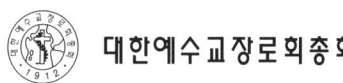
대한예수교장로회총회

기독교 교육행정

발간사

　21세기를 목전에 둔 한국교회의 양적인 급성장에 대하여는 경이와 찬사를 보내고 있으나 질적인 면에서는 성숙도가 부족하다고 우려하는 소리가 크게 들려옵니다. 일천만이 넘는 성도를 포용한 한국교회가 세상에서 빛과 소금의 직분을 감당하지 못하므로 겪는 부끄러움과 고통을 얼마나 아파해야 하겠습니까? 이제부터라도 내적인 성숙한 삶을 살게 하는 데 온 교회가 교육 문제에 큰 관심을 갖고 준비하는 노력이 필요합니다.

　하나님의 일꾼으로 부름받은 교사들이 사명의 막중함을 깨닫고 교사로서의 본분을 감당하게 될 때 성도들의 온전한 삶과 헌신적인 봉사의 일을 감당할 뿐 아니라 그리스도의 몸을 세우는 삶을 살 수 있기 때문입니다(엡 4:11-13). 위대한 교사이신 예수님을 본받아 배우고 지키게 하는 삶의 모습이 이 땅 구석구석까지 비치어 어두운 부분을 밝게 하며 능동적으로 부패를 막고 궁극적으로 복음으로 이 땅을 구원하는 역사를 일으켜야 하기 때문입니다.

　이런 관점에서 금번 총회교육부가 기획한 교사들을 위한 기독교 교육총서는 개혁주의 신앙에 근거한 신학 정립과 훌륭한 교사로서 자라나는 세대를 하나님의 선한 일꾼으로 교육하는 데 크게 도움이 될 것이라 생각합니다.

　따라서 이 기독교 교육총서는 이론적인 면과 실제적인 면이 조화가 되도록 과목 배정과 집필진 선정에 정성을 쏟았습니다. 과목으로는 전체 22과목 중 6과목을 1단계 교사양성과정(초급반)으로 즉, 「기독교 교육학 개론」, 「기독교 교육철학」, 「기독교 교육사」, 「성경교수법」, 「예배와 교육」, 「교사론」을 다루었고, 2단계 교사계속과정(중급반)으로는

「기독교 교육과정」,「신앙교육의 증인들」,「기독교 교육과 윤리」,「기독교 교육상담」,「기독교 심리」,「가정과 함께 하는 기독교 교육」,「주일학교 전도와 양육」,「기독교 교육방법」,「기독교 행정」 등 9과목으로 배정하였으며, 3단계 교사계속과정(고급반)으로 「교수매체이론 및 방법」,「기독교 교육과 음악」,「성경학교 교육론」,「제자훈련 프로그램」,「유아교육」,「청소년 교육」 등 7과목으로 분류하였고 집필진도 해당과목을 전공한 교수를 위주로 선정하였습니다.

 총회 교육부에서 기획한 기독교 교육총서는 개교회 및 노회에서 주일학교 교사들을 교육시키는 데 있어서 꼭 필요한 과목을 선정해서 지도할 수 있도록 세분하여 다양하게 구성하였습니다. 아무쪼록 교육총서를 통하여 교사들로 하여금 이 시대에 꼭 필요한 교회 지도자로 쓰임받는 일꾼들이 되도록 협력해 주시기를 부탁드립니다. 집필에 참여해 주신 여러 교수님과, 목사님, 좋은 교재를 만들기 위하여 기획 및 편집에 수고한 총회교육국 직원들에게 진심으로 감사를 드립니다. 이 책을 대하는 교사들과 모든 분들께 주님의 풍성한 은총이 함께 하시길 기원합니다.

2000년 1월
교육부장

저자서문

교회학교가 교회발전은 물론 사회발전에도 기여했다는 것은 역사가 증명하고 있다. 그럼에도 불구하고 최근 이러한 교회학교의 성장에 제동이 걸려있다는 소식은 우리를 아프게 한다. 이제 우리가 나서서 교회학교를 도와야 하며, 학교가 보다 활기차게 나아갈 수 있도록 교회는 물론 사회가 도와야 할 때가 되었다.

교회 교육행정은 교회의 성장과 발전뿐 아니라 하나님의 나라를 이 사회에 널리 확산시키는 것과 깊이 연관되어 있다. 행정 담당자는 어느 누구보다 이 일에 관심을 가지고 최고의 행정서비스를 제공해야 한다.

이를 위해 교회 교육행정 담당자는 여러 분야의 모든 것을 골고루 알아야 한다. 행정가니까 행정만 알아야 된다는 생각은 행정가로서 자질을 상실한 것이다. 교회교육의 행정은 단지 각부 예산을 세우고 그 예산을 배분하며, 시설을 관리하는 일에 국한되지 않는다. 교회행정은 교과과정을 세우는 일에서부터 회원들을 관리하고 평가하는 모든 일에 관여한다. 하나님의 나라를 바로 세우는 일이라면 관계되지 않는 부분이 없다. 그래서 행정 담당자는 많은 것을 알아야 한다.

교회 교육행정 담당자는 어느 누구보다 변화에 앞서는 지혜와 통찰력을 가지고 있어야 한다. 시대의 변화를 주시하고 무엇이 교회에 영향을 주게 될 것인가 그 흐름을 정확히 파악하고 새 시대에 맞는 교육과 예배, 봉사가 이뤄지도록 해야 한다. 과거의 것만 고수하는 것이 행정가의 할 일은 아니다. 믿음은 고수하되 생각과 행동은 누구보다 앞서야 한다.

교회 행정가는 무엇보다 신앙의 아름다움과 순수성을 유지하도록 해야 한다. 예수님은 어린이를 사랑하셨고, 그들을 천국시민의 아름다운 모습으로 부각시켰다. 교회학교는 어린이와 같은 순수함을 유지하고, 그 무엇보다 주님을 사랑하고 그 말씀을 따르도록 한다. 교회학교는 어린이에만 해당되는 것은 아니기에 성인도 주님 앞에서는 학생이 되어 주님의 말씀을 배우고 따라야 한다. 예수님은 예나 지금이나 우리의 교사요 모든 것의 기준이시기 때문이다.

이 책은 기독교 교육행정의 기본 개념에서부터 역사, 행정기능, 여러 분야의 관리적 내용이 포함되어 있다. 계획, 조직, 통제는 물론 리더십, 동기부여, 인간관계, 소그룹관리 등이 모두 망라되어 있다. 교회학교 관리에도 초점을 맞춰 교과과정, 교육방법 등의 문제와 관리방향을 소개하였다. 특히 창의성이 요구되는 시대에 각 분야에서 어떤 식의 사고전환을 통해 변화를 가져올 수 있는가에 관심을 두었다.

필자는 과거 초등부는 물론 중고등부, 대학부 및 청년부, 장년부 교사 및 지도를 거쳤다. 그 경험이 이 책을 쓰는데 많은 도움을 주었다. 특히 교회교육의 존재 의의와 어떤 행정서비스가 있어야 하는가에 대해 많은 생각을 하게 되었다. 그러나 교회가 아무리 행정지원을 잘 해준다 해도 교사로서의 소명의식과 주님을 향한 열정만큼 중요한 것은 없다. 그 열정이 횃불처럼 타오른다면 학생을 사랑하는 열정 또한 클 것이고 그것은 교육으로 나타나기 때문이다.

총회교육부의 발간계획에 따라 이번에 기독교 교육행정을 집필하게 되었다. 작은 책이지만 아무쪼록 바른 행정을 통해 한국의 교회학교가 하나님 앞에 바로 서는데 도움이 될 수 있기를 기도할 뿐이다. 감사와 영광을 오직 하나님께 돌린다.

2000년 1월
양창삼 목사

차 례

제1장 기독교 교육행정의 기본개념 ·················· 13
기독교 교육행정의 기본 개념 · 13
기독교 교육행정의 목표 · 14
교육행정의 대상 · 17
교육행정의 과업 · 18
기독교 교육행정의 원리 · 20
교육행정의 유형 · 23
창조적 교육행정 관리 · 24
교회 교육행정의 문제들 · 26

제2장 기독교 교육행정의 역사적 발전 ················ 34
유대인의 쉐마교육 · 34
영원한 교사 예수 · 37
사도 시대 초대 교회의 교사 · 39
중세 시대의 교회교육 · 40
종교개혁 시대의 교회교육 · 40
주일학교의 공식적 발아 · 42
정보화 시대와 교회교육 · 46

제3장 교회교육행정 계획, 조직, 통제 ················ 50
계획과 교육행정 · 50
교육행정과 조직화 · 55
조정과 통제 · 67

제4장 교육인사, 교육재정, 교육시설 …………… 74
교육 인사 · 74
교육 재정 · 82
교육 시설 및 교육 환경 · 84

제5장 교회학교 관리 ……………………………… 94
교회학교의 역사와 한국 교회학교의 좌표 · 95
교회학교의 조직원리 · 99
교회학교의 편제와 교육 · 101
교회학교의 교육 프로그램 관리 · 105
한국 교회학교의 문제 · 109
교회학교 개혁을 위한 제언 · 112

제6장 교육과정 관리 ……………………………… 120
교육과정 수립의 네 수준 · 120
교육과정의 작성원리 · 121
교육과정 계획 수립 · 122
교육과정의 유형 · 123
중핵교육과정으로서의 교회 교육과정 · 125
교회학교 교육과정의 기본 특성 · 126
교재와 공과 · 128
커리큘럼 선택 방법 · 129
교육과정 편성시 고려할 내용 · 130
교사양성을 위한 교과과정 · 131
교육과정에서 고려해야 할 점들 · 134

제7장 새로운 교육 방법의 모색과 그 관리 ············ 139
교육의 공식(Formular) · 139
교사의 학습 준비 · 141
옐론의 교육 방법 · 143
레이폴트의 교육방법 · 144
학생중심의 교육방법으로의 전환 · 145
레크리에이션, 구연 동화, 모델링 교육 방법 · 155
학습보조수단과 교범의 활용 · 157
청소년 교회교육의 활성화와 그 방법 · 158

제8장 성경교육과 교육행정 ······················ 162
성경교육과 교육행정 · 162
성경교육의 중요성 · 163
교사의 준비와 교육 방법 · 164
성경읽는 법 교육 · 164
다양한 성경학습방법 · 165
성경교육과 전도 · 175

제9장 창의성 교육과 행정 ······················ 179
문제해결과 창의성 · 179
교육 방법과 창의성 · 184
팬터마임을 통한 창조적 표현 · 188
연극을 통한 창의성 발휘 · 190
예배와 창의성 · 191
사회봉사와 창의적 접근 · 192
환경문제와 창의적 접근 · 194

제10장 리더십과 교육 행정 ······················ 197
교회학교 지도자는 누구인가 · 197
교회학교 지도자의 자질 · 198
리더십의 유형 · 202
지도자 훈련 · 206
교회교육 지도자에게 필요한 리더십 · 206

제11장 동기부여, 의사결정, 커뮤니케이션과 교회행정 ··· 213
교육과 동기부여 · 213
교육과 합리적 의사결정 · 217
교육과 커뮤니케이션 · 219

제12장 인간관계와 갈등관리 ······················ 226
인간관계론 · 226
피그말리온 효과와 자성예언 · 229
교회학교내의 교차적 인간관계 · 229
교사의 갈등 이해 · 232
교육에 있어서 갈등해소를 위한 방법 · 234
인간관계 개선을 위한 바람직한 태도들 · 238

제13장 상담관리 ····························· 241
교회학교에서의 학생상담의 의미 · 242
교회학교 상담조직과 상담교육 · 243
인간발달 이해 · 244
청소년 이해 · 248

교사가 가져야 할 요소 · 249
학생 개인상담 · 250
긍정적 자아상과 부정적 자아상 · 251
건강한 학생으로 성장하도록 돕는 방법 · 253
소그룹 상담교육과 교사간 자문 및 상담 · 255

제14장 회원 및 소그룹 관리 ···················· 258
회원관리 · 258
소그룹 관리 · 265

제15장 미래사회와 기독교 교육행정 ················ 275
미래교회의 변화 예측 · 275
위기의 교회학교 · 276
밀려드는 포스트모던 사조 · 277
정보화 사회와 교회교육 · 279
미래 교회학교 교육행정의 방향과 대책 · 287

제1장 기독교 교육행정의 기본 개념

기독교 교육행정의 기본 개념

 기독교 교육행정은 기독교에 입각한 교육의 목적을 효과적으로 달성하기 위해 정책을 입안하고 집행하며, 교수-학습에 필요한 여러 조건을 확립하고, 교육조직 성원의 협동적 행위를 능률적으로 조성하고 보조하는 봉사활동 과정이다.
 기독교 교육행정에 포함되어야 하는 기본적인 개념은 다음과 같다.

- ▶ 교육은 인간에게 무엇을 채우는 것(infilling)이다. 영어를 가르치면 학생의 가슴 속에 영어의 세계가 채워진다. 교회에서 학생들에게 하나님의 말씀을 채우면 그 마음 속에 하나님 나라가 채워진다. 교회학교가 학생에게 채워야 할 것은 기독교 정신이다. 하나님의 말씀으로 채우고 예수 그리스도로 채우는 것이 바로 교회학교의 교육이다. 교회학교가 간과해서 안될 것은 기독교 교육행정의 궁극적 목적이 어디까지나 기독교 정신에 입각해 있어야 한다는 것이다.
- ▶ 교육은 인간을 자라게 한다. 교육이란 말은 라틴어 '에두까레' (educare)라는 말에서 나왔다. 이것은 '바깥'(e)과 '이끌어낸다' (ducare)는 말을 합한 것이다. '이끌어내다,' '인도하다,' '기르다' 등 여러 가지로 해석된다. 선천적 소질이나 능력, 재능, 무한한 가능성을 내부로부터 끄집어내거나 이끌어주어 밖에서 꽃피우게

한다는 것이다. 즉, 가장 바람직하게 자라고 성숙케 하는 것이다. 교회 교육행정은 하나님이 각자에게 허락하신 학생들의 재능이 주 안에서 꽃을 피우도록 해야 한다.
▶ 교육행정은 교육의 목적을 효과적으로 달성하도록 지원하고 봉사한다는 봉사개념에서 벗어나서는 안 된다. 행정(administration)이라는 말은 원래 '봉사'라는 말에서 나온 것이다. 교회 안에서는 교역자든 교사든 행정담당자든 모두 주 안에서 봉사정신이 강해야 한다.
▶ 교회학교는 교회의 한 지체이자 하나님 나라의 한 지체이다. 지체는 전체를 살리는 역할을 맡는다. 교육행정은 그리스도의 몸인 교회 속에 중요한 지체로 교회를 새롭게 하고, 교회를 교회답게 하는데 기여해야 한다.
▶ 교회는 언약공동체이자 신앙공동체이다. 교육행정은 하나님의 말씀을 가르치고 그 말씀에 응답하는 삶을 살도록 함으로써 그 언약이 우리 속에 실현되도록 하는데 기여해야 한다.

기독교교육은 실천신학에 포함된다. 카이퍼는 기독교교육의 중요성을 강조하면서 교회학교 교육이 중시되어야 할 것을 말했다. 기독교교육은 특히 요람에서 무덤까지 평생교육이 되어야 한다. 행정은 기독교교육이 바르게 실행되도록 제도화하는데 도움을 준다.

기독교 교육행정의 목표

1) 디다케

예수를 그리스도로 고백하는 교회가 주를 섬기는 일 못지 않게 중시해야 할 부분은 교인들을 말씀으로 가르치고 양육하는 일이다. 이 교육적인 행위를 가리켜 디다케(didache)라 하며 교사를 디다스칼로스(didaskalos)라 한다. 교회 교육행정은 이 교육이 바르고 적절하게 진행되도록 돕는다.
 예수님은 "내가 너희에게 분부한 모든 것을 가르쳐 지키게 하라"(마 28:20)고 하셨다. 이것은 하나님의 모든 것을 완전하게 가르치는 것 뿐 아니라 효과적으로 가르치고, 올바르게 가르치는 모든 것을 포함하고 있다. 그러므로 가르침에 있어서 다음 세 가지 사항에 주목할 필요가 있다.

▶ 나는 하나님이 분부하신 모든 것을 가르치고 지키게 하고 있는가?
▶ 나는 효과적으로 가르치고 있는가?
▶ 나는 올바르게 가르치고 있는가?

 행정 담당자는 언제나 디다케에 관심을 두어야 하며 교사는 물론 교회 전체가 디다케가 바르게 준행되는지 관심을 두어야 성장하고 발전할 수 있다.

2) 실천적 변화

 교육은 인간 행동을 계획적으로 변화시켜 나가는 도구이다. 기독교교육도 인간을 변화시키고, 교회를 변화시키며, 사회를 변화시키는데 목표를 둔다. 종교개혁 당시에 교회에는 다음과 같은 두 가지 모토가 있었다.

"semper ekklesia reformanda" (교회는 늘 개혁되어야 한다)
"semper humana reformanda" (인간은 항상 고쳐져야 한다)

 교회는 교육과 말씀을 통해 개혁되어야 하며, 인간은 질적 교육을 통해 변화되어야 한다. 교회교육은 이처럼 성도를 성도답게 하고, 교회를 교회답게 하도록 늘 변화시키는 작업을 한다.
 교회학교의 최대 사명은 영혼구원과 하나님 나라 일꾼 양성이다. 이를 위해 교회학교가 해야 할 일은 학생들을 변화시키는 일이다. 교사와 행정담당자는 학생들의 영적 변화와 함께 생활의 변화를 이끄는 사람들이다. 따라서 먼저 교사와 행정담당자가 변화되지 않으면 안 된다.

사람이 자신의 삶에 새로운 변화를 원한다면 무엇보다 그 사람의 사물을 보는 관점이 달라져야 한다. 관점이란 대상을 더 큰 차원에서 봄으로 그것을 이해하고 상대적인 중요성을 판단하는 능력을 의미한다.

교회 교육행정가가 하나님의 시각으로 바라보는 훈련이 되어질 때 교회는 생동력을 가지게 된다. 문제는 목회자뿐 아니라 교회교육의 담당자들이 새로운 관점을 갖지 못하면 성장의 정체 내지 침체의 늪에서 벗어나지 못한다.

교회 교육행정은 계획된 학습활동을 통해 개인의 변화를 유도하고 앞으로 신앙 성장과 발전이 있도록 한다. 지금까지 교회교육 담당자들은 개인의 영적 변화와 성장보다는 교회학교의 양적 성장에 더 관심을 가져왔다. 이러한 양적 패러다임을 질적 패러다임으로 전환시키지 않으면 안 된다.

패러다임의 전환

양 적 패 러 다 임	질 적 패 러 다 임
학생을 사물로 인식한다	학생을 하나님의 자녀로 인식한다
기계적으로 가르친다	기도하며 영적 교감을 가지고 가르친다
숫자적 성장에 집착한다	학생들의 영적 변화에 관심을 가진다

교육행정은 교사들이 학생들을 바르게 가르칠 뿐 아니라 학생들이 교사의 가르침에 따라 바르게 행동하도록 한다. 즉 바른 가르침(orthodoxy)과 바른 실천(orthopraxis)이 함께 이뤄지도록 한다. 인간의 사고와 행동을 실제 어떻게 변혁시킬 것인가에 대한 규범을 제공한다는 점에서 기독교 교육행정은 프랙시오노미(praxeonomy)이다. 교회 교육행정가는 변화의 매개자(change agent)로서 교회의 변화를 위해 계획대로 교육이 진척되도록 교육의 속도와 방향, 질을 조정하는 역할을 한다.

교육행정의 대상

1) 앤드라고지와 페다고지

기독교 교육신학자 코메니우스(J. A. Comenius)는 범교육론(pampaedia)을 강조했다. 태아의 모태교육에서부터 임종 순간까지 그리스도인에게는 신앙교육이 필요하며 언제나 죽음을 준비하는 교육이 되어야 한다고 보았다. 교회교육이 아동에게만 해당되는 것으로 생각하는 것은 문제가 있다. 교회교육의 행정서비스를 받는 대상에는 크게 성인과 아동이 있다. 이 대상에 따라 교육의 내용과 행정도 달라진다. 크게 앤드라고지(andragogy)와 페다고지(pedagogy)로 나뉘진다.

전자는 성인을 대상으로 하는 교육을 말하며, 후자는 아이들을 대상으로 하는 교육을 말한다. 성인교육은 공식적 또는 비공식적 교육상황에서 성인의 변화 또는 성장을 일으킬 목적으로 하는 학습활동을 가리키며, 아동교육은 아동의 변화와 성장을 도모하기 위해 실시한다.

교회교육은 배우는 사람과 가르치는 사람 사이의 만남 또는 상호작용을 통해 배우는 사람이 그리스도인답게 되는 것이다. 무엇보다 하나님의 사랑을 전달하는 교회교육의 경우 교사와 학생 사이의 사랑이 절대 필요하다. 사랑의 만남이 결여된다면 교회교육은 본질적 의미에서 실패하고 있다 해도 과언이 아니다. 교회학교 교육은 그리스도의 능력과 사랑에 의한 새 생명의 창조라는 엄숙성을 기억해야 한다.

2) 개인개발과 조직개발

교육행정은 크게 개인개발과 조직개발로 나뉜다. 개인개발은 계획된 학습활동을 통해 능력을 개발토록 함으로써 현재와 미래에 있을 신앙생활을 잘 수행하도록 한다. 이에 비해 조직개발은 교회 내부 여러 조직 단위 관계와 상호관계의 건전성을 도모하고 기관과 집단들로 하여금 변화를 시도하고 관리하도록 돕는다.

교회 교육행정도 개교회에 속한 한 사람 한 사람이 그리스도 안에서 영적으로 발전하는 것에 관심을 가져야 하며, 교회 안에 속한 여러 교육기관들이 유기적으로 엮어지고 협력하여 주의 나라가 교회 안에서 이뤄지도록 조직을 개발시켜 나가야 한다.

교육행정의 과업

1) 주요 과업과 분석
기독교 교육행정은 다음과 같은 영역을 주요 과업으로 한다.

교육행정의 주요 과업
- ▶ 교육과정의 운영 : 교육목표, 내용, 교수-학습과정, 평가
- ▶ 교사의 선발 및 교육
- ▶ 학생인사
- ▶ 재정의 운용
- ▶ 시설, 설비의 정비 및 확충
- ▶ 지역사회와의 관계

교육행정은 이러한 영역을 대상으로 계획, 조직, 조정 및 통제하는 역할을 수행한다. 의사결정, 동기부여, 커뮤니케이션, 리더십, 인간관계 등 여러 사항들도 함께 다룬다.

행정담당자는 이를 위해 각 교육기관이 무엇을 필요로 하는지 분석을 한다. 교회의 교육상 특정 문제영역을 확인하고, 프로그램과 활동의 기초가 되는 특정 학습에 결함이 있는지 확인한다. 앞으로 있을 학습 평가의 근거를 확인한다. 그리고 교회의 지원을 얻기 위한 프로그램의 비용과 효과를 확인한다.

2) 전문성 확보

적절히 설계된 프로그램이 없이는 학습의 일관성이 없고 바람직한 결과를 도출해낼 수 없다. 학습 프로그램을 설계하고, 개발하며, 평가하는 모든 일에 관심을 가져야 한다. 다양한 상황에서 학습이 이뤄지도록 교수기술과 능력을 개발한다. 교회학교 교사가 전문적 정체성을 갖고 그 일을 통해 하나님 나라의 일에 동참하고 헌신하도록 해야 한다. 투르네이센(Turneysen)은 교사를 가리켜 복음을 전달하는 것으로 끝나는 것이 아니라 개인에 접근해 그를 이해하며 그리스도 형상에 이르기까지 수고하는 자라 했다. 이를 위해 교사는 끊임없이 스스로 개발하는 노력을 해야 하며, 행정담당자는 먼저 이것의 필요성을 깨닫고 어느 누구보다 교회변혁에 앞장서야 한다.

3) PAR의 실행

선례(P:precedents)는 행위(A:action)를 유발시키고, 행위는 결과(R:results)를 만들어낸다. 그리고 그 결과는 미래의 행동(future behavior)을 결정짓는다. 행정담당자가 교회교육적인 차원에서 바람직한 행동을 유발시켜야 교회의 앞날이 밝다.

PAR
- ▶ P : 선례는 행동하기 앞서 나오는 것으로 앞으로의 행동을 개발시키는데 지침이 되거나 기준으로 쓰이고 성과의 기초를 형성한다. 그 예로서 교육, 정책, 목표, 다른 사람들의 행동을 들 수 있다. 교사가 학생들에게 행동에 대한 지침이나 기준을 설명하거나 절차를 확실히 이해하도록 질문한다.
- ▶ A : 행동은 교육행정가가 말하거나 행동하는 것이다. 그것은 정책을 실현하기 위해 말을 하고 공문을 보내며 어떤 행동을 보이는 것에서 찾아볼 수 있다. 교사가 학생들에게 어떤 일을 할 기회를 주는 것도 이에 해당한다.

▶ R : 이것은 교육행정가로부터 받는 칭찬, 인정, 보상 등 모든 것이 의미있는 결과로 나타나는 것을 말한다. 이와는 달리 질책, 조소, 불평, 징계 등으로 부정적 결과로 나타나기도 한다. 어떤 결과에 이르렀는가에 따라 그것이 미래의 행동을 좌우하게 된다. 학생이 실수를 했을 때 교사가 어떤 조치를 취하는가가 매우 중요하다. 벌하기보다 실수가 오히려 잘할 수 있는 계기를 만들어 준다면 학생은 용기를 얻게 된다. 영적인 교육에서 긍정적 강화는 미래행동을 긍정적으로 형성하게 만든다.

기독교 교육행정의 원리

교회학교는 다음과 같은 원리에 의해 교육행정을 실시한다면 효율성과 효과성을 높이는데 도움을 얻을 수 있을 것이다. 그러나 원리는 자연과학에서 말하는 원리처럼 어떤 법칙적인 것은 아니다. 상황에 따라 달라질 수도 있다.

1) 하나님 나라의 원리

교회교육은 어떤 개인이나 기관의 뜻을 나타내는 곳이 아니라 하나님의 뜻을 나타내고 그 나라를 확장해야 한다. 교회의 각 교육기관과 행정부서는 이 원리를 지키기 위해 최선을 다해야 한다. 교회 안에 지켜야 할 원칙이 하나 있다면 그것은 하나님 나라의 원리이다. 교회학교 행정은 이 원칙에 충실해야 한다.

2) 기회균등의 원리

교회에 출석하는 모든 교인들, 학생들은 정도에 따라 균등하게 교육을 받을 권리를 가진다. 기회균등은 나이, 성, 출신지역, 학벌 등에 따라 어떤 차별을 두지 않는다.

3) 자주성 존중의 원리

교회는 교회학교를 교회 안의 작은 교회들(small churches in the church)로 보면서 그 조직체에 자율성을 부여한다. 교육의 자주성, 전문성, 정치적 중립성을 존중한다. 교회교육은 교육 본래의 목적을 위해 운영되어야 하며 어떤 정치적, 파당적, 개인적 편견의 선전을 위한 방편으로 이용되어서는 안 된다.

4) 자치의 원리

각 부는 교육의 자주성을 확보하며 학생과 교인들의 뜻에 따라 각기 실정에 맞는 교육행정을 하기 위해 필요한 적절한 기구와 시책을 수립하여 실시한다. 교육행정은 복음의 말씀과 인간 응답의 순수한 만남을 제한하거나 방해해서는 안 되며 그러한 만남을 적극적으로 도와주는 행정이어야 한다.

5) 적도집권의 원리

이 원리는 집권화와 분권화가 적도의 균형점을 이뤄야 한다는 것을 말한다. 교회행정을 함에 있어서 위에서는 고도의 집권을 원하는 반면 각부에서는 분권을 원한다. 교회 행정책임자는 적도집권의 원리에 따라 통제와 위임을 균형있게 할 필요가 있다.

6) 다양성 안에서의 일치 원리

교회행정은 획일성의 일치만을 추구하거나 분리된 다양성만을 추구하지 않는다. 개인과 그룹의 다양성을 인정하면서도 교회의 공동목표를 향해 더 큰 일치를 추구한다.

7) 준법주의 원리

교회교육은 교회헌법에 따른다. 교육제도와 그 운영, 교육재정 및 교사의 지위에 관한 사항은 교회법에 따른다.

8) 타당성의 원리

교육행정은 교회교육의 목적에 타당한 교육계획과 실행계획을 세워 나가야 한다. 교회교육의 목적과 수단 사이에 어떤 괴리가 있어서는 안 된다. 목적에 비추어 타당한 행정활동이 전개되어야 한다.

9) 민주성의 원리

교육행정은 독단과 편견을 배제한다. 교육정책의 수립에 있어서 광범위한 참여를 통해 교인의 의사를 반영하고, 결정된 정책을 집행함에 있어서도 권한의 이임을 통해 독단을 막는다. 각 기관의 장이 궁극적인 책임을 가지지만 여러 위원회를 두어 중지를 모으고, 일방적 명령이나 지시보다 협조와 이해를 바탕으로 사무를 집행해 나간다.

10) 능률성의 원리

모든 교육행정 활동은 합리적으로 수행되어야 한다. 능률은 최소한의 경비를 가지고 최대한의 효과를 얻는 것을 말한다. 교회교육도 낭비를 극소화함으로써 최대한의 교육목표를 달성해야 한다. 재정도 하나님의 것이므로 경제성에 초점을 맞춰 활용되어야 한다.

11) 신축성의 원리

시대변화에 맞춰 신축성있게 대응해 나간다. 교회교육은 시대변화에 순응해 나가지만 그 변화를 질서있게 조절해 나갈 수 있도록 조정하는 역할을 해야 한다. 과거의 관습에 집착하면 새로운 시대에 적응할 수 없다. 하나님의 말씀은 보수해야 하지만 우리의 행동은 진보적일 필요가 있다. 기독교 교육은 인간을 고정화된 과거의 틀 속에 얽매이게 하거나 짐승처럼 길들이기식의 교육은 아니다. 그리스도 안에서 자유와 평화를 누리는 하나님 나라의 교육이다. 교육행정가는 새로운 방법을 도입하고 과감하게 변화를 시도하는 융통성을 가져야 한다.

12) 안정성의 원리

교회교육은 지속성과 안정성을 주기 위해 전통을 계승하고, 그 안에 있는 좋은 부분을 강화, 발전시켜 나가야 한다. 이것은 적응성의 원리에 대해 반작용을 하는 것으로 인식되지만 서로 보완된다. 하나님의 뜻은 어떤 시대, 어떤 상황에서도 보존되어야 하기 때문이다.

13) 균형적 판단의 원리

교육행정에 관한 정책을 수립하고 그것을 집행해 나감에 있어서 사물의 본말과 경중을 분별하여 우선순위를 밝히고, 자원과 노력을 공정하게 배분하여 교육의 목적을 효율적으로 달성해야 한다. 이것은 능률성과 민주성의 원리 사이에서 균형을 얻는 것을 말한다.

교육행정의 유형

1) 독선적 관리

독선적 관리자는 지시적이고 명령위주적이다. "이런 식으로 하시오," "내가 그렇게 말했는데"와 같은 말들이 많으면 독선적일 가능성이 많다. 이 유형의 관리자는 모든 것을 자신의 영향력 아래 두고자 한다. 한국의 교회교육은 지나치게 담임목사 중심의 중앙집권적인 행정체제만 살아있다는 비판을 받고 있다.

2) 관료주의적 관리

관료주의적 관리자는 주로 규칙에 따라 관리한다. 정책과 방침을 우선하며 매사에 규칙준수를 강조한다. 규칙을 집행함에 있어서 독선적 관리자처럼 행동하기 일쑤다. 교육위원회가 극히 형식적인 통제기구로만 머물러 있다는 비판도 여기에 속한다.

3) 특수 관리

특수 관리란 교회내서의 인정에 병적인 자부심을 가진 몇몇 사람들이 있어서 그들 각자가 그런 방법을 일부러 찾으려 할 경우 그렇게 하도록 하는 것을 말한다. 각 개인이 열심을 내는 것은 좋지만 교인 전체의 화합을 깨뜨릴 위험이 있다.

4) 민주적 관리

교회 안에서 가장 바람직한 관리방법이다. 민주적 관리는 행정담당자가 의사결정과정에 교육에 관련되거나 관심이 있는 교인들을 참여하도록 하는 것을 말한다. 이를 위해서는 목회자부터 자기자신을 개방해야 한다. 교인들이 의사결정에 참여하게 될 때 교회일에 기여하고 있다는 것을 느끼게 될 뿐아니라 목회자에게 중요한 인물이라는 것을 깨닫게 된다.

창조적 교육행정 관리

창조적 교육행정 관리란 같은 대상에 대해서도 종전과 다른 발상을 가지고 관리하고, 새로운 대상에 대해서도 고정관념을 바꾸면서 꾸준히 발전시키는 것을 말한다.

창조적 교육행정 관리

	동일 대상	새로운 대상
같은 용도	• 좁고 깊게 생각하라 • 규칙을 바꿔라	• 타깃에 변화를 주라 • 중간 촉매자를 활용하라
새로운 용도	• 학생에게 배워라 • 비기능적 욕구를 자극하라	• 고정 관념을 탈피하라 • 활동 환경을 전환하라

출처 : 홍성태, 12. 일부 수정하고 내용을 교회학교로 전환시켰음.

교회학교가 부진하다고 자꾸 프로그램만 넓히려고 하다 보면 전체적인 임팩트를 잃기 쉽다. 그런 경우 범위를 좁혀가면서 너비가 아니라 깊이를 추구한다. 또 현재의 전략이 무의미하다면 게임의 규칙을 바꿀 필요가 있다. 게임의 규칙을 바꾼다는 것은 환경을 변화시키는 것이다. 지금까지 교사들 위주로 일이 진행되었다면 학생들이 스스로 생각하고 자발적으로 일하도록 만든다. 학생들이 무엇을 필요로 하는지, 교회학교가 어떻게 변화되기를 원하는지 이런 문제들에 관심을 두면 교회학교가 그들을 위해 무엇을 하고 어떻게 변화되어야 하는지 알게 된다. 학생들로부터 배우는 것이다.

우리의 경우 교회학교는 연령별로 나뉘어 있다. 교회학교에 변화를 주기 위해 때로 연령의 벽을 넘어 주제별, 관심별 교회학교로 타깃을 전환할 필요가 있다. 대예배는 연령을 초월하면서 교회학교만큼은 연령을 고집하는 것도 고정관념이다.

연령이 너무 차이가 나는 것에 거부감이 들 경우 주제와 관념 영역에 따라 초등부와 중등부, 중등부와 고등부, 고등부와 대학부, 대학부와 청년부, 청년부와 장년부 등을 함께 묶어 활동할 수 있도록 하면 거부감을 줄일 수 있고, 다른 부의 사람들과의 유대관계도 새롭게 확립할 수 있다. 이렇게 하면서 교회학교의 연합을 모색해 나간다. 이런 작업에는 중간 촉매자의 역할이 매우 중요하다.

과거 교회학교가 생각지 못했던 면, 곧 비기능적 면도 활성화시킬 필요가 있다. 미국의 빅토리아 스테이션 체인은 폐차된 열차를 우아한 음식점으로 바꿔 성공했다. 음식의 맛과 편리함(기능적 욕구) 뿐아니라 감정적인 연상(비기능적 욕구)까지 팔았다. 열차는 열차일뿐으로 생각하는 것은 잘못이다. 생각을 바꾸면 용도가 보인다. 교회내에서 잠자고 있는 여러 시설물이나 비품을 방치하거나 버리기보다 교회학교 내에서 다른 용도로 사용할 수 있는 길을 모색한다.

새로워진 교회학교가 교회의 이미지와 대사회 이미지 향상에 얼마나 기여할 수 있는가를 생각한다. 어려서 교회에 다녀본 사람들은 주일학교에 대한 향수가 있다. 그 향수를 자극하면 교회학교에 대한 관심도 달라진다. 박정희 대통령도 일찍이 주일학교 학생이었다. 그가 대통령이 되어 고향 교회 건축을 도왔다는 사실은 숨겨진 이야기가 아니다.

교회학교를 운영하면서 피해야 할 것은 고정관념이다. 과거의 관습에 매여 그것을 벗어나지 못하는 것은 교회학교 발전에 도움이 되지 못한다. 관습이 깨어진다 해도 하나님 나라의 발전에 도움이 되는 일을 하도록 해야 한다.

교회학교의 활동영역을 교회내로 한정시켜서는 안 된다. 교회학교와 일반학교 및 가정과 연결 되도록 해야 한다. 교사가 교회에서 가르친 것이 학교나 가정생활에 얼마나 반영되고 있는가를 파악하는 것은 매우 중요한 일이다. 교육행정가는 교사들이 이 점에 관심을 가지고 일할 수 있도록 해야 한다.

교회 교육행정의 문제들

1) 명칭 문제

주일학교로 할 것인가, 교회학교로 할 것인가? 지금까지는 주일학교라는 명칭을 사용해왔다. 일부에서는 주일학교를 일요일학교(sunday school)로 표기하는 것을 문제삼고 주일학교는 글자 그대로 주의 날에 행하는 학교, 곧 Lord's Day School이라 표기해야 한다고 주장하기도 한다(이종식, 13).

현재 주일학교를 주중학교까지 확대시키고 있고, 청장년뿐 아니라 노년에까지 확대하고 있다. 그러나 주일학교는 어린이주일학교에 한정된 의미로 해석되고 있는 등 별로 좋지 않은 인상을 주어 최근 교회학교(church school)라는 명칭이 광범위하게 사용되고 있다.

2) 조직관리 문제

학교조직은 체계적이고 합리성을 추구한다는 점에서 관료적이다. 그러나 관료제의 원칙에 충실한 조직인가에 대해서는 의문이 제기되고 있다. 분업화나 권한의 계층관계에 의해 횡적으로 잘 조정되고 종적으로 지시와 명령계통에 의해 일사불란하게 움직일 수 있도록 결합된 조직이 아니라는 것이다.

예를 들어 교장과 상담교사와의 관계는 어느 정도 연결은 되어 있지만 각자 나름대로의 독자성과 독립성을 가지고 있으며 상호간에 영향력이 약하고 빈번하지도 않다. 교장실과 상담실이 따로 있듯이 논리적으로 뿐만 아니라 물리적으로도 분리되어 있다.

나아가 학교는 각 부서가 상호 의존적이기보다는 독립적이고 과정이 연계되어 있기보다는 단절되어 있고, 활동과 결과가 분리되어 있고, 개인들은 별로 또는 전혀 감시를 받지 않는 상황에서 기능을 한다. 이와 같이 교사의 자율성과 전문성을 중시하기 때문에 학교는 각 부서, 과정, 활동 및 개인 등 조직의 구성요소가 단단하게 결합되지 못하고 조잡하고 느슨하게 연결된 이완결합조직(loosely coupling systems)으로 간주되고 있다(Weick, 1976).

교회학교는 조직구성이나 운영상 기본적으로 관료적 체제를 유지하고 있다. 그러나 교사의 전문성과 역할의 자율성을 보장하는 흐름에 따라 상당부분 이완결합조직의 성격을 띤다. 특히 각 부의 독자적 운영으로 각 부간의 결합은 단단하기보다 느슨하게 연결되어 가고 있다. 교회에 대한 환경의 압력이 강해질수록 느슨하게 연결될 가능성은 더욱 높아지고 있다. 그러나 중요한 것은 교회교육의 목적은 분명하게 유지하되 조직구성이나 운영에는 유연성을 두는 것이 바람직하다.

3) 신뢰 문제

교회학교는 사회 속에 제도화된 학교교육법칙(schooling rule)을 유지하는데 급급한 경우가 많다. 이 법칙이 교사, 학생, 주제, 학교 등을 규정한다. 정교한 조직적 통제에 의해 교회학교 속에 통합되어 왔다. 그러나 관례적인 분류와 감독 및 통제 체제는 학습 및 교수 활동을 돕거나 학교교육의 산출물을 내는데 하등 도움을 주지 못한다. 이렇듯 학교의 공식적 구조가 교육활동이나 산출물로부터 따로 떨어져 있는 것을 가리켜 분리(decoupling)라 한다(Meyer& Rowan, 1988).

교육이 실제와 분리되어 냉소를 받아서는 안 된다. 교회교육은 내외부적으로 교육활동 전체에 신성한 의미를 부여해 주어야 한다. 교회교육은 인간의 것을 나타내는 것이 아니라 하나님의 것을 나타내는 것이기 때문이다. 교회교육은 최상의 믿음(good faith)을 가진 사람들이 하나님에 대한 신뢰 그리고 사람에 대한 신뢰를 바탕으로 이뤄내는 최상의 노력이 되어야 한다.

학교체제는 신뢰의 가정과 분리의 현상 모두를 가지고 있다. 교회학교는 일반학교와 달리 신뢰의 가정을 보다 확대해야 하는 곳이다. 교회의 교육위원회, 교장, 교사, 학생 모두에 대한 신뢰를 바탕으로 하나님 나라를 세워나가야 한다. 체면유지나 간과가 있어서도 안 된다. 진실과 신뢰가 학교를 만들어가기 때문이다.

4) 대안학교 문제

국가의 경직된 제도학교로서는 한 인간의 올바른 성장과 성숙을 기대하기 어렵다. 제도적 학교에서도 경직된 교육에 문제가 발생하자 대안학교가 발생하게 되었다. 이제 교회학교가 사회교육이 감당할 수 없는 영역을 감당하는 대안학교를 설립하는 것까지 고려할 수 있다.

대안학교로서 교회는 비제도적인 교육, 곧 생명존중, 평화추구, 공동체의 가치관을 심어주는 새로운 교회학교의 대안적 모델을 개발하여 21세기를 이끌어 가는 일꾼을 양육한다. 환경을 사랑하는 환경교육학교, 자연을 통해 주님의 사랑을 체험하는 학교, 가난하고 불우한 이웃을 돌보며 느끼는 사랑의 학교 등이 있다.

특히 제도권 교육에서 밀려난 아이들, 현 사회구조 속에서 이탈된 삶을 살아가는 사람들, 자본주의 속에서 적응하지 못하고 살아가는 사람들, 이기적인 사회 속에서 기본적 인권조차 보호받지 못하고 있는 이들을 위한 교육을 담당할 수 있다면 더욱 적극적인 모습이 될 것이다. 기존 학교교육에 적응하지 못하거나 특수요인으로 퇴학처분을 받은 학생들을 대상으로 하는 대안학교가 대표적인 본보기이다. 교회가 사회사업 차원에서 일반학교에서 감당하기 어려운 특수대상자를 상대로 기독교적인 안목과 사랑을 가지고 교육한다. 따뜻한 복음의 정신으로 버림받은 청소년들에게 재생의 기회를 마련해줌은 물론 기독교 교육을 통해 자신의 달란트를 최대한으로 발휘하며 기독교정신으로 이웃을 사랑하고 봉사하는 인재를 길러낸다.

교회학교가 제도화된 학교 교육에서 벗어나지 못한다든가 여전히 비전문적 교육과정, 주먹구구식의 교육행정, 열악한 교육행정, 개선의 의지가 전혀 없는 교육위원회의 모습을 보이고 있다면 개혁되어야 한다.

5) 교육사 제도화 문제

현재 한국교회에 교육사(director of religious education) 제도를 도입해야 한다는 주장이 일고 있다. 교육전도사가 주일학교 교육을 전담하고 있는 상황에서는 교회교육을 정상화시킬 수 없기 때문이다.

교육전도사가 신학대학원에 재학중인 학생이라면 교육사는 신학 및 기독교 교육학을 공부하고 교회교육에 헌신한 사람이다. 교육전도사가 아마추어라면 교육사는 전문인에 속한다. 교육사는 전문인으로서 교육정책 결정에도 참여한다. 신학생은 공부에 전념해야 하므로 고도의 전문성을 요구하는 주일학교 교육분야는 전공 과목을 공부하고 소명도 함께 가진 전문인이 맡아야 한다.

넓은 의미에서 교육목사도 교육사의 범주에 속한다. 단지 교육목사는 목사안수를 받았다는 점에서 다른 교육사와 다르다. 그러나 교육사 제도가 도입될 경우 무엇보다 안수를 받지 못하지만 유능한 여자 전도사들이 교회교육을 위해 헌신할 수 있는 장이 열리기 때문에 인력의 효율적 배분이라는 면에서도 장려할만 하다(박명철, 1998).

교육사 제도는 1906년 그리스도 감리교회가 제임스 톰슨(J. Thompson)을 교육사로 임명한 데서 비롯되었다. 이 제도는 대공황시기에 교회재정이 긴축일로를 걷자 잠시 침체되었다가 1945년부터 1960년대까지 큰 역할을 했다.

1928년 허리우드 제일장로교회 교육사로 부임한 헨리타 미어즈(H. Mears)는 35년간 이 교회의 주일학교와 대학부 사역을 하면서 국제 C.C.C총재인 빌 브라이트 박사를 비롯해 많은 기독교 지도자들을 배출했다. 그의 가르침을 받아 400명 이상의 젊은이들이 설교자로, 선교사로 부름을 받아 세계 교회를 위해 일하고 있다. 특히 미어즈가 만든 커리큘럼은 '복음의 빛' 출판사의 토대가 되었고, 1939년 설립된 '숲속 가정수련회' 센터는 기독교 교육과 신앙 훈련을 하나로 묶는 새로운 장을 열었다. 그의 사역은 헌신된 한 사람의 교육사가 어떤 열매를 맺을 수 있는가를 단적으로 보여주고 있다.

교육사 제도를 국내에 처음 도입한 교단은 감리교다. 1989년 특별총회에서 공식적으로 받아들였다. 기독교 교육을 전공한 학부졸업자로 교회에서 사역하기 원할 경우 교육사 자격증이 주어진다. 그러나 신분보장이 거의 되지않아 유명무실하다는 평가를 받고 있다. 예장통합은 1995년 총회에서 이 제도를 합법화했으며 장신대 기독교학과가 위탁교육을 맡아 전문 평신도 지도자를 배출할 예정이다. 일부 교단에서는 교육사 본래의 취지를 살리려면 학부졸업생보다 대학원 졸업생에게 자격이 주어져야 한다고 주장한다. 현재 여러 교단에서 이 제도에 관심을 가지고 있기 때문에 자격에 대한 논의가 더욱 구체화될 것으로 보인다.

6) 멘토링 사역 문제

미래 교회교육에서 큰 비중을 차지하는 것이 멘토링이다. 교회교육에서 멘토링은 다음 세대의 위대한 크리스천 지도자를 준비하고 보호하기 위한 프로그램으로 경험과 연륜이 있는 사람이 상대방의 잠재력을 내다

보아 그의 꿈과 비전을 이루도록 도전과 격려, 도움을 주는 것이다.

멘토링 사역은 사람을 세우는 사역으로써 사람을 세울 때 먼저 그의 강점을 살려주고 그의 미래를 보며 잠재력과 가능성을 발견하는 것이다. 따라서 교육자가 가져야 할 태도는 사람에 대한 애착이며 애착을 가지고 바라볼 때 그를 세울 수 있고 얻을 수 있게 된다. 이 시대의 영적 지도자는 사람을 바로 세우는 사람이다.

7) 교인의 관심부재 문제

교회학교의 교육이 매우 중요하다는 말을 곧잘 하면서도 우리의 인식에서 교회학교는 그만큼 중요한 자리를 차지하지 못하고 있다. 그것은 교회학교의 존재 의의와 그 의미가 쇠퇴해가고 있기 때문이다. 자녀를 둔 성도들마저 일반학교나 학원을 통한 교육에 대해서는 그토록 관심을 보이면서 교회학교 교육에 대해서는 사실상 관심이 없다. 교회학교 교육은 하나님 나라의 백성을 양육하고 하나님의 백성으로 하여금 하나님의 말씀에 가치를 두고 살아가게 만든다는 점에서 어떤 교육보다 중요하다. 그러나 많은 성도들은 이렇듯 중요한 교회교육을 사실상 외면하고 있다.

이런 태도가 근본적으로 변하지 않는 한 한국교회의 장래는 어두울 수 밖에 없다. 이제 우리는 교회학교 교육에 대한 의식의 전환이 크게 요구되는 한계시점에 와있다 해도 과언이 아니다. 한국의 성도는 교회학교에 대한 관념적이고 기계적이며 무사안일한 생각을 버리고 교회학교에 대해 보다 관심을 가지지 않으면 안 된다. 교회학교에 대한 의식의 대전환이 필요한 것이다. 교회 교육행정은 교인들의 이러한 인식전환 작업부터 해야 한다.

【 도움말 또는 사례 】

그 물에 콩나물이 자라요.

한 학기 동안 학생들을 가르치고 난 뒤 학생들이 낸 과제물을 보고 난 뒤 하도 한심하다는 생각이 들어 이어령 교수가 자신이 그동안 무엇을 가르쳤는지 모르겠다고 푸념을 하고 있었다. 그 때 푸념을 듣고 있던 한 아주머니가 이렇게 말하는 것이었다.

"그런 말씀 마세요. 콩나물 시루에 물 한 바가지 부어봐요. 물 한 바가지가 다 시루 밑으로 흘러 빠져 나가버리는 것 같지만 그 물에 콩나물이 자라요."

교회학교에는 그나마 시험도, 통지표도 없다. 그래도 그 가르침에 믿음이 자란다. 교사나 행정담당자는 씨를 심고 물을 주는 작업을 한다. 하지만 그것을 자라게 하시는 이는 하나님이심을 믿어야 한다(고전 3:6).

【 생각해 볼 문제 】

1. 교육과 행정의 어원적 뜻은 무엇인가? 이를 교회학교에서 실천하려면 교육행정가는 어떤 자세를 가져야 하는가?

2. 기독교 교육행정의 기본 목표는 무엇인가? 교회행정에서 항상 개혁되어야 하는 문제는 무엇이라고 생각하는가?

3. 교회행정을 수행함에 있어서 가장 바람직한 원리는 무엇이라고 생각하는가?

4. 창조적 교육행정관리를 위해 바꿔야 할 고정관념은 무엇인가?

【 참고 문헌 】

박명철. (1998). "문답으로 풀어보는 교육사 제도," 기독신문. 6월 24일.

이종식. (1994). 주일학교 교육. 한글.

홍성태. (1996). "발상을 바꾸면 시장이 보인다," 경영정공법. 한·언.

Meyer, J. W. and Rowan, B. (1988). "The Structure of Educational Organizations," Culture and Power in Educational Organizations. A Westoby(ed.), PA : Open University Press, 87-112.

Weick, K. E. (1972). "Educational Organizations as Loosely Coupled Systems," Administrative Science Quarterly. 24(March).

제2장 기독교 교육행정의 역사적 발전

교회학교는 과거의 역사와 깊은 관계를 가지고 있다. 여러 서판에 따르면 아브라함 시대에 갈대아나 바벨론에서 종교교육을 실시한 학교에 대한 자료들이 소개되고 있다. 창세기 14장과 18장 등에서도 아브라함이 자녀들과 종들에게 교육을 하고 있음을 보여준다.

모세에게 주어진 율법은 노소를 막론하고 모두 읽고 가르치고 배우며 지키도록 되어 있다. 사무엘 전부터 엘리사에 이르기까지 모든 선지자들은 백성들에게 하나님의 뜻을 가르치도록 했다. 여호사밧은 국가의 재형성을 위해 유다 모든 도시에 교육 지도자들을 보내 율법을 사람들에게 가르치고 지키도록 했다. 요시야왕도 비슷한 일을 했다. 구약에 기록된 가장 중요한 교육적 사건은 느헤미야 8장에 기록된 에스라 국립성경학교이다. 성전에서 구약을 배웠던 유대교의 학교 형태가 주일학교의 원형으로 논의되기도 한다.

교회교육을 담당하는 행정가는 무엇보다 역사의식이 확고해야 한다. 역사의식이 없으면 교회교육의 미래는 어두울 수밖에 없다.

유대인의 쉐마교육

스펭글리는 유대민족을 가리켜 신본주의 문화에서 문명으로 전이되지 않는 독특한 특성을 가진 민족이며 신본주의 문화를 갖고 있으면서도 죽지 않고 계속해서 역사발전에 공헌한 민족이라 했다.

토인비는 문명을 발전시킨 민족이 전통문화를 상실하고, 국민적 단결력이 약화되며, 지도층의 독재가 일어날 때 역사에서 사라졌는데 유독 유대민족만큼은 이런 현상이 나타나지 않고 민족의 정체성을 유지해왔다고 평가했다.

그 비결은 어디에 있을까? 그것은 하나님을 사랑하고 그 말씀을 지키려 했기 때문이다. 유대인은 아브라함부터 지금까지 무려 수 천년 동안 여호와의 율례와 법도를 전수해 왔다. 유대민족은 구약성경을 기초로 하나님의 선민으로서 여호와의 율례와 법도를 자녀들에게 어떻게 가르쳐 지키게 하느냐에 관심을 가졌다. 한마디로 민족 전체가 교육행정의 주체가 되어 자녀를 말씀으로 가르쳤다는 것이다.

"이스라엘아 들으라 오늘날 내가 네게 명하는 이 말씀을 너는 마음에 새기고 네 자녀에게 부지런히 가르치며 이 말씀을 강론할 것이며" (신 6:4-9).

유대교육은 '쉐마' 한마디로 집약된다. 쉐마란 '오 이스라엘아 들으라'는 말이다. 쉐마는 다음과 같은 뜻이 담겨 있다.

▶ 순종하라는 뜻이다. 여호와와 유대민족은 대신관계로서 민족 전체는 하나님의 말씀에 순종해야 한다는 것이다.
▶ "너는 여호와의 율법을 마음판에 새기라"는 뜻이다. 이는 모세가 하나님의 말씀을 들을 때 받는 감동을 말씀을 읽을 때마다 가슴으로 느끼라는 뜻이 담겼있다. 즉 머리로 읽는 것이 아니라 가슴으로 느끼라는 것이다.
▶ "네 자녀를 부지런히 가르치며 어디서나 여호와의 말씀을 가르치라"는 뜻이다.

유대인들에게는 쓰여진 성경인 모세 오경과 구전으로 전해지는 유전이 있다. 이 장로의 유전은 모세 오경을 구체적으로 실천하는 세부사항을 나열하고 있다. 문자화되지 않고 장로들을 통해 자손에게 전수되고 있다하여 유전이라 한다. 유대인들은 이 유전을 전수함으로써 자손들을 여호와의 말씀을 맡은 자로 키운다.

1) 가정 교육

유대 부모들은 교사가 되어 하나님의 말씀을 가르치는 의무와 책임을 가지고 있고, 그 책임을 수 천 년 동안 변함없이 이어오고 있다. 부모들은 다같이 자녀를 가르쳤다.

- ▶ 아침, 저녁 식사 전후 기도를 드렸다. 아이들이 처음 배운 말들은 가정의 기도문이었다.
- ▶ 매일 말씀을 기록한 쪽지를 갖고 다니며 가정의 종교의식을 주관했다. 아이들은 점점 성경의 여러 구절을 암송하게 되었다.
- ▶ 매주 안식일 등불을 켰다.
- ▶ 절기 때는 가족 모두 가정을 떠나 행사에 참여해 민족적으로 종교적 분위기를 형성하였다.

하나님 말씀에 대한 교육은 부모에 한정되지 않는다. 구약의 제사장들은 교육에 대한 책임이 있다. 절기 때 율법을 낭독하여 온 이스라엘로 듣고 지키게 했다(신 31:9-13). 그들에게는 주의 법도를 이스라엘에게 가르쳐야 할 교육적 사명이 주어져 있었다.

2) 회당 교육

선지 시대에는 선지학교가 교회학교의 역할을 했다. 이스라엘의 선지자와 여러 현인들도 하나님을 경외하는 것이 지식의 근본임을 가르쳤다. 특히 엘리야와 엘리사 시대에 왕성했던 선지학교의 선지 생도들은 침식을 같이 하면서 진리를 탐구했다.

바벨론 포로 이후에는 회당에서 하나님의 말씀을 가르쳤다. 유대인의 회당을 '교훈의 집'이라 했는데 이것이 교회학교의 뿌리나 다름이 없다. 회당에서는 매주 율법을 낭독하고 해설해 주었다. 이것이 유대인 초등학교로 발전했다. 회당에서 가르치는 교사를 가리켜 하잔(Hazzan)이라 한다. 그러나 회당 안에서의 교육은 일반 교육이라기보다 율법 중심의 쉐마 교육이다. 예언자들의 말씀도 읽는다. 그리고 설교라 할 수 있는 성경해설(homily)을 듣는다. 제사장이 있을 경우 축도로, 없을 경우에는 기도로 의식을 마친다. 그러므로 모든 예배와 만남, 가르침 모두가 유대인의 생활을 결정지어주는 역할을 했다.

회당에서의 종교 활동과 교육 내용은 다음과 같다.

- ▶ 쉐마 : 예배에 들어가는 말
- ▶ 기도 : 쉐마에 뒤따라 대표 기도자가 기도를 하면 회중은 아멘으로 응답한다.
- ▶ 성경 봉독 : 율법서 중에서 주로 읽었다. 제사장이 읽고, 제사장이 없을 때는 회중의 아무나 읽을 수 있다.
- ▶ 예언자의 성경 해설
- ▶ 제사장의 축도 : 제사장이 없을 경우 기도로 끝을 맺는다.

유대 말기에는 랍비들이 교사가 되어 보다 진보적인 교육을 실시했다. 랍비의 대부분은 서기관들로 그들은 하나님께서 그들에게 율법전수의 사명을 맡겼다고 생각했다. 랍비의 지위와 권한이 커지면서 제사장직의 영향력이 약화되었고, 마침내 제사장직이 폐지되기에 이르렀다.

영원한 교사 예수

예수님 당시 교육의 장으로는 회당, 랍비의 집, 그리고 가정이었다.

예수님은 회당을 자주 찾으셨고, 자신을 교사라 하였다. 다른 사람들도 예수님을 선생이라 불렀다. 디다스칼로스(didaskalos)나 랍비(Rabbi)나 라보니(Raboni)가 그 보기이다. 일반 사람들뿐 아니라 그를 반대한 사람들도 선생이라 불렀다.

교육자 쉐릴(L. Sherrill)은 예수님을 위대한 스승이라 불렀다. 그리고 예수님의 교육방법은 다음과 같은 특징이 있다고 주장했다.

- ▶ 말씀을 청중들에게 맞추어 적용했다.
- ▶ 예를 완벽하게 들었다.
- ▶ 간단하지만 논리적이다.
- ▶ 자연에서 나온 것이다.
- ▶ 진리를 고양시키고 진리를 강화시키는 방법을 모색했다.
- ▶ 진지할 뿐아니라 동정심으로 가득 차 있다.

예수님은 한마디로 교사로서 살았고, 그가 가르친 주제는 하나님 나라였다. 그분은 잃어버린 자들을 구원하고 그들로 하여금 영원한 생명을 얻게 하며 하나님의 자녀로서 생명력있게 살기를 바라셨다.

예수님은 회당에서 말씀을 가르치셨고, 제자들을 개인적으로 가르치셨으며 그 가르침을 통해 변화된 삶을 기대하셨다.

예수님의 가르침에 있어서 그 특징은 다음과 같다.

- ▶ 답을 먼저 가르쳐주기보다 "너희는 어떻게 생각하느냐"며 스스로 생각하고 판단하도록 했다.
- ▶ 사람들이 찾아오기를 기다리지 않고 먼저 사람들이 있는 곳을 찾으셨다. 예수님은 회당, 길가, 집안, 장터, 호숫가, 산 언덕 등 장소를 가리지 않았다.
- ▶ 질문하고 답변하는 형식을 취했다. 단순히 질문하기 위한 것이기보다 명확한 목적이 있었다. "하나님의 나라를 무엇으로 비유할

꼬?" 하는 물음 뒤에 비유를 들어 차근차근 설명해 주셨다.
▶ 헌신적인 봉사상을 심어 주셨다. "내가 주와 선생이 되어 너희 발을 씻겼으니 너희도 서로 발을 씻기는 것이 옳으니라"(요 13:13,14).

사도 시대 초대 교회의 교사

사도 시대에도 학교는 회당 성경학교였다. 베드로나 바울은 회당에서 매일 가르쳤다. 바울은 안디옥, 두란노 서원, 심지어 감옥에서도 가르쳤고 글을 써 보내는 일에도 힘썼다. 선교를 하면서 이방인도 유대인들이 성경을 공부하듯 가르치고 배우게 했다.

사도행전과 사도들의 여러 서신에 교육에 관한 많은 언급이 있다. 사도행전 5장 42절, 15장 35절, 17장 1-3절, 22장 3절은 교육적 모습을 보여준다.

칼빈에 따르면 사도 시대에 교사의 직무는 제 1급에 속하며 사도의 직무는 2급에 속한다. 사도들은 특정한 교구를 담당하기보다 주님의 대사로서 온 세상에 복음을 두루 전파하는데 목적을 두었음에 비해, 교사는 맡겨진 교회에서 건전한 교리가 보존되도록 가르치고 헌신하는 일을 맡았기 때문이다. 따라서 교사직은 한 교회에서 가장 보편적이지만 가장 보람있는 직분에 속한다. 바울은 교회의 지도자들을 사도, 선지자, 교사 등 세 가지로 분류했다.

다음은 초대교회의 주요 교육과정이다.

▶ 케리그마와 디다케 : 초대교회에서는 케리그마(말씀)와 디다케(가르침)가 하나로 합쳐진 교육내용을 가지고 있었다.
즉, 인간이 어떻게 구원과 은총에 접할 수 있었는가(케리그마)와 어떻게 이 은총에 합당하게 살 것인가(디다케)를 자각하게 한다.
▶ 카테키시스(catechisis) : 카테키시스는 귀에 되풀이하여 들려준다

는 뜻을 가지고 있다. 이것은 입문적인 기초 지식을 초신자에게 계속 교육하는 것을 말한다. 입문 교육, 교리 교육, 교리문답 강의가 이에 속한다.

중세 시대의 교회교육

중세 시대는 미사, 곧 예배를 중심으로 교육이 이루어졌다. 예배는 크게 세례를 받은 신자들의 성례를 중심한 예배와 세례를 받지 않은 학습자의 예배로 나누어진다. 학습자 예배는 교육적 목적을 직접 성취하는 제도이고, 신도 예배는 교우 전원이 공동으로 참여하는 간접 교육행위였다.

미사를 통한 교육 이외에 교회 안에는 오늘의 장년교육과 같은 카테큐메나테가 있었다. 여기에서는 디다케, 사도들의 증언과 말씀, 교리와 성경, 성찬 등을 가르쳤다.

중세 후기에는 비공식 교육과 공식 교육으로 크게 양분되었다. 비공식 교육과정은 예배, 축제, 연극 등의 형태로 대중에게 전달되었다. 그리고 공식 교육은 수도원 학교와 본당 학교를 통해 이루어졌다. 본당 학교는 교회 안에 설치된 것으로 일반 신도들에게는 수도원 학교보다 본당 학교를 친근하게 여겼다.

종교개혁 시대의 교회교육

1) 루터

루터를 비롯한 여러 종교개혁자들은 성경을 가르치는 학교형태가 필요하다고 느끼고 가르치는 일을 존중하고 초대 교회의 학교를 본떠 이를 부흥시키기도 했다.

루터는 교육의 현장을 가정, 교회, 학교를 들고 무엇보다 가정이 주축이 되어 학교와 교회의 협력 아래 교육이 실시되어야 한다고 주장했다. 기본적인 교육기관으로서 가정의 중요성을 강조한 것은 매우 중요하다. 그는 교육의 유일한 교재를 성경으로 보았고, 성경만이 바른 교육의 길잡이가 된다고 했다. 그래서 성경을 독일어로 번역하고 가르쳤다. 또한 성경이 일반인에게 어려웠기 때문에 이해에 도움을 주는 대소교리 문답서와 교육을 아울러 강조했다.

루터는 특히 부름받은 소명(vocatio)에 충실하도록 했다. 소명은 어떤 직책만이 아니라 그 행위까지 포함한다. 하나님이 부여한 자기의 위치, 그 직책에 만족하면서 최선을 다하라는 영적인 노동개념이다. 교사가 교회에서 가르치는 일을 맡는 것은 중요한 소명이다. 교사는 하나님께서 직접 세우신 자리이다. 교사는 하나님이 자신을 이곳에 부르셨다는 영적인 자부심과 함께 소명의식을 잊어서는 안 된다.

2) 칼빈

칼빈은 교회가 성경을 이해시키는 사명이 있다고 주장하고 성경주해와 교리교육을 강조했다. 그는 청소년들에게 교리교육을 시켰고 엄격하게 경건훈련을 시켰다.

3) 코메니우스

1560년 스코틀랜드 교회 총회에서는 주일학교 형태의 교육을 실시하자고 결의했으며, 1603년 영국 교회도 이같은 내용을 결의하기도 했다.

코메니우스(Comenius)는 17세기 교육사상가로 종교개혁과 사회개혁운동을 함께 실천하고자 한 인물이다. 그는 다음과 같은 교육방법을 제시했다.

▶ 인간교육은 유아기로부터 시작해야 한다. 자연이 한 가지씩 완성해 나가듯 유아로 하여금 한 번에 한 가지씩 배우도록 한다.

▶ 가르칠 내용을 단순한 내용으로부터 점차 복잡한 내용으로, 알고 있는 내용으로부터 알아야 할 내용으로 순차적으로 순서를 정해 단계적으로 가르쳐 나가야 한다.
▶ 가능한 실물 대상들과의 접촉을 통해 학습할 수 있게 한다.
▶ 정원사가 화초를 다루듯 부드럽고 애정있는 보살핌이 필요하다.
▶ 교육의 목표는 모든 인간이 인간성을 최대한 신장하도록 돕는 데 둔다.

4) 웨슬리

요한 웨슬리가 조지아주 사바나의 그리스도교회 교구에서 봉직하던 1737년 주일학교를 시작한 것으로 알려져 있다. 웨슬리의 학교는 주일에만 열지 않고 주중에도 개설하여 읽기, 쓰기, 셈본도 가르쳤다. 성경은 물론 교리문답도 가르쳤다. 웨슬리를 비롯하여 여러 초기 교회학교의 교과과정에는 읽기, 쓰기가 포함되어 있으나 주교재는 역시 성경이었다.

웨슬리는 주일학교 교사는 무보수로 봉사해야 한다고 주장했고, 그 후부터 교사는 보수없이 봉사했다. 보수는 없었지만 보수를 받고 가르치던 때보다 발전했다.

주일학교의 공식적 발아

근세에 와서 기독교계에는 평신도 운동(laymans movement), 주일학교 사업(sunday school enterprise), 조직적 연합운동(organized movement)이 전개되었다. 이 가운데 주일학교가 활성화되고 세계적으로 확산되었다. 주일학교 운동은 영국에서 시작하여 미국으로 건너가 더욱 체계화되고 세계 교회로 확대되었다.

1) 로버트 레익스

로버트 레익스(R. Raikes)는 공식적인 주일학교 창시자이다. 그는 인쇄업자이자 개혁적인 편집자인 아버지를 계승해 잡지의 발행인으로 있었다. 그는 목사의 딸인 어머니의 깊은 종교적 영향을 받았다. 당시 낮고 천대받는 계급들에게 지속적인 관심을 가지던 중 이들의 범죄 예방을 위해서는 문맹을 퇴치하는 것이 급선무라는 생각 아래 초보교육을 시작했다.

이것이 주일학교의 발단이 되었다. 즉, 빈민 부락에서의 범죄 원인이 무지와 무관심에 있다는 것을 깨닫고 날마다 늘어나는 범죄자를 구하기 위해 주일학교를 시작한 것이다. 이것은 주일학교의 시작이 사회활동 프로젝트였음을 알 수 있다.

그는 침례교회 목사 토마스 스톡(T. Stork)의 지원을 받아 학생들을 가르쳤다. 그는 학생들이 맨발이면 신발도 주고, 그들이 벌거벗었으면 옷을 줌으로써 정성을 표시했다. 스톡 목사는 이 학교 관리와 비용의 3분의 1을 맡았다. 이런 과정의 교육적 방법을 통해 영적 진리가 전달될 필요성을 느끼게 되었다.

- ▶ 레익스는 "깨끗한 얼굴, 깨끗한 머리, 깨끗한 손"이라는 표어 아래 교회학교 학생들에게 청결을 강조했다. 어린이들은 깨끗이 세수하고 머리도 빗고 복장도 단정히 해오도록 했다. 때로는 레익스가 옷과 신발을 사주기도 했다.
- ▶ 질서를 유지하기 위해 레익스가 직접 매질을 하기도 했고, 퇴교를 시켰으며 소녀들은 다른 방법으로 징벌했다.
- ▶ 착한 학생들에게는 상을 주었는데 상품으로는 성경, 책, 장난감, 빗, 옷 등을 주었다.
- ▶ 교사들이 학생을 지도하는데 소홀한 경우 상급 학생 중 감독자를 선발하여 하급생들을 지도하도록 했다.

2) 폭스의 주일학교 협회

교회학교 운동에 적극적인 후원을 한 윌리엄 폭스(W. Fox)는 경건한 침례교인으로 런던의 부자 상인이었다. 그는 영국을 여행하면서 가난해 성경을 가지지 못한 사람들을 발견하고 복사판 성경을 배부했으나 이것을 제대로 읽을 수 있는 사람은 20명 가운데 한 사람 정도임을 발견하고 어린이들이 글을 잘 읽을 수 있도록 글을 가르치는 협회를 만들 것을 제안했다.

그러나 아무도 그를 격려해주지 않는 가운데 레익스의 주일학교 운동이 성경교육의 꿈을 실현시킬 수 있는 가장 좋은 방법임을 깨닫고 영국 전 지역에 주일학교를 조직하기 위해 런던에 주일학교 협회를 창설했다. 조직된 지 2년 안에 282개 학교와 16,000명의 학생에게 8천여권의 성경을 보급하고 가르치도록 했다.

이 협회는 '범죄를 막고 무지의 암흑을 추방하며 근면과 도덕을 권장하여 지식의 빛 아래 살게 한다'는 목적을 가지고 있었다. 그리고 다음과 같은 규칙을 세웠다(Lynn & Wright, 26).

- ▶ 주일에는 쓰기나 산수를 가르치지 않고 성경과 교리를 가르친다.
- ▶ 어린이의 나이와 재능을 따라 학급을 구별하여 정한다.
- ▶ 가급적 신체적 체벌은 피한다.

3) 런던 주일학교 연합회

윌리엄 건니(W. B. Guney)가 런던 주일학교 연합회를 조직했다. 이것은 교회학교 학생들에게 종교적 교훈과 교육을 자극하고 격려하며 교수방법을 개선, 향상하고 새로운 학교의 개설을 촉진하며 필요한 서적을 출판해 염가로 봉사하는 데 목적을 두었다.

이 연합회에서는 주일학교 교사를 위한 정기 간행물을 냈고, 주일학교 형성을 위한 계획, 교사를 위한 안내, 성경교리 문답서 등 교사에 필요한 책도 출간했다. 교육원리 순회교육, 학급 지도훈련, 교사대학 운용, 통신학급 설치 등을 통해 교사훈련을 촉진시켰다.

4) 윌리엄 엘리오트

미국에서는 1785년 윌리엄 엘리오트(W. Elliot)에 의해 최초로 주일학교가 시도되었다. 그는 매주일 저녁마다 식구들과 하인, 그의 자녀들을 모아 성경을 가르쳤다. 뿐만 아니라 이웃의 어린이들도 초대하여 성경을 읽을 수 있게 했다.

이 학교는 처음에 백인 아이들을 위주로 가르쳤지만 흑인 아이들에까지 확대했다. 그러나 백인과 흑인 어린이들이 함께 배운 것이 아니고 시간과 장소를 따로 정하여 교육을 받았다. 교재는 성경이었고, 교사와 학생들이 성경을 읽고 해석하고 기억할 수 있도록 했다.

5) 미국 주일학교 연합회

1817년 미국 주일학교 연합회가 정식으로 출범해 성경지식의 보급과 교육에 박차를 가했다. 연합회는 초기부터 문서간행에 관심을 가지고 주일학교 잡지와 주일학교 문고를 발행했다. 새로운 주일학교 설립을 위해 유급선교사를 파송하기도 했다.

특히 미시시피 유역에서 국민의 종교적 제도를 영속시켜 국가의 번영과 도덕적인 깨끗함을 장래의 행복과 일치시키기 위한 대계곡 전도운동(Valley Campaign)을 전개하기도 했다. 1822년부터 전 미국 주일학교 대회를 개최함으로 주일학교 조직문제, 교사의 자격, 지역 연합회 조직, 정보의 교환과 협동을 촉진시켰다.

미국 주일학교운동의 활발하고 진지한 노력은 세계적으로 인정을 받아 국제 주일학교 협회가 결성되었고 국제 주일학교 대회가 개최되었다. 이 6차 대회 때 우리나라의 윤치호, 이승만, 마포삼열 선교사가 대표로 참석했다.

정보화 시대와 교회교육

1) 시대를 앞서가는 교회교육

현대는 교육의 패러다임이 바뀌고 있다고 할만큼 변화가 빨라지고 있다. 특히 정보화 시대를 맞아 그 변화의 속도는 빠르고 교육의 내용과 방법도 다양해지고 있다.

교회학교의 교육도 시대의 변화에 앞서 진취적으로 변혁되어야 한다. 교회교육이 역동적이고 창의적이며 시대를 변화시킬 수 있어야 한다. 교회 교육행정 담당자는 보다 미래지향적인 안목을 가지고 교회행정을 이끌어 가야 한다.

교육패러다임의 변화

현재의 교육	미래의 교육
• 학벌중시	• 능력 중심, 자아실현
• 수동적 지식의 전래	• 능동적 문제해결, 메타 인지능력
• 단편적 사고	• 통합적 사고
• 암기 및 회상능력	• 창의적 사고력
• 개인적 성취	• 협동적 팀 성과
• 획일적, 직선적 강의 중심	• 다양한 학습자원 및 경험 학습방법
• 국민적, 국가적 관점, 단일사고	• 세계적 관점, 다양한 사고
• 컴퓨터 리터러시(literacy)	• 정보공학 리터러시
• 통제적 교육분위기	• 역동적, 허용적, 환상적 분위기
• 현재 및 과거현상의 이해	• 미래의 예측, 대응 및 설계

출처 : 박승배, 212

교육체계의 변화

구 분	현행 교육체계	미래 교육체계
성 격	• 폐쇄적 교육체제	• 개방적 교육체제
교육영역	• 학교교육	• 평생교육
교육대상	• 학 생	• 아동에서 성인까지
교육장소	• 학 교	• 학교, 가정, 직장, 사회 모두
교육내용	• 전통적 교과내용	• 다원적, 확산적 교육내용
교육방법	• 획일적 집단수업	• 개별화수업, 원격교육
교육운영	• 교사(공급자)중심	• 학생(수요자)중심
교육행정	• 획일적 통제	• 다양화, 자율화

출처 : 한방교와 윤길근. 329.

2) 바람직한 교육행정 문화의 확산

요한 웨슬리는 주일학교를 기독교인 양육원이라 했다. 이것은 교사들이 어린이의 영혼구원을 위해 강한 책임감을 가지고 지도하여 놀라운 부흥을 일으키는데 대한 칭찬의 말이다. 교회 교육행정은 언제나 교회학교가 참다운 그리스도인을 길러내는 데 목표를 두어야 한다.

교회교육에 대한 관심의 확산

교회교육의 위기는 교회의 교육적 관심이 결핍되어 있기 때문이다. 교회가 교육의 차원을 주변으로 내몰아 버린 것이다. 이것은 교역자 자신들이 교회교육을 지도할만큼 준비가 되어 있지 않고, 모든 교회교육을 전적으로 평신도 손에 맡기게 되는 현상을 가져왔다. 교회교육을 평신도의 손에 의존하는 것이 문제가 아니라 교회교육의 비전이 약화되고 교회교육 전반이 흔들리게 되었다는 점에서 문제다. 교회교육에 대한 교회의 관심, 특히 교역자의 관심과 전문적인 교육체제의 확립이 요구된다.

십자가형 문화의 확산

교회교육은 기본적으로 십자가(+)형 문화여야 한다. 십자가에는 수직과 수평이 균형을 이루고 있다. 수직은 하나님과 우리의 관계이며, 수평은 이웃과의 관계이다. 교회교육은 수직관계만 강조해도 안 되고, 수평관계만 강조해도 안 된다. 수직과 수평 모두가 조화된 십자가형이 가장 바람직하다. 아무리 시대가 바뀌어도 하나님과 이웃과의 바른 관계를 확립시키려는 교육담당자의 자세가 확고해야 한다.

【 도움말 또는 사례 】

프뢰벨

프뢰벨(Frobel)은 유치원 창시자이다. 목사의 아들인 그는 유아교육에 있어서 교사는 학생을 마치 식물처럼 조심스럽게 가꾸는 정원사여야 한다고 주장했다. 그가 강조하는 유치원(Kindergarten)이라는 단어 속에는 학교와 정원이라는 비유가 들어있다. 정원이란 하나의 환경 또는 상황으로 그 속에서 학교 전체는 아동이 자신의 존재를 충족하고 스스로의 법칙에 따라 성장하고 발달할 수 있게 해야 한다. 외적 수단인 환경이나 일, 놀이, 활동의 내적 중요성 모두 아동의 내적 영적 생활을 발달시키는 매개체이다. 그의 교육관은 다음과 같다.

- ▶ 인간은 신성하고 선하다. 아동을 하나의 독립된 존재로 보아야 한다. 따라서 선한 어린이에게 최대의 자유를 허용해야 훌륭한 성인으로 발달할 수 있다.
- ▶ 교육은 자유스러운 분위기에서 자발적으로 이뤄져야 한다.
- ▶ 놀이는 기분전환뿐 아니라 어린이의 발달에 중요한 매체이다. 어린이는 놀이를 통해 다양하고 복잡한 사물들간의 관계성을 이해하기 시작하며 직관적으로 모든 창조물에 내재하고 있는 통일성과 그것에 자신이 연관되어 있다는 사실을 이해할 수 있다.

【 생각해 볼 문제 】

1. 유대인의 쉐마교육 속에 담겨 있는 뜻은 무엇인가?

2. 종교개혁이후 교회교육이 어떻게 변화되었는가를 말해보라.

3. 정보화 시대에 교회교육이 어떻게 발전되어야 한다고 생각하는가?

【 참고 문헌 】

박승배. (1996). "정보화 시대의 학교 교육과정과 평가상의 과제,"
  교육학연구, 34(3). 203-221.
한방교와 윤길근. (1998). 인간과 교육의 이해. 동문사.
Barclay, W. (1957). Educational Ideals in the Ancient World.
  유재덕 옮김(1993).
  고대세계의 교육사상. 기독교문서선교회.
Lynn, R. W. and Wright, E. (1980). The Big Little School.
  Abingdon Press.
Weber. (1984). Ideas Influencing Early Childhood Education.
  NY: Teachers College, Columbia University.

제3장 기독교 교육행정 계획, 조직, 통제

오늘날 교회교육의 행정은 의존에서 독립으로, 고정화된 역할에서 상호인격적 과정들로, 부분에서 전체로, 통제에서 책임으로 변화되고 있다(미국감리교교육부, 88-89). 교육행정은 이미지, 영성, 질, 서비스, 성과 등 여러 차원에서 어느 다른 것보다 차별적 우위성을 확보해야 한다. 차별화는 경쟁의 요체이자 교회에 대한 애호도(loyalty)를 높이는 데 도움을 준다. 나아가 교회 교육행정은 기계적 통제보다 긍정적인 느낌이나 호감을 유발하는 정서적 접근을 사용한다. 수량적인 것보다 탄력적이며 적응적 접근을 한다. 기술의 진보에 따라 개성화된 행정서비스를 제공할 필요가 있다.

계획과 교육행정

교육행정가는 다음과 같은 계획책임을 가진다.

- ▶ 교육과정 선정, 교사모집과 교육
- ▶ 교회학교 사기앙양
- ▶ 교회학교 건물, 운동장, 기재 및 소모품 공급의 준비
- ▶ 교회학교 예산 편성, 또는 교회 일반예산에서 교회학교 예산부문 설정

▶ 필요할 때 각부 부장들의 모집 및 교육
▶ 교회학교 연간 계획을 미리 세우는 일과 주요 책임 및 때에 알맞게 행해져야 할 프로그램들의 목록 작성

1) 교육계획의 원리

바우어는 교회학교 전체 프로그램이 다음과 같은 원리에 입각하여 작성되어야 한다고 주장한다(Bower, 1964).

목표설정의 원리

교회학교 전체 프로그램은 기독교 교육의 목적과 일치하는 궁극적인 목표를 가지고 있어야 한다. 궁극적인 목표 아래 장기적인 목표와 단기적인 목표가 설정된다. 그리고 전체적인 교육목표가 설정되어야 개별적인 프로그램도 작성할 수 있다.

오늘날 교회학교의 문제는 장기적 목표나 단기적 목표가 설정되지 않은채 고정된 프로그램들이 습관적으로 반복되고 있다. 목표가 설정되어 있다 해도 그 목표와는 아무 관계가 없는 프로그램들이 나열되고 있을 뿐이다. 교회의 프로그램과 목표가 따로 작용할 때 교회학교 교육은 실패할 수 밖에 없다. 그러므로 전체 프로그램과 개별 프로그램들이 같은 목표를 향해 나가야 한다. 산 중턱이나 산 정상 부근에 여러 작은 봉우리가 있다 해도 큰 산의 일부가 되어야 한다. 마찬가지로 교단의 프로그램과 개교회의 프로그램이 각기 다양하다 해도 목표와 방향이 같아야 하는 것이다.

평가 및 조사의 원리

교회교육 프로그램은 계속 평가 및 조사되어야 한다. 평가 및 조사 없이 문제를 발견할 수 없고 문제는 해결되지 않은 채 남기 때문이다. 조사와 평가는 교회교육 행정 책임자들이 분명한 질문으로 내용을 조사하고 객관적으로 평가한다. 조사와 평가를 위해 질문지법을 많이 사용한다.

매년 계속되는 프로그램은 참가자들의 평가와 의견을 수집하는 방법으로 문제점들을 발견하고, 새롭게 시작되는 프로그램은 다른 교회에서의 경험 또는 문헌자료들을 통해 그 프로그램의 실시에 따른 문제점들을 미리 발견하고 그 해결책들을 모색한다. 계속적인 프로그램은 분기별로, 일시적인 프로그램은 프로그램이 끝날 때마다, 전체 교육 프로그램은 다음 해의 계획 수립 이전에 평가와 의견을 참가자들로부터 조사한다.

연속성의 원리

  교회 교육프로그램은 학습자가 현재 경험하고 있는 프로그램과 앞으로 전개될 프로그램과 연속성이 있어야 한다. 또한 시간이 진행됨에 따라, 그리고 연령별로 단계적으로 점차 더 넓고 깊은 영역으로 들어가도록 계획되어야 한다.

  그러나 대부분의 기독교 교육 프로그램은 일반학교의 교육처럼 한 계단 올라가고 또 밟아 올라가는 식으로 구조된 것이 아니라 복합적인 구조를 가지고 있기 때문에 계단식 연속성보다 나선형에 따라 진척되는 성격을 가지고 있다. 즉, 이미 학습한 같은 주제를 더욱 깊고 넓은 전개로 반복해 가면서 발전한다.

유연성의 원리

  교회교육 프로그램은 조정이 가능하도록 충분한 시간과 여유를 가지고 유연성있게 계획되어야 한다. 프로그램의 연중 계획은 프로그램의 진행과정에 따라 분기별로 다시 계획되고 프로그램별로 재조정될 수 있도록 한다.

정책결정의 원리

  교회교육의 중요한 계획은 정책적으로 결정되어야 한다. 그렇지 않으면 조직이나 프로그램의 운영에 있어서 안정성과 일관성을 유지하기 어렵다. 정책 결정은 조직체가 어떤 계획을 조직 전체의 계획으로 수락한다는 의사를 결정한다는 것을 의미한다. 결정을 할 때 조직 구성원 모두의 참여를 원칙으로 하되 정책 결정기구에 그 권한을 위임한 경우 그 기구의 결정을 따른다.

교회학교의 경우 정책 결정기구로 교육위원회, 교회학교 총무회, 교사회, 임원회 등이 있다. 교육 프로그램의 장기 목표나 연간 계획은 교육위원회에서 결정하고, 분기별 계획은 교회학교 총무회의에서, 개별 프로그램에 대한 계획은 임원회에서 계획이 수립되도록 한다. 정책결정 과정에 있어서 정책은 회중 전체의 의사를 반영하도록 해야 한다.

2) 목표와 프로그램의 설정

교회학교 교육은 기독교 교육의 목적 달성을 궁극적 목표로 삼는다. 각 교회는 이 목적의 실현을 위해 구체적으로 계획을 세우고 프로그램을 확정한다.

- ▶ 목표는 장기 목표와 단기 목표로 나누고 그에 따라 프로그램을 세운다.
- ▶ 단기 목표는 분기별로 나누어 설정할 수 있다.
- ▶ 프로그램을 주제군으로 묶어 교회 전체가 일정기간 동안 일관성있게 운영되도록 한다.
- ▶ 전체 교회학교가 주제중심의 목표 아래 참여토록 한다.

프로그램 보기

다음은 러셀이 이스트 할렘의 한 교회에서 실시한 해방의 이야기 13주 프로그램이다(Russell, 1975).

- ▶ 가정성경연구그룹에서 출애굽기를 읽는다.
- ▶ 청년부에서는 자유에 대한 노래 수집, 모의 시가행진, 출애굽을 주제로 한 촌극 활동을 한다.

▶ 초등부에서는 미리암의 탬버린 춤을 배운다. 마분지로 불붙은 떨기나무를 만든다. 약병을 이용해 금송아지를 만든다. 출애굽의 이야기를 상징하는 것들을 나뭇가지에 달아 매는 자유의 나무 만들기 창작 활동 등을 한다.
▶ 전교인이 참석한 가운데 다른 교회 교인들을 초청해 예배, 만찬회, 발표회를 가짐으로 끝을 맺는다.

3) 계획 퇴수회

교육정책을 수립할 때는 교사들이 실무자이므로 교사들의 의견을 충분히 반영할 필요가 있다. 계획 퇴수회(planning retreat)는 그 가운데 한 가지 방법이다.

계획 퇴수회는 교회학교의 각 부서들이 분기별 또는 년별 프로그램을 계획하기 위해 실시하는 것이다. 한 부서에 속해 있는 전체 회원들이 1박 2일 정도 조용한 장소에서 함께 지내면서 지난 기간에 있었던 프로그램들을 평가하고, 새로운 프로그램들을 제안하고 토의한다. 자신들을 반성하고 새로운 방향을 설정하며 친교의 시간, 멤버십 훈련, 결단의 시간 등도 가진다(Bower, 1964).

▶ 리더는 퇴수회 준비 위원을 구성하고 퇴수회 장소, 차량, 식사, 숙박, 프로그램 등을 준비하도록 한다.
▶ 부서에 속한 모든 그룹으로 하여금 준비 모임을 갖고 현재 프로그램에 대한 평가, 그룹 멤버들의 희망사항, 새로운 프로그램에 대한 제안 등을 논의하도록 한다.
▶ 계획 퇴수회는 전체 회원들이 참여한 가운데 진행한다.
▶ 퇴수회에서 토의된 제안과 방향에 대한 결론은 프로그램 계획 위원회를 구성하여 구체적인 계획안으로 만들도록 한다.

퇴수회는 교회학교의 여러 활동 프로그램과 교육 프로그램을 회원 스스로 평가하고 계획하게 하며 스스로 반성하고 방향을 정하게 한다는 점에서 바람직하다. 이 방법은 교회의 프로그램에 대해 회원들의 참여도를 높이고 회원들의 마음을 하나로 결집시키는 효과가 있다.

퇴수회는 많은 비용과 시간이 들기 때문에 자주 할 수 없다. 1년에 봄과 가을을 택해 두 차례 정도 가지면 좋다.

교육행정과 조직화

교회는 보다 능률적인 교회학교 조직체계를 갖춰야 한다. 무엇보다 경직된 조직을 부드럽게 만들어 갖가지 환경에 적응할 수 있도록 준비해야 한다.

앞으로 교회학교의 교사는 전문화되어야 한다. 특히 상담이나 예술활동 등 다양한 달란트를 갖고 있는 교사들도 활동할 수 있는 조직이 되어야 한다.

1) 교회학교의 행정조직

교회학교의 행정조직은 라인 조직, 스탭 조직, 위원회 조직, 태스크포스나 프로젝트팀, 메트릭스 조직, 협의회 조직 등 다양하게 구성할 수 있다.

라인 조직

라인(line) 조직은 전통적인 조직 형태로서 군대처럼 명령이 상부에서 하부로 직선적으로 전달될 수 있는 조직이다. 교장, 총무, 부장, 반사 등으로 이어지는 것이 보통이다. 이 조직은 위계가 뚜렷하고 권한과 책임의 한계가 명확하다. 최고 책임자가 강력한 통솔력을 발휘할 수 있는 장점이 있지만 책임자의 지나친 독자성으로 인해 전반적으로 능률과 사기가 저하될 가능성이 높다.

스탭 조직

스탭(staff) 조직은 라인 조직에 전문성을 지닌 참모 스탭을 두는 것으로 교회학교 안에 각종 서비스 스탭, 자문 스탭을 두는 것이 그 보기다. 스탭은 라인 조직에 대해 조언적 권한을 가질뿐 지휘명령권은 없다.

그러나 전문성이 중요한 권력원천으로 작용하고 있어 기능적 측면에서 막강한 권한을 행사할 수 있다.

스탭 조직을 두면 라인이 조직 업무수행에 관계없는 문제에 시간을 소비할 필요가 없고, 스탭은 전문적인 부분에 주력할 수 있어 일이 능률적으로 수행되는 장점이 있다. 그러나 라인이 혼자 책임을 수행할 경우에도 스탭에 의존하는 성향이 있고, 스탭도 전문가적 권고를 넘어 간섭을 할 여지가 있으며, 라인과 스탭 사이에 불화가 발생하면 일이 진척되지 않을 수도 있다.

위원회

위원회(committee)는 라인과 스탭 사이, 각 기능부문 사이, 각 명령계통 사이에 의견의 불일치, 불화, 마찰 등을 해결하기 위해 서로 다른 조직 단위나 기능 부문의 구성원들로 조직되는 통합조직이다. 교회학교에서도 통합을 목적으로 이 조직을 많이 활용하고 있다. 정책위원회, 기획위원회, 예산위원회, 조사위원회, 인사위원회 등을 두어 특정 문제에 대해 의견을 조정하고 일이 일관성있게 시행되도록 한다.

이 제도는 민주적이고 문제를 조정하고 통합하는 데는 유익하지만 책임이 분열되고 지도상에 문제가 있으며 창의적 제안이 잘 받아들여지지 않고 타협에 머무르는 경향이 높다는 단점이 있다.

교회학교가 교회의 교육위원회와 깊게 연관되는 것도 교회가 이 제도를 활용하고 있음을 보여준다. 교육위원회가 주로 하는 활동은 다음과 같다.

▶ 교사 수급을 위한 계획을 세우며 모집 범위와 직책에 대해 조사한다.
▶ 교사의 자격이나 필요한 수의 범위를 협의하고 정한다.

▶ 교사 모집이나 교사 훈련에 필요한 시설이나 재정적 지원을 심의 결정한다.

태스크포스, 프로젝트팀

태스크포스(task force)나 프로젝트팀(project team)은 특정 과제수행을 위한 잠정적 소그룹 조직이다. 이것을 애드혹(adhoc) 조직이라 한다. 이 제도는 특별기획 분야의 여러 분야에서 전문 지식을 가지고 있는 사람들로 임시 팀을 만들어 기획을 하고 임무가 끝나면 원 위치로 돌아가게 한다. 태스크포스는 군대에서 특정 임무를 부여한 팀에서 유래된 것이다. 태스크포스는 프로젝트팀보다 임무나 규모면에서 작고 기간도 짧다. 교회학교의 경우 특정 과제나 목표가 있을 때 태스크포스나 프로젝트팀을 두어 활동하게 하면 좋다. 이 제도는 라인이나 스탭 등 정적인 제도와 달리 동적인 제도라는 측면에서 각광을 받고 있다.

매트릭스 조직

매트릭스(matrix) 조직은 여러 프로젝트팀과 기존 부문의 기능을 서로 연결시키는 혼합형이다. 앞서 언급한 프로젝트팀은 새로운 사업에 새로운 팀을 구성하고 임무가 끝나면 원위치로 돌아오지만 매트릭스 조직은 기존 부문의 각 프로젝트에 지원하는 형태를 취한다. 교회의 각 행정부문이 교회학교가 추구하는 여러 프로젝트를 기능에 따라 지원하는 것이 그 보기다.

협의회

협의회(council) 조직은 자율적인 그룹들이 함께 연합하여 활동하는 것으로 공동의 이상이나 목표를 달성하기 위해 각 그룹들이 연합체를 형성하고 정기적인 회의에 대표를 파송하여 정책 결정에 참여한다. 회원그룹들의 상호 협조와 연합 활동을 목표로 한다. 협의회는 주로 여러 교회들이 함께 구성한다. 협의회에는 그룹 대표자 회의와 함께 본부 사무국, 실행 위원회, 사업별 분과위원회, 과제수행그룹, 상설기구 등의 행정조직을 가지고 있다.

교회 안에서 협의회를 구성할 수 있다. 교육 협의회가 그 보기다. 이것은 각 부서마다 교육전체를 기획, 실행, 관장하는 집단 협의체로 교역자와 교육행정, 교육실행, 생활양육을 담당하는 지도자들로 구성된다.

이 협의회는 기존 부장이나 교역자가 담당했던 교육기획과 실행의 역할을 수행한다. 협의회는 함께 책임지고 함께 협력하여 일하는 집단 지도력을 발휘한다.

2) 교회학교 행정의 조직화 방향

한국 교회가 보다 나은 교회학교 행정의 조직화를 위해서는 다음에 유의할 필요가 있다.

능동적 행정 구조

현재 한국 교회학교의 행정 조직은 라인 조직이 대부분이다. 위원회 제도가 있지만 전문스탭이 없는 위원회이기 때문에 순수한 위원회라 말할 수 없다. 앞으로 교회학교가 능률적으로 운영되기 위해서는 스탭 조직, 애드혹팀, 협의회 등 여러 형태를 적절히 활용하는 능동적인 행정 구조로 전환되어야 한다.

행정 전문화

교회학교의 행정이 비능률적이 되는 큰 이유는 교회학교 행정담당자들이 일주일에 한두 번밖에 만날 수 없다는 것이다. 업무는 대부분 라인에 위임되어 업무가 과중하게 부담되고 있다. 행정팀을 구성하여 업무를 분산시키고, 참여를 촉진시킴으로써 업무가 보다 효율적으로 그리고 전문성있게 추진되도록 해야 한다.

행정팀은 교회학교 행정을 위한 전문 스탭진으로 조직 운영팀, 프로그램 기획팀, 그룹 활동팀, 지도자 훈련팀 등으로 더욱 세분화할 수 있다.

근무환경의 조직화

교사의 근무환경을 개선하기 위해 고려해야 할 사항을 표로 나타내면 다음과 같다.

교사의 주요 근무 여건

물리적 여건
- ▶ 학교주변의 물리적 환경 및 교육적 환경
- ▶ 교무실의 근무환경 : 면적, 시설의 편의성, 조명, 환기, 냉난방, 사무기기
- ▶ 휴게실 및 강의실 시설 설비

교육기능적 여건
- ▶ 근무부담 : 학생부담, 수업부담, 업무부담
- ▶ 수업지도 여건 : 교수 및 학습자료 구비, 교구 및 시청각 기자재 확보, 학업 부진학생지도 부담, 학급의 학습분위기
- ▶ 교실의 물리적 환경 : 책걸상, 조명, 환기, 냉난방
- ▶ 교직업무의 특성 : 과제수준과 난이도, 수행의 자율성, 수행기술의 다양성, 역할 명확성

사회경제적 여건
- ▶ 사회적 지위 : 학교 내외의 안정감과 신뢰감
- ▶ 후생복지 : 의료보험, 교육비 지원

조직풍토적 여건
- ▶ 공식적 직무 조직
- ▶ 비공식적 조치
- ▶ 교직단체의 참여와 활동

- ▶ 학교문화의 특성 : 역사, 건학 이념
- ▶ 학교조직 풍토 : 개방적-폐쇄적, 자율적-통제적
- ▶ 지역사회의 특수성에 의한 영향
- ▶ 조직건강 : 신뢰성, 적응성, 자원활용, 응집성, 의사소통, 목표집중성, 혁신성, 권한 배분의 적정성, 문제해결의 적정성, 생산성, 기획성, 동조성 등
- ▶ 학교장의 행동적 특성 : 신뢰, 권위, 공개성, 독선적 지배성, 냉담성, 관료지향성, 목표지향성, 인간지향성 등
- ▶ 교원집단의 특성 : 상호불신, 갈등, 친밀성, 통합성, 사기, 장애성, 협동성, 일탈성
- ▶ 교원보호 : 부당한 학부모 및 학생의 행위로부터의 보호, 신분보장, 수업지도 및 연구의 자율성 보장 등

학교조직 이외의 환경
- ▶ 학부모와의 관계
- ▶ 학교의 교육활동과 업무상 간접적으로 연관되는 기관
- ▶ 교직단체

4) 프로그램의 조직화

교회학교 프로그램은 크게 학습 프로그램, 활동 프로그램, 통합 프로그램으로 구분된다. 각 프로그램은 다시 기본 프로그램, 선택적 프로그램, 계속적 프로그램, 일시적 프로그램 등으로 나뉘어 조직화한다.

학습 프로그램은 구체적인 교육목표 아래 실시한다. 프로그램 목표가 학교의 교육목표와 일치하지 않으면 안 된다.

활동 프로그램은 단순히 어떤 행사를 치르고 재미로 끝나는 것보다 참가자들이 프로그램을 통해 스스로 배우고 느끼게 함으로써 교육적 목적을 달성하는 데 목적이 있다. 프로그램이 끝났을 때 배우고 느낀 것을 발표하게 한다.

통합 프로그램은 학습 프로그램과 활동 프로그램을 통합한다. 학습-활동, 활동-학습의 연속적 과정을 통해 학습내용을 실제 행동에 옮기고 행동한 경험들을 다시 학습하는 것으로 행동-반응(action-reflection) 접근 방법이다.

기본적 계속 프로그램은 기본적이고 필수적인 프로그램을 지속적으로 실시한다. 이것은 대부분 교회학교가 시행하는 것으로 프로그램 수정이나 변화를 시도하기 어렵다.

기본적 일시 프로그램은 기본적이고 필수적인 것이기는 하지만 계속 프로그램화하지 않고 때로 짧은 기간 동안만 프로그램화하여 운영하는 것을 말한다. 기본적 계속 프로그램의 단점을 보완하는 의미가 크다. 실험적이고 특수한 목표들을 수행하는데 적합하다. 참가자의 동기유발과 학습효과를 높여 준다. 교회학교가 변화에 보다 신축성있게 대처할 수 있어 교육적 효과가 크다.

선택적 계속 프로그램은 소수의 사람들을 위해 선택적으로 이뤄지는 프로그램이지만 계속 이어진다. 이것은 교인의 특수한 요구나 관심을 만족시키기 위해 설정되며 소그룹 활동을 위한 프로그램으로 개발되기도 한다.

선택적 일시 프로그램은 소수의 사람을 위해 짧은 기간 동안 선택적으로 이루어진다. 과제수행 그룹의 특별활동 프로그램이나 특수계층에 있는 사람을 위한 단기 교육코스에 적합하다.

프로그램 보기
- 학습 프로그램　　대인관계학습 : 남을 인정하기, 목표 세우기
　　　　　　　　　영적 성숙 : 함께 긍정하기, 함께 일하기
　　　　　　　　　성경연구 : 재능 일깨우기, 봉사하기
- 활동 프로그램　　기획부 : 프로그램 기획
　　　　　　　　　참가자 : 프로그램 참여, 느낀 것 함께 나눔
　　　　　　　　　　　　　(feedback)

- 통합 프로그램　　학습 - 활동 : 배운 것을 행동으로 옮긴다.
　　　　　　　　　활동 - 학습 : 행동한 경험을 다시 학습한다.
- 기본적 계속 프로그램　체계적 연구, 공식적 교육, 평신도 훈련
- 기본적 일시 프로그램　특수 목표 프로그램 수행, 기본 프로그램 보완
　　　　　　　　　여름성경학교, 캠프 강습회, 봉사활동, 전도학
　　　　　　　　　교, 가족의 밤
- 선택적 계속 프로그램　특수 관심사항 지속적 수행, 소그룹 활동 장려
　　　　　　　　　경배와 찬양, 연극 제작과 공연
- 선택적 일시 프로그램　취미집단 활동, 절기 프로그램, 조찬 및 오찬 모
　　　　　　　　　임, 갱신 퇴수회, 가정주간 행사

　각종 교육 프로그램이 전체 목표를 향하고 서로 시간적으로 충돌하지 않도록 조정할 필요가 있다. 이것을 교육계획서(calend-arizing)라 한다. 교육계획서가 조직적으로 제시되면 참가자들이 사전에 어떤 교육 프로그램에 참여할 수 있을지 알게 되고 자신의 일을 조정해 프로그램에 대한 참여도를 높일 수 있다. 교육계획서에는 학생뿐 아니라 교사를 위한 프로그램도 마련되어야 한다.
　교육계획서에는 장단기 교육 목표의 해설, 주요 시책의 설정, 학교 조직과 구조 설명, 특별 집단에 대한 안내, 프로그램 일정표와 교육 내용을 소개한다. 단지 성경 퀴즈 대회, 체육 대회, 헌신 예배 등 행사가 언제 있는가만 소개하는 것은 교육계획서라 할 수 없다.
　교육계획서에는 크게 연중계획서와 분기별 계획서가 있다. 연중 계획서는 교육계획의 전체적인 조정과 안정을 위해 도움을 준다. 그러나 교육계획이 고정되어 있어 회중의 의견을 반영할 만한 신축성은 없다. 그러나 분기별 교육계획서에서는 유연성을 둘 필요가 있다.

5) 교육강화를 위한 각종 조직적 활동
　교회 교육을 보다 강화시키기 위한 조직적 활동을 예로 들면 다음과 같다.

기독교교육 강화주일 설정

교회 학교 활동 가운데 성경학교나 수련회 같은 행사는 학생위주의 행사이다. 이에 비해 기독교교육 강화주일은 전교인을 대상으로 기독교교육에 관심을 갖도록 하는 교회학교 행사이다.

강화주일에 앞서 교육관계자는 교사 지원자들을 심방하고, 장기간 결석한 학생들에 대해 출석을 권유하거나 가정방문을 하며 전도를 통해 새로운 학생을 확보한다. 강화주일에는 학생들을 환영하고 교회학교 전체가 모여 연합예배를 드리고 특별순서도 갖는다. 강연회, 환영 음악회, 모범교사 및 모범학생의 선발과 시상, 그리고 교육 관계자들의 간담회 등을 갖는다.

이러한 다채로운 행사를 통해 숨어있는 예비 교사를 발굴하고, 교회학교와 가정과의 유대관계를 더욱 다지며 교사로 하여금 자부심을 갖고 헌신하도록 한다. 특히 일반 교인들로 하여금 교회교육에 대한 관심을 드높인다.

교사 헌신예배

교사 헌신예배를 드린다. 이것은 하나의 형식적인 행사가 아니라 교사와 교인들이 함께 신앙경험을 나누는 시간으로 진행되는 것이 바람직하다. 교사의 간증, 학생의 간증, 부모의 간증 시간도 갖는 것이 그 방법 가운데 하나다.

교사는 교사로서의 경험을 통해 신앙적 간증을 하고, 학생은 교회학교와 일반학교의 차이점을 신앙적 측면과 경험적 측면에서 발표하며, 부모는 자식의 신앙적 성숙을 통해 교회학교의 공로를 인정하는 간증을 한다. 이러한 간증을 통해 교회학교의 중요성과 필요성이 알려지고 교사와 교회학교의 위상이 높아진다.

단기 강습회

단기 강습회(institute)는 회원들이 필요로 하는 새로운 원리나 방법

또는 기술을 배우게 하기 위한 것으로 전문적인 지식이나 기술을 가지고 있는 강사들을 초청하여 이론과 함께 다양한 방법을 배우고 익히는 것을 말한다.

교육행정 지도자는 회원들 각자에게 문제해결이나 과제수행을 위해 필요한 새로운 원리나 방법, 그리고 기술을 습득하게 하기 위한 주제를 설정한다. 그리고 이러한 주제를 위한 강습회의 프로그램을 계획하고 전문가를 초청한다. 강습회는 강연, 심포지움, 인터뷰, 패널, 시범 등 다양한 방법을 활용하면서 새로운 지식을 제공하고 소그룹을 통한 실습, 적용을 위한 토의 등의 순서로 진행된다. 교사 강습회의 경우 노래, 율동, 공과교재, 창작활동들을 제시해주고 교사들은 그것을 참고하여 활용한다.

강습회 방법은 새로운 교육방법과 지도법 등을 습득하게 하기 위한 지도자 훈련과 회원들에게 과제수행이나 문제해결을 위한 기술을 습득하게 하는 방법에 유용하다.

워크샵

워크샵(workshop)은 참가자들 각자가 전문적인 지식이나 새로운 기술을 습득하기 위해 공동의 주제를 중심으로 함께 모여 여러 전문가들의 지도 아래 1-3일 정도의 기간 동안 연속적인 회합을 가지는 것을 말한다. 참가자들은 각자의 관심 영역에 따라 전체 모임, 실습 그룹, 워크 그룹 등 여러 방법들을 통해 이론과 실제를 함께 배운다. 워크 그룹은 개인적으로 연구과제를 직접 계획해보고 거기에 대한 평가를 전문가와 다른 참가자들로부터 받는 것을 말한다.

워크샵은 강연, 패널, 인터뷰, 필름, 시범 등 다양한 방법들을 사용하여 참가자들에게 이론과 실제를 함께 배울 수 있게 한다. 다음은 워크샵의 과정이다.

▶ 지도자는 참가자들이 당면한 문제들을 해결해 주고 과제를 수행하

는데 필요한 공동의 관심 주제를 설정한다. 공동주제를 다시 관심 영역별 소주제로 나눈 다음 워크샵 프로그램을 계획한다.
▶ 전문가들을 초청하고 참가자들의 신청을 받는다.
▶ 새로운 지식과 정보를 제시하는 전체모임, 참가자들의 흥미와 관심 분야에 대한 실습과 토의를 하는 관심 영역별 모임, 새로운 지식과 기술을 각자의 실제 상황에 적용시키기 위해 각자가 직접 계획해 보고 평가를 받는 워크그룹모임 등의 순서로 진행된다.

워크샵의 보기
- 전체모임   9:00 - 9:10   워크샵의 성격과 목적 설명
                9:10 - 9:30   교육갱신에 대한 몇가지 방법 제시
                9:30 - 10:00   필름상영

- 실습그룹모임 10:00 - 12:00   그룹 1 : 유치부
                                그룹 2 : 초등부
                                그룹 3 : 중등부
                                그룹 4 : 고등부
                                그룹 5 : 청년부
- 전체모임   13:30 - 15:00   강연 : 교육 장애물 제거법

- 워크그룹모임 15:00 - 16:30   교육갱신에 대해 각자 수립한 계획에
                                대해 전문가 및 참가자의 반응을 들음

워크샵은 강습회와 비슷한 목적과 방식으로 진행되지만 참가자들을 각자 관심 영역별 그룹으로 나누어 실습과 토의를 하며 각자가 직접 계획을 수립하고 그것에 대해 평가를 받을 수 있게 하는 것이다.

워크샵에서 주의해야 할 것은 공동 주제를 여러 관심 영역들로 나누는 소주제의 설정이다. 어떤 영역에는 많이 참여하지만 어떤 그룹에는 몇

명만 참여하는 일이 발생하기 때문이다. 따라서 지도자는 소주제의 설정을 위해 미리 참가자들이 무엇을 필요로 하는지 조사할 필요가 있다.

워크샵은 여러 전문가들이 초청되고 연속적인 회합을 가져야 하므로 비용과 시간이 많이 든다. 하지만 이 방법은 수준이 높은 방법으로 지도자 단기훈련에 많이 활용되고 있다.

연구 협의회

연구 협의회(study conference)는 공동체가 공동의 정신과 공동의 목표를 중심으로 함께 모여 그들이 앞으로 나갈 새로운 방향을 설정하기 위해 공동으로 연구하고 협의하는 것을 말한다. 각 교회학교가 대표자를 파견하여 공동체가 앞으로 나갈 새로운 방향을 설정할 때 사용한다. 대표자들이 주제 강연, 연구 발표, 연구 보고 등을 들으며 연구 분과로 나누어 함께 연구하고 협의한다.

- ▶ 교육행정 담당자는 준비위원회를 구성한다. 이 위원회는 공동체의 새로운 방향을 설정하기 위한 연구협의회의 총주제와 분과별 소주제를 결정하고 주제 강연자와 연구 발표자들을 선정한다.
- ▶ 연구 협의회는 주제 강연자, 연구 발표자, 각 교회학교에서 파견한 대표자들이 참석한 가운데 진행된다. 진행은 총주제와 소주제들에 대한 강연, 발표, 연구보고들이 제시된 다음 각 연구분과별로 소주제에 해당하는 것들을 분석하고 제안하기 위한 협의를 하며 그 결과를 분과 보고서로 작성하고 전체모임에서 발표한다. 전체모임에서는 결론을 내리기 위한 토의를 진행하고 결론문서를 작성하여 통과시킨다.
- ▶ 협의회 결과를 문헌자료로 정리하는 작업을 한다.

연구 협의회는 공동체의 정책이나 방향이 위에서부터 결정되어 내려오는 것이 아니라 아래에서부터 응집되어 올라가게 하는 민주적 과정이다. 그러나 이것은 즉흥적이며 단순한 생각들을 모은 것이 아니라 전문가들의 연구 결과들을 듣고 참가자들이 그들의 상황에서 함께 분석하며 결론을 낸다는 점에서 전문적이고 수준이 높다. 이 방법은 사전에 연구 과제들이 각 그룹에게 제시되고 연구하고 준비하는데 많은 시간이 필요하며 여러 전문가들의 도움이 필요하다는 문제가 있다.

조정과 통제

과거 통제는 지배를 위한 것이었다. 그러나 현대적 의미에서 통제는 지배보다는 유익한 정보를 보다 많이 제공해 많은 사람이 스스로 올바른 결정을 내릴 수 있도록 도와주는 데 목적이 있다. 따라서 교회행정에 있어서 통제는 명령위주적, 기계적 통제가 아니라 서로 유기적으로 연관되어 살아 움직이는 교회가 되도록 프로세스를 변화시키고 이것이 가능하도록 도와 주는 역할을 해야 한다. 또한 불확실한 미래에 대비하기 위해 시뮬레이션 방법(아래 도움말 참조)을 사용할 필요가 있다.

조정 및 통제의 업무는 각 부서의 임원단, 각 교육부의 교사회의, 회장단 회의, 교회학교 행정팀 사이의 긴밀한 커뮤니케이션을 통해 수행된다. 그러나 서로 대면할 수 있는 시간이 한정되어 있어 어려움이 많다.

1) 교육 행정가의 일상적 감독 활동
교육 행정가의 일상적 감독 활동을 살펴보면 다음과 같다.

▶ 교사 및 학생들의 훈련, 출석, 일의 성취를 계속 관리하는 일
▶ 결석하는 학생들을 심방하고 교사들, 부모들, 학생들의 문제를 의논할 사기앙양팀의 훈련과 성과 검토
▶ 교회학교 건물과 운동장의 관리, 기자재가 잘 작동되며 필요한 비품의 준비와 소모품의 공급이 원활한가를 확인하는 일

▶ 교회학교가 예산 내에서 움직이고 있는지, 또는 과외 기여금을 필요로 하는지를 확인하는 일
▶ 부장들, 교사교육 책임자들이 그들의 역할을 하고 있으며 필요한 정보를 보고하고 있는지 확인하는 일
▶ 필요한 기록들을 남기고 있는지를 확인하는 일
▶ 관리상의 충돌을 피하기 위해 모든 직원들의 일과 시설의 사용을 조정하는 일

2) 교육활동의 조정

조정은 교육계획이 효과적으로 운영되도록 하는데 목적이 있다. 교회학교 운영에 있어서 조정이 필요한 것은 교회의 상황이 항상 변하고 있기 때문이다. 따라서 교육계획은 상황에 따라 적절하게 수정되고 조정되어야 한다. 교회학교 활동에는 연중 교육계획서에도 없는 새로운 활동이 계획될 수 있기 때문에 기존의 활동과 상충되지 않도록 조정할 필요가 있다. 조정을 위한 몇가지 장치들을 살펴보면 다음과 같다(Bower, 138-151).

▶ 교회학교 교무실을 통해 모든 교육활동을 조정하고 연결하며 통제한다. 교무실에는 행정팀과 교사, 지도자들이 수시로 머무르고 회원들이 자유롭게 이용하게 한다.
▶ 월별 교육활동 진행표를 활용한다. 연중 교육계획서, 분기별 교육계획서 등을 발행하여 계획들이 상충되지 않게 하며 새로운 활동을 계획할 때 이미 설정된 계획과 충돌하지 않도록 한다. 기존 계획이라 할지라도 변경에 유연성을 둘 필요가 있다. 변경이 필요한 경우 교회 전체에 유익이 되어야 한다.
▶ 교사회의와 임원회 : 각 교육부의 교사회의나 각 부서의 임원회를 통해 조정작업을 한다. 모든 회의는 기록으로 남기고 행정팀에 보고함으로 전체 교회의 프로그램이 단일 행정 체제 속에서 조정될 수 있도록 한다.

▶ 과제 수행그룹의 활용 : 각 프로그램 활동 단위로 과제 수행그룹을 선정해 책임을 위임한다. 과제 수행그룹은 수시로 프로그램의 진행과정에서 발생하는 여러 문제들을 함께 의논하고 해결책을 찾는 데 도움이 된다.
▶ 제안함 설치 : 프로그램 운영은 지도자나 행정가를 위한 것이 아니라 회중을 위한 것이다. 따라서 제안함을 설치하여 회원들의 건의사항이나 아이디어들을 받아들일 필요가 있다. 이것은 프로그램 운영과정에 회원들이 참여할 수 있는 아주 좋은 방법이다.

교회는 교육통제를 함에 있어서 교사와 학생, 그리고 학부모와의 지속적인 관계를 도모해야 한다.

3) 영성훈련을 통한 자율적 통제

교사는 전문성, 곧 지적인 면의 우월성도 가지고 있어야 하지만 영적인 탁월성을 함께 지니고 있어야 한다. 특히 영적인 면의 탁월성은 자율통제의 바탕이 된다.

사도 바울은 디모데에게 "경건에 이르기를 힘쓰라"고 했다. 마찬가지로 교사는 매일의 삶 속에서 영적인 각성과 함께 생활의 통제가 있어야 한다. 교사는 하나님의 부르심을 받아 하나님을 위해 일하는 사람이다. 하나님을 위해 일하는 사람은 그에 합당한 영적 생활을 통해 하나님과의 관계를 바로 가지고 영적으로 활력이 있음을 나타내야 한다.

이를 위해 필요한 것이 계속적인 영성훈련이다. 교사는 영성을 높이기 위해 다음과 같은 훈련을 해야 한다.

▶ 기도로 매일 경건한 결단을 한다. 교사는 골방기도뿐 아니라 공예배에 참석해 지속적으로 기도한다.
▶ 하나님의 말씀을 규칙적으로 묵상한다. 말씀을 읽을 뿐 아니라 그 말씀을 생활과 연결시켜 나간다.

▶ 경건서적을 많이 읽는다. 현대적인 것뿐 아니라 고전적인 것도 읽는다. 경건서적으로는 어거스틴의 '참회록,' 토마스 아 켐피스의 '그리스도를 본받아,' 리차드 포스터의 '기도' 등은 대표적인 경건서적들이다.

교사는 끊임없는 훈련을 통해 자신뿐 아니라 교회의 여러 문제를 이겨내야 성숙한 교사이다. 영적인 훈련을 스스로 하지 않으면 그리스도의 장성한 분량까지 이를 수 없고, 그런 경우 외적인 통제를 받게 된다.

4) 자치활동 통제

학생들이 자치적으로 수행하는 여러 활동들을 지원, 지도, 감독한다. 상급 학생들의 경우 주보사, 선교부, 도서부, 영어성경공부, 구제부 등 여러 자치활동이 있다.

5) 교회교육의 평가

교회교육에 대한 평가는 교육의 끝이 아니라 새로운 교육을 위한 시작이다. 교육평가는 계획했던 목표가 얼마나 달성되었는가에 초점이 맞춰져 있다. 평가에 주목해야 할 것들은 다음과 같다.

▶ 학습자가 교회교육 프로그램을 통해 무엇을 배우고 얼마나 성장했는가?
▶ 실시된 프로그램에 부족한 내용이 무엇이고, 무엇이 전달되지 못했는가?
▶ 기대한 교육목표가 어느 정도 달성되었는가?
▶ 교육의 효과는 어떠한가?
▶ 교육과정에서 어떤 면에 결점이 있었는가?
▶ 행정구조 및 행정가들이 효율적으로 일했는가?
▶ 교회학교의 예산은 타당한가?
▶ 교실, 비품, 소모품 등이 잘 공급되었는가?

평가의 방법으로는 교회 학교력을 통한 성취도 평가, 매시간의 교육평가, 프로그램 단위의 교육평가, 분기별 교육평가, 평가와 다음 계획을 위한 퇴수회 등이 있다.

매시간 교육평가는 매번의 모임마다 "여러분은 오늘 이 시간의 프로그램에서 특별히 무엇을 배우고 느꼈는가"라는 질문을 던지고 학습자들의 반응을 직접 듣는 것을 말한다. 교회교육 프로그램은 대체로 일주일에 한 번씩 모이는 프로그램들이 대부분이기 때문에 주단위 평가라 해도 과언이 아니다. 이 방법은 교육의 결과를 정리하고 강화함으로써 프로그램에 대해 강력한 인상을 남기는데 도움을 준다.

프로그램 단위 교육평가는 봉사활동이나 수련회와 같은 단기 교육프로그램 끝에 평가회를 갖는 것을 말한다. 이 평가에서 다음과 같은 질문이 제시될 수 있다. 설문에 답하고 서로의 생각을 함께 나눔으로써 프로그램을 통한 경험이 교육적 경험이 되도록 한다.

- ▶ 이 프로그램의 경험을 통해 무엇을 배웠는가?
- ▶ 이 프로그램에서 특별히 좋았던 것은 무엇인가?
- ▶ 프로그램 진행에서 잘된 것은 무엇이며 개선되어야 할 것은 무엇인가?

분기별 교육평가는 분기가 끝날 때마다 설정된 분기별 교육목표에 맞게 성과를 거두었는지 그 여부를 평가해 보는 것을 말한다. 분기별 목표를 지식의 변화, 태도의 변화, 견해의 변화, 행동의 변화 등으로 세분해 설문을 작성하고 그 결과를 평가한다. 분기별 교육평가는 프로그램에 대한 평가뿐 아니라 학습자 자신의 변화, 조직이나 그룹운영의 문제점에 대해서도 함께 평가한다.

평가와 계획을 위한 퇴수회는 가까운 수양관에서 1박 2일 정도의 시간을 갖는다. 다음 해를 위해 새로운 교육계획을 세우기 전에 지난 1년간의 교육활동 전반에 대한 평가와 함께 다음 해를 위한 제안을 한다.

퇴수회를 갖기 전 교회학교 각 그룹에서 사전에 평가회를 가진 뒤 각 그룹별로 대표를 퇴수회에 파견한다. 그룹별 보고, 평가 및 제안, 소그룹 토론을 한다. 퇴수회 결과는 프로그램 기획부에 넘겨 차기 교육계획에 반영되도록 한다.

교회학교의 목표, 방법, 그리고 결과들을 판단하기 위해서 평가자들은 다양한 기술을 사용하고, 자료들을 학생, 교사, 직원, 부모, 교인들로부터 수집할 필요가 있다.

【 도움말 또는 사례 】

시뮬레이션

시뮬레이션(simulation)은 아직 발생하지 않았지만 발생한 것으로 가정하고 실제 현장과 똑같은 상황이나 사건을 모의로 재현해보는 것을 말한다. 모의 재판, 모의 국회, 모의 주주총회 등 다양하게 활용하고 있다. 교회에서도 모의 게임을 통해 앞으로 시대변화와 함께 교회에서 발생할 문제점들에 대해 시뮬레이션해봄으로써 사건의 전개에 따라 교회가 대처해 나갈 방향을 찾을 수 있다.

- ▶ 교사는 모의 상황이나 사건을 주제로 설정하고 학생들로 하여금 모의 게임을 준비하게 한다.
- ▶ 실제와 똑같은 상황을 연출하기 위해 각본의 작성, 역할 연기자를 선정하고 연습을 하도록 한다.
- ▶ 학생들이 있는 가운데 모의 게임을 한다. 교사는 모의로 설정된 상황을 소개하고 모의 게임 이후 있게 될 공개 토의 주제를 제시한 다음 게임에 주목하도록 한다.
- ▶ 게임이 끝나면 학생들은 제시된 모의 게임에 대해 평가를 한다. 이때 버즈그룹과 같은 방식을 사용하기도 하고 포럼과 같은 방식의 공개 토의가 진행되기도 한다.

시뮬레이션은 미래사건을 사전에 예견하고 통제하는 데 의미가 있다. 그러나 과거의 성경적 사건을 현대에서 새롭게 재현해 볼 수도 있다.

【 생각해 볼 문제 】

1. 교회 행정가는 어떤 계획책임을 가지고 있는가? 어떤 원칙에 의해 그 책임을 다해야 하는가?

2. 교회행정을 조직화하기 위해 어떤 조직이 필요한가? 특히 환경이 복잡한 상황에서 교회학교에 요구되는 조직은 무엇인가?

3. 교사들이 교회교육에 보다 헌신하도록 할 수 있는 방안을 어떤 방법으로 모색하는 것이 바람직한가?

4. 교회교육의 평가에서 교회 행정가가 주목해야 할 것은 무엇인가?

【 참고 문헌 】

미국감리교교육부. (1980). 교육목회지침서. 오인탁 옮김. 장로회신학대학 출판부.
Bower, R. (1964). Administering Christian Education. MI: W. B. Eerdmans.
Russell, L. M. (1975). 기독교교육의 새 전망. 정웅섭 옮김. 대한기독교서회.

제4장 교육 인사, 교육 재정, 교육 시설

교육 인사

교회학교의 중요한 문제는 소명감 넘치는 능력있고 열심있는 교사의 확보이다. 자원봉사자로서 헌신할 교사의 수가 급격하게 줄어들게 되자 교회는 임시적인 조치로 엄격한 교사선정의 기준도 없이 교사를 선발함은 물론, 선발한 교사에 대한 훈련도 미약해 교회교육의 질적 저하를 초래했다. 주일학교가 발전하려면 유능한 교사 및 지도자를 세워야 한다. 기계적으로 가르치는 단순교사가 아니라 독특한 감각과 재능, 열성, 신념을 고루 갖춘 인물이어야 한다. 이를 위해 교회는 주일학교에 최우선 관심을 두면서 교사교육과정 개발과 유능한 일꾼 발굴에 힘써야 한다. 교사 지도자를 키우는데 교회가 앞장서야 한다.

1) 교사의 모집

한국교회는 교사에 대한 장기적인 비전이 결여되어 있다. 따라서 교사의 모집에서부터 선발, 그리고 교사에 대한 교육이 부재한 상태이다. 이것은 교회학교의 미래에 매우 암울한 전망을 가져오게 한다. 교회교사는 아무나 되는 일이 아니다. 일반학교 교사 못지 않은 수급계획과 철저한 대비가 필요하다. 임기응변식 대처는 교회 교육행정이 얼마나 잘 못되어 있는가를 보여준다.

교사의 차질없는 수급을 위해 먼저 교인들의 하나님 나라를 향한 헌신과 봉사정신을 강화시켜야 한다. 그 나라를 위한 선교 및 교육 의식이 약한 교회일수록 교사지원자들이 적기 때문이다.

　기독교 교육의 필요성과 절박성에 대한 교인들의 인식을 강화시켜야 한다. 교회 교육의 중요성을 깨닫지 못할 때 주일학교 교육은 약화될 수밖에 없다. 이를 위해 교회 교육을 교회내 중직들이 직접 나서서 가르쳐야 한다. 청년들이나 젊은이들에게 기회를 주는 것도 중요하지만 그들에게 맡기고 뒷짐을 지는 것은 합당치 않다. 예수님께서는 십자가에 달리시기 바로 전까지도 하나님 나라에 대한 교육에 힘쓰셨다. 교회 중진들이 높은 직위만 가지고 있을뿐 일하지 않는 것은 주님의 종다운 처사가 아니다. 장기적인 안목을 가지고 교사를 양성해야 한다. 목회계획 속에 교사양성에 대한 비전이 없다면 그것은 처음부터 잘못되어 있는 것이다. 교사의 결원이 많이 생길 때 그때서야 부랴부랴 광고를 하는 것은 교회행정이 잘못되어 있음을 보여주는 것이다. 교사의 모집부터 체계적이고 계획적이기 위해 다음과 같은 사항에 유의한다.

- ▶ 담임목사가 교육 목회적 비전을 확고히 세우고 교인들에게 그 비전을 주지시킨다.
- ▶ 목사, 교사, 교인 모두 좋은 교사가 교회학교에서 일할 수 있도록 합심하여 기도한다. 기도하는 분위기가 조성될 때 훌륭한 교사들이 자원하여 헌신할 수 있게 된다.
- ▶ 평소 교사로서 활동할 수 있는 교인들에 대한 정보를 파악한다. 심방 등 각종 활동을 통해 교사후보생으로서 바람직한 인물들에 관한 정보를 컴퓨터에 입력하거나 카드에 작성한다. 이 때 이름, 생년월일, 성, 학력, 신급, 교사경력 유무, 직업 등 여러 정보를 기록한다.
- ▶ 평소부터 교사양성 교육과정을 세우고 그 과정을 마친 교인들로 하여금 교사가 되도록 훈련하며 많은 교사 후보생을 양성한다.
- ▶ 4-5년 동안 필요한 교사수를 미리 정하고 교육위원회가 유자격자를 확보하고 대기시킨다.

▶ 정교사로 일하기 전에 보조교사로 활동하게 한다.
▶ 교회학교 교사 후보생을 위한 기록표를 마련한다.

교회학교 교사 후보 기록표(안)

이 름		성 별	남·여	생 일	
주 소				전 화	
교회생활	1년 이상	2년 이상		3년 이상	4년 이상
교육경력	중졸	고졸		대재	대졸
교회교육경력	교사 경험없음	있음	1년 이상	3년 이상	5년 이상
경험유무 / 영역	교회 학교 교사로서 나의 공헌이 가능한 영역				
유 무	인간 관계를 통한 교육 ( )				
유 무	음악을 통한 교육 ( )				
유 무	성경과 신앙을 가르치는 교육 ( )				
유 무	행정과 사무를 통해 봉사 ( )				
유 무	기타 ( )				
	년 월 일 작 성 자 _____				
교회 학교란					
면 담					
교사 임명	년 월 일				
임명된 부서	부 직				
기 타					
	년 월 일 교회 학교 _____				

출처 : 김문철, 67쪽. 일부 수정했음

2) 교사의 선발

교사의 자격

참된 교사를 선발하는 일은 매우 중요하다. 교사는 무엇보다 지도자의 자격에 맞는 사람이 선발되어야 한다. 다음은 교사의 일반적인 선정 기준이다.

- ▶ 소명감이 투철한 인물 : 교회교육은 하나님께서 위촉하신 소명이다. 따라서 교사직을 담당한다는 것은 바로 하나님의 부르심을 따라 교사라는 소명에로 초대되었음을 인식하고 그 부르심에 철저하게 응답하는 것이다.
- ▶ 신앙적으로 살아가는 인물 : 세례를 받고 신앙적으로 모범이 되어야 한다. 구원에 대한 확신을 가지고 있어야 한다.
- ▶ 헌신적이면서 계속 성장하는 인물 : 헌신적이며 책임성이 강한 사람이어야 한다. 하나님과 사람을 위해 자신을 희생하면서도 보람을 찾는 사람일수록 좋다.
- ▶ 유동적인 사람보다는 고정적인 인물 : 유동적인 청년이나 학생보다 고정적인 부모가 좋다.
- ▶ 고등교육을 받은 인물 : 학력은 고졸 이상이 바람직하다. 가급적 대학을 졸업한 사람을 채용한다. 교사의 연령도 20세가 넘는 것이 바람직하다.
- ▶ 일을 정확하고 공정하게 하는 인물
- ▶ 학생들에 대해 관심을 가지고 따뜻이 대해줄 수 있는 인물
- ▶ 가르칠 능력이 있는 인물 : 가르칠 수 있는 능력이 있어야 한다. 이해력, 자기 표현력, 창의력이 있어야 한다.
- ▶ 스스로 배우는 자세를 가지고 있는 인물 : 자신이 먼저 배우고자 하는 사람이어야 한다. 성경 연구, 교수법, 새로운 방법들을 꾸준히 추구한다.

교사후보 면담

교사후보로 선정된 인물들을 교장이나 교육목사가 교회학교 관계자들과 함께 면담한다. 면담은 구두시험이 아니다. 교회교육에 정중히 초청하는 것이다. 모두가 하나님의 종인 것을 알게 하고 교사 후보가 하나님의 일꾼으로 초청되었음을 확신케 한다. 이 과정에서 교회학교 교사로서 뜻있는 결단을 촉구한다.

어떤 교사형식으로 교사직 부탁을 받았든지 간에 면담을 한다. 전에 직접 만나 요청했을 수도 있고 전화로 부탁했을 수도 있다. 그러나 일단 교회학교 교사 후보로 선정된 경우 시간과 장소를 정해 공식적으로 면담한다. 시간과 장소를 정할 때는 목사가 일방적으로 정하는 것보다 교회학교 관계자들과 교사후보생이 오기에 편하고 자유로운 시간과 장소를 택한다. 가급적 후보생 개별 면담을 하고 두 세 후보를 함께 초청하는 것은 삼간다.

면담을 알릴 때는 딱딱한 공문형식의 편지보다 카드나 그림같은 것을 사용해서 받는 사람이 신선한 느낌을 갖도록 한다. 그러나 내용은 따뜻하면서도 정중해야 한다.

다음은 면담시 주의해야 할 사항이다.

- ▶ 면담장소는 조용한 장소로 한다. 예배실처럼 넓게 트이고 여러 사람들이 다니며 떠드는 곳은 좋지 않다. 목사관이나 목사사무실, 또는 교육위원회실이 바람직하다.
- ▶ 면담자는 면담 전에 교회학교 교사후보 기록표를 참조하여 교사 후보에 대한 인적 사항 및 생활환경을 미리 알고 있는 것이 면담에 도움을 준다.
- ▶ 면담은 신앙적 분위기와 격려하는 분위기이어야 하며 강요하거나 억지로 부담을 주어서는 안 된다.
- ▶ 면담 시간은 30분을 넘지 않도록 한다. 차를 마시면서 자연스럽게 한다.
- ▶ 면담은 서론적 이야기, 면담의 배경설명, 교회교육의 중요성, 교회

학교의 상황과 교육의 필요성, 교사직에로의 초청식으로 진행한다.
- ▶ 면담자가 자유스럽지만 신중하게 결단하도록 돕는다. 성급하게 대답을 들으려 유도해서는 안 된다. 그 대답을 들었을 때는 민감하게 대처한다.
- ▶ 면담후 일주일간의 여유를 준다. 그 기간 동안 기도하면서 결단하도록 당부한다.
- ▶ 면담자의 기도로 마친다.

교사를 맡아달라고 하면 대개 바쁘다고 말한다. 아무리 바쁜 사람이라 할지라도 그 일이 중요하다고 생각되면 교사직을 맡게 된다. 교사 모집단계에서부터 교사직이 어떤 의무 이상의 것이며 자부심을 갖게 하는 일임을 홍보하면 교사에 대한 선호도가 커진다.

교사직을 의뢰할 때 그저 빈 자리를 맡아달라고 하면 안 된다. 그보다는 교사가 교회에 필요함을 역설하고 그 중요성을 부각한 뒤 이에 적합한 인물이 당신이라고 말한다. 그래야 교사직의 중요성을 인식하고 책임감있게 일할 수 있다.

가급적 당사자가 신중하게 생각해볼 시간을 준다. 일정 기간이 끝난 후 특별한 시간을 정해 그의 대답을 듣는다. 만일 응낙하면 사의를 표하고 그가 할 일을 말해준다. 이 때 당사자가 교사로서 해야할 일과 직책을 솔직하게 알려줄 필요가 있다.

당사자가 거부하면 강요하거나 부담을 주지 말고 다음 기회에 참여할 수 있도록 문호를 열어둔다. 교사란 수고에 대해 어떤 보상을 받는 직책이 아니며 억지로 해서도 안 된다.

자원인사의 활용

자원인사(resource personnel)는 교회 안에 묻혀 있는 여러 가용자원을 적극적으로 활용하는 것을 말한다. 교회 안에는 대학교수에서부터 의사, 약사, 예술가, 공예가, 기술자, 외국여행 또는 외국에서 생활하고 온 사람들, 다양한 취미와 특기를 가진 사람들, 다양한 직업에 종사하는 사람들이 있다. 이들을 교회학교 프로그램에 끌어들이면 프로그램이 다양하고 풍요해질 수 있다. 자원인사를 활용하기 위해서는 이들의 명단을 조사, 작성하고 프로그램에 따라 도움을 요청하며 교육지도자와 함께 구체적인 계획을 함께 수립한다(Gable, 56).

3) 교사의 교육

교사는 모든 교육과정의 열쇠다. 아무리 시설이 좋고 훌륭한 교재가 있다 해도 교사가 그것을 사용할 줄 모르면 소용이 없다. 유능한 교사는 하루 아침에 되는 것이 아니다. 그의 삶 자체가 배움에 근거해 있고 날마다 연구하는 헌신적인 자세를 가지고 있을 때 가능하다.

기초교육

한국교회 교육에 관한 실태조사에 따르면 교사가 되기 전에 아무런 훈련이나 준비없이 교사의 일을 시작한 것으로 나타났다. 일반학교에서는 최소한 4년제 대학을 나와야 하고 교직 과목을 이수해야 하는 것과는 대조적이다. 교회는 교사로 헌신할 것을 다짐하는 교사후보생에게 최소한 교회 교사로서의 기초훈련 과정을 마치도록 해야 한다.

기초훈련 과정에는 기독교 교육의 목적, 유능한 교사가 되기 위한 자질과 사명의식을 고취시키는 교사론, 기독교 교육학, 성경 총론, 성경신학, 학습자 이해를 위한 기독교 교육심리, 교육 지도 및 학습 방법론 등 여러 가지가 포함되어야 한다.

기초반을 수료한 경우 고급반에서 보다 심화된 교육을 받는다. 기초과정에 포함되지 않았지만 보다 실제적인 과목을 수강한다. 교회와 사회, 인간 관계, 창의적 교수법, 커리큘럼 개발 등이 그 보기이다.

계속교육

계속교육은 심화과정이다. 교회는 교사들이 계속 성장하고 발전하도록 도와주어야 한다. 교사교육에 있어서 그때 그때 필요한 주제들을 정하여 교육을 받는다. 계속교육의 형태로 다음의 것들이 있다.

교사대학 또는 교사교육원 : 교사대학 또는 교사교육원이라는 이름으로 몇 년간의 교육과정을 정해놓고 계속적으로 실시한다. 2, 3년 시리즈로 교육할 수 있는 내용을 다룬다. 봄 가을 계절학기로 나누어 열 수도 있다. 교사대학이나 교사교육원은 개교회보다는 노회나 주변의 여러 교회, 교단차원에서 구성하는 것이 좋다. 교사뿐 아니라 일반 성도 가운데 이 과정을 수료하면 정교사가 될 수 있는 길을 열어준다.

교사퇴수회 : 주말을 이용해 교사들이 수양관이나 기도원에서 퇴수회를 갖는다. 특별 기도회나 성경 연구시간도 가지며 교사로서의 반성과 새로운 다짐을 한다. 자신에게 맡겨진 교사로서의 사명에 충실했는지를 점검하고 새롭게 출발하는 계기를 마련해준다. 성공사례 발표도 하고 실패의 경험담도 듣는다. 교회학교의 전반적 운영에 관한 토의도 한다.

교사세미나 : 교사들이 한 제목을 갖고 각각 다른 측면에서 발표한다. 개교회에서 실시할 수도 있고, 여러 교회의 교사들이 연합하여 세미나를 가질 수도 있다. 교사세미나는 같은 주제를 여러 차원에서 살펴볼 수 있다는 장점이 있다.

교사연구회 : 여러 교사들이 한 자리에 모여 웍샵, 패널 형식을 곁들여 모임을 갖는다. 전문가의 강의를 듣는 것에서 시작하여 각 그룹마다 연구한 것을 발표하면서 경험과 지식을 나눈다.

교사훈련세미나 : 발달과정에 따라서 각 부서에서 필요한 교사훈련이나 교육을 정기적으로 실시하거나 전문훈련기관에 위탁 교육한다.

협의회 : 교사 또는 교사팀과 자문위원 사이에 정규적으로 짜여진 일련의 토의적 면담을 말한다. 교사는 면담을 통해 특수상황의 구체적인 문제에 대해 전문적인 도움을 받을 수 있다. 협의자는 학생들에 대한 이해를 높임으로써 교사에게 교육상 필요한 도움을 준다.

자기훈련

교사가 교회교육에 소극적이고 교육을 위해 준비하는 시간도 인색하면 교육의 질이 저하될 수밖에 없다. 교사는 개인적이고 인격적인 훈련을 통해 교사로서 자신의 자질을 개발시켜 나가야 한다. 이를 위해 교회가 협조하고 동료 교사들이 도와주어야 한다.

교사의 자기훈련에서 중요한 것은 영성과 지성을 골고루 겸비하는 것이다. 영성은 강한데 지성이 약하다든지, 지성은 강한데 영성이 약하면 모두 문제다. 교사는 영성도 강하고 지적인 전문성도 강해야 한다.

이를 위해 필요한 훈련이 영성훈련과 지성훈련이다. 영성은 하나님과의 깊은 교제를 말하는 것으로 예배, 기도, 성경연구 등을 통해 이뤄진다. 영성훈련을 위해 기도, 말씀 묵상, 경건서적을 읽는 것이 좋다. 지적 전문성은 교육적 전문성을 말한다. 이를 위해 교육기술을 창조적으로 개발할 수 있는 능력을 키워야 한다.

바울은 디모데에게 "네가 진리의 말씀을 옳게 분변하며 부끄러울 것이 없는 일꾼으로 인정된 자로 자신을 하나님 앞에 드리기를 힘쓰라" (딤후 2:15) 했다. 교사는 꾸준히 말씀을 가까이 하고 그 말씀을 정확히 파악해 학생들이 이해하고 적용하도록 자신부터 철저히 훈련시켜야 한다.

교육 재정

교회학교의 재정은 예산증액, 할당, 예산 한도 준수, 집행, 결산 보고

등 재정관리에 대한 모든 면이 포함된다. 효율적인 재정관리를 위해 전문가의 도움이 필요하며 다른 교회학교의 재정운영을 살펴볼 필요가 있다. 재정에 대한 모든 정보는 교회 교육행정가들이 교회학교를 어떤 목적 아래 어떻게 운영해 왔는지 알 수 있다.

1) 예산편성

교회학교의 모든 운영은 교육재정이 확보되어야 가능하다. 교회가 얼마나 교육에 관심이 있는가를 알아보기 위해서는 그 교회의 예산 가운데 교육비가 차지하는 비율이 어떤가를 조사하면 된다.

한국 교회의 예산에는 목회비와 건축비가 거의 대부분을 차지하고 교육비는 10%도 되지 않는 교회가 대부분이다. 더구나 교육비는 교회학교 보조비의 명목으로 나타나 있다. 이같은 현실은 한국 교회가 목회자와 교회당 건축을 위해 존재한다는 부정적 메시지를 전해줄 뿐이다. 교회의 존재 이유가 그리스도의 공동체로서 그분이 명령하신 선교의 사명을 수행하기 위한 것이라면 교육비는 교회 예산의 중심적 부분이 되어야 한다.

앞으로 교회학교 재정은 교회의 전체 예산에서 교육비의 비율을 먼저 결정한 뒤 할당된 교육비의 규모에 따라 교회학교의 예산안을 만들도록 해야 한다. 교회학교 예산 편성도 교회학교 조직 운영부에서 각 교육부 단위로 교육비를 분할 책정하고 각 교육부의 예산과 행정팀의 활동비 예산을 종합하여 교회학교 전체 예산을 편성하는 것이 바람직하다.

교육예산에는 각부 예산, 도서실 예산, 견학 예산, 각종 인건비가 있다. 인건비에는 교육사나 강사를 위한 예산이 포함되어 있다. 교회는 교육전담 교육사나 교육목사가 교회교육에만 전념할 수 있게 만들어 주어야 한다. 이를 위해 적절한 사례비가 책정되어야 한다. 미국의 경우 이들의 사례비는 담임목사 사례비의 70%에 달한다. 생활도 안 되는 사례비를 주면서 무조건 일하라고 하는 것은 사명감을 약화시키는 일이다.

2) 재정 집행

재정 집행은 교회 재정부에서 통장을 만들어 교회학교 조직 운영부에 넘겨주면 조직 운영부에서는 각 교육부 회계에게 매달의 예산액을 지불해주고, 집행은 각 교육부별로 자율적으로 할 수 있도록 한다. 이렇게 하면 각 교육부서에서 프로그램에 따라 재정을 조정하여 사용할 수 있어 프로그램 활동을 수행하는데 불편이 없게 된다.

교회교육은 항상 새로워지는 분위기를 창조하도록 격려해야 한다. 그런데 이러한 분위기를 만드는데 항상 걸림돌이 되는 것이 예산부족이다. 각종 교육 및 훈련에는 비용이 수반된다. 교회는 이를 감안하여 교육만큼은 예산을 부족함없이 설정하고 예비비를 충분히 확보할 필요가 있다. 자금이 더 필요할 때는 자발적인 모금을 통해 교육활동비를 충당하여 사용할 수도 있다. 교회교육을 위해 투자하는데 게을리 하지 않아야 하고, 그것을 막는 장애물이 있어서도 안 된다.

교육 시설 및 교육 환경

1) 교육시설 및 교육환경

교회학교의 교육환경은 소리없는 메시지다. 어린 시절 주일학교를 회상해보면 그 때 배웠던 내용보다는 학습공간과 그 공간 안에서의 경험들이 대부분임을 알 수 있다. 교육환경은 사람들에게 오랫동안 영향을 미친다. 따라서 교육내용 못지 않게 중요한 것은 교육환경임을 알 수 있다.

교회는 교사나 학생들에게 용기를 붙돋아 주고 사기를 높이는 데 관심을 가져야 한다. 이를 위해 가르칠 수 있는 시설, 곧 아늑하고 온화한 분위기가 있는 교실을 위해 투자를 해야 한다. 현재 한국교회는 예배공간 확보에 치우친 나머지 교육시설에 대한 개념이 아주 희박하다. 그러나 교회교육이 확장되기 위해서는 교회의 공간개념을 교육의 대상자인 학생들 위주로 맞춰야 한다.

청소년들을 위한 도서실, 카페, 공연장, 체육시설도 필요하다. 청소년들이 밤새워 기도하고 교제할 수 있는 시설도 있어야 한다. 교회는 학생의 생활에 광장 역할을 해야 한다. 그래야 그들이 교회를 가깝게 느끼고 매주가 아니라 매일 오고 싶어하는 곳이 된다.

모든 교회가 이런 교육시설을 갖기는 어렵다. 그러나 최소한 학생을 위한 배려가 엿보여야 한다. 예배당뿐 아니라 교실이 비좁거나 깨끗하지 않으면 학생들조차 오기를 꺼려한다. 예배장소와 교실은 깨끗하고 넓게 해야 한다. 교육에 필요한 각종 시설과 비품을 공급하는 일도 매우 중요하다.

2) 교회학교 건물

많은 교회가 교회의 교육적 사명의 중요성을 인식하고 교육관을 건축하고 있다. 이것은 매우 바람직한 현상이지만 교회학교의 건물이 일반 학교와는 달리 기독교교육을 위한 공간적 배려가 결핍되어 있다는 지적을 받고 있다. 다음은 교회학교 건물에 대한 지침들이다.

- ▶ 난방, 채광, 환기, 방음 등이 기본적으로 잘 되어 있도록 한다. 어린이에게 알맞게 설치된 화장실 시설도 갖춘다.
- ▶ 교회학교 건물이 주위의 자연환경이나 다른 건물에 잘 조화되도록 하며 건물의 내부도 미적 감각을 보여야 한다. 창문을 통해 바라보이는 외부의 경치가 하나님의 창조의 미를 보여주면 더욱 좋다.
- ▶ 하나의 건물 안에서나 연결된 건물 안에서 전체 교회의 프로그램을 할 수 있도록 해야 한다. 교회의 건물은 흩어져 있는 회중들의 일치의 상징이요 일치를 위한 공간이기 때문이다.
- ▶ 교실에 융통성을 둔다. 다목적으로 활용할 수 있도록 여러 작은 교실을 터 큰 교실을 만들 수 있도록 한다. 벽없는 넓은 공간을 확보하는 것이 중요하다. 과거에 교실은 벽으로 나누어진 작은 방들이

대부분이었다. 그러나 현재는 여러 작은 방보다는 다양한 프로그램을 수행하기 위해 필요한 커다란 활동공간을 마련하는 방향으로 나가고 있다. 또한 작은 공간이 필요할 경우 접는 벽을 사용하여 여러 개의 교실로 나눌 수 있는 시설을 갖추고 있다.

▶ 1인당 필요한 공간을 고려한다. 영아부로 갈수록 1인당 차지하는 공간이 넓으며 성인으로 갈수록 좁다.
▶ 출입구를 잘 관리한다. 교실은 부모들이 어린이들을 데려오고 데려가기 편리한 곳에 둔다. 특히 영아부와 유치부의 교실은 마당으로 직접 나갈 수 있도록 해야 한다. 마당에서의 활동과 부모들과의 만남을 쉽게 하기 위해서다. 어린이들이 화장실이나 놀이터로 쉽게 갈 수 있도록 통로를 편리하게 한다.
▶ 어린이를 위한 예배실은 학습장소와 가까이 위치해 있어야 한다. 이 때 유초등부를 각각 분리해서 예배를 드릴 것인가 통합해 드릴 것인가를 먼저 결정해야 한다.
▶ 교회학교 건물은 세미나실로 함께 사용할 수 있는 도서실과 교육자료들을 보관할 수 있는 자료실, 학생들이 자유롭게 드나들 수 있는 상담실, 행정팀과 교사 및 지도자들이 머무를 수 있는 교무실 등의 시설을 갖추도록 한다.

교육관이 없는 교회의 경우 다음 사항을 유의하여 교회학교를 효과적으로 운영한다.

▶ 몇번의 과정으로 교회학교 스케줄을 조정한다. 시간과 날짜를 달리하여 여러 반이 사용함으로써 공간 문제를 해결한다. 주일에 각 부서별로 예배모임만 가질 주간에 학습활동을 위한 모임을 가질 수도 있다.
▶ 교회근처의 집을 사든지 세를 얻어 교회학교의 교실로 사용한다. 아니면 교회 근처에 사는 교인들의 집이나 마을회관 및 공회당을

빌어 교실로 사용한다.
- ▶ 가건물을 짓거나 이동식집(mobile homes)을 구입한다.
- ▶ 긴 의자없이 마루로 된 공간을 예배실로 사용하는 경우 칸막이 스크린으로 훌륭한 교실을 만들어 사용할 수 있다. 칸막이 스크린은 평상시 벽보판으로 이용하고 학습활동 시간에는 분리된 교실을 만드는데 사용한다.
- ▶ 개척교회와 같이 한 칸의 예배실을 가진 교회는 긴 의자를 사용하지 말고 자유롭게 이동할 수 있는 접는 의자를 사용하는 것이 좋다.

3) 도서실

좋은 학교로 판단할 수 있는 기준은 좋은 교사, 학생 등 여러 가지가 있지만 장서를 얼마나 가지고 있느냐 하는 것도 중요하다. 그러나 교회는 교회학교를 위한 도서시설이 전무한 상태다. 교회학교가 성장하려면 도서실을 잘 운영해야 한다. 다음은 운영지침들이다.

- ▶ 도서실 재정은 교회 예산에서 정기적으로 지원을 받는다. 교인들로부터 도서기증과 기금을 요청할 수도 있다.
- ▶ 도서기증을 받을 때는 도서목록을 결정하고 복사해서 미리 알린다. 어떤 기준없이 기증을 받을 경우 기증받은 대부분의 책은 폐기해야 할 것들이므로 그렇게 되지 않도록 미리 필요한 책이 무엇인지 밝힌다.
- ▶ 도서실은 눈에 잘 띠는 곳, 모든 사람들이 드나들기 편리한 곳에 둔다.
- ▶ 도서실은 게시된 시간에만 열어 책을 열람하거나 대출하도록 제한한다. 책임성있고 철저한 사람을 사서로 택해야 한다.
- ▶ 도서실에 비치할 책은 목회자, 장로, 교사, 학생대표, 교회교육 행정팀들이 상의한다. 교리적으로 건전한 집사들에게 일임할 수도 있다.
- ▶ 도서실 실태조사와 보고를 정규적으로 하게 한다.

▶ 가능한 베스트셀러를 많이 구입하여 널리 알린다. 구입한 도서에 대한 정보는 교회회보에 정규적으로 실리고 도서실 게시판에 신간 서적이라는 제목으로 표지들을 붙여둔다.
▶ 청소년들에게 좋은 기독교작품들을 비치하고 읽도록 권장한다.
▶ 북클럽(Book Club)을 두어 매월 도서를 점검하고 필요한 서적들을 논의하게 한다.
▶ 교회학교 특수 프로그램에 필요한 도서도 비치하여 연구하게 한다.
▶ 교사용과 학생용을 따로 구분하여 비치하고 도서실도 구분하는 것이 바람직하다. 도서의 수준과 열람의 태도가 다르기 때문이다.

교사와 학생이 준비해야 할 도서는 다음과 같다.

교사용 도서

도 서 분 류	내 용
참고서	주석류, 성구사전, 성경사전
성경에 관한 책	성경지도, 신구약개론, 성지순례
기독교신앙	신학, 수필, 간증
교회사	교회사, 세계종교
연령층 이해	아동, 청장년 발달심리
예화집	각 연령층을 위한 이야기집, 예화집, 동화집,
예배	설교집,
시사문제	시사잡지, 신앙잡지
기독교교육전문지	기독교교육, 교회교육, 신앙과 교육 관계 전문지
가정문제	부모교육
레크리에이션	레크리에이션지도법

4) 비품 및 소모품

교회교육 행정가는 교회교육에 필요한 비품과 소모품의 구입·유지·관리 책임이 있다. 비품은 가위처럼 교회학교를 운영하는데 있어서 빨리 소모되지 않는 물건들을 말하며 소모품은 종이처럼 사용하면 없어지는 것을 말한다. 다양한 교육을 위해서 기자재들은 필수적인 비품이다. 기자재를 통해 교육에 필요한 작품을 만들고 보여줌으로써 교육의 효과를 높인다.

비품 및 소모품이 많을 경우 관리능력을 고려해 적합한 인물을 선정하는 것이 바람직하다. 관리자는 구입뿐 아니라 효과적으로 분배하고 사용할 때에는 감독한다. 도난, 파괴, 아이들의 장난에 의한 파손이 없도록 비품을 보호하고, 비품은 감독아래 사용되도록 한다. 비품은 기간이 되면 정비를 받아야 한다. 정비일자를 기록해둔다.

비품과 소모품

비 품	소 모 품
책: 성경, 교육활동 참고서, 성경지도 공작 도구(망치, 톱), 흑판지우개, 전기줄, 환등기, 융판, 칼, 지도, 줄자, 가위, 스테플러, 교육 기자재	종이, 분필, 진흙, 크레용, 필기구, 테이프 못, 페인트, 압정, 나무토막, 신문지

교육 기자재

- ▶ VTR, 비디오
- ▶ 컴퓨터 : 인터넷과 연결시켜 활용한다.
- ▶ 빔프로젝터, OHP, 슬라이드 및 영상기재
- ▶ 음향기기
- ▶ 각종 소프트웨어 : 파워포인트

5) 시설, 음향, 조명

학습효과를 높이기 위해 음향, 조명, 기타 부대시설이나 환경의 준비로 예배를 돕는다. 필요에 따라 이것을 관장하는 부서를 둔다. 이 부서는 각종 행사에 필요한 시설을 준비한다. 구입하기 어려우면 시청각 센터에서 빌려올 수도 있다. 교회의 교육활동을 촬영해 두었다가 그것을 시청각 자료로 이용하면 효과적이다.

6) 교실설비

교회학교 교실에는 효과적인 교육을 위한 시설들이 갖춰져 있어야 하고, 교육적 분위기를 느낄 수 있도록 정돈되어 있어야 한다.

교실은 심리적으로, 정서적으로, 육체적으로 안정적이고 즐거운 환경이 되지 않으면 안 된다. 학교시 설비계획에 있어서 교실환경은 언제나 인간공학적 배려가 필요하다. 시각, 청각, 기후감각, 색채감각을 고려하고, 책걸상을 포함한 교구 등은 학생의 신체 조건과 발달 특성을 고려해 제작되어야 한다.

교실의 공간배치도 중요하다. 교실의 규격이나 공간의 여유, 학습활동에 따라 여러 형태의 좌석배치가 가능하다. 교실의 공간 구성은 교사의 교수 스타일과 교육과정, 학습활동에 크게 좌우된다.

20세기 초에는 학습자를 조용히 앉게 하고 기성세대가 결정한 지식을 수동적으로 받아들이도록 했기 때문에 직사각형의 교실 안에 정면 중앙에 교사를 위한 교단이 있고 교단을 바라보도록 학생의 책걸상을 직선형으로 마루에 고정시켰다. 그러나 지금은 열린 공간과 열린 교육에 따라 학생들이 앉아있는 시간보다 또래들과의 상호작용하는 시간이 더 많고, 학생들이 자발적으로 모임을 하려는 태도가 권장된다. 교사와 학생간의 협동도 요구된다.

과거의 전형적 배치는 교사중심의 강의식, 일방적 수업을 용이하도록 좌석을 배치한 것이다. 이런 형태는 지금도 교사의 시범이나 시청각 자료를 학생에게 제시하는데 효과적이기는 하지만 상호작용적인 학습이나 우리라는 감정(we feeling)을 갖지 못하게 한다. 따라서 ㄷ 자형이나 원형, 또는 말굽 형태로 배치하는 것이 바람직하다. 작은 원형은 소규모의 협동적 학습집단에 효과적이다.

교실의 좌석 배치

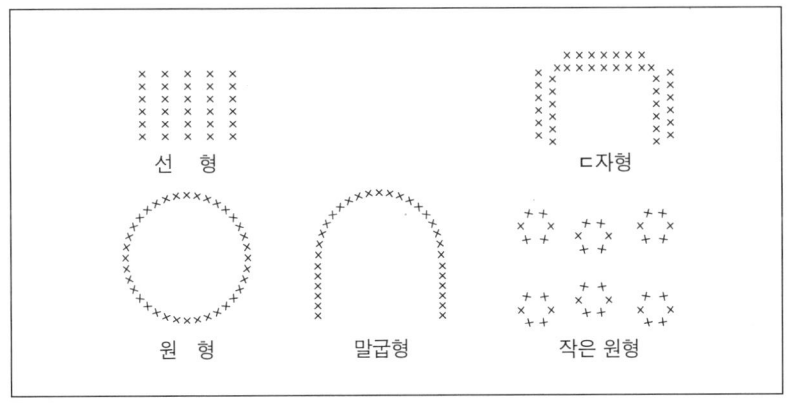

출처 : 남정길, 391.

다음은 교실 설비를 위한 몇 가지 지침들이다.

▶ 어린이들의 교실은 마루를 깔아 활동하기에 편하도록 한다.
▶ 환등이나 영화상영을 위해 창문을 어둡게 하는 커튼을 설치한다.
▶ 각 교실에 보관용 선반과 캐비넷을 준비한다.
▶ 의자와 책상은 자유롭게 움직일 수 있는 것으로 한다. 어린이들을 위해서는 5-6명이 빙 둘러 앉을 수 있는 원탁형 책상과 나무의자가 이상적이다. 학생을 위해서는 책상이 달린 접는 의자가 좋다. 청년들에게는 세미나실에서 사용하는 큰 책상이 좋다. 예배실에서 사용하는 긴 의자는 교실에 놓지 않는다. 긴 의자는 다양한 교육활동을 불가능하게 하기 때문이다. 긴 의자보다 차라리 마루를 그대로 사용하는 것이 더 좋다.
▶ 강의나 설교를 들을 때는 의자를 나란히 정렬하거나 반원의 형태로 만들고, 토의나 회의 또는 대화를 위한 프로그램을 진행할 때는 의자를 원형으로 배치하는 것이 좋다. 의자의 배치는 교육분위기를 크게 좌우한다.

▶ 각 교실의 장식은 그곳을 사용하는 클래스나 그룹의 취향에 맞게 꾸며 초대된 손님이 아니라 그 교실의 주인으로서의 분위기를 느낄 수 있게 한다.

어른들을 위해서는 아름다운 예배당과 좋은 시설을 마련하면서도 교회교육을 위해서는 헌 교실이나 이미 있는 시설을 할애한다. 기독교 교육의 중요성을 깨닫지 못하면 교육시설도 열악할 수밖에 없다.

【 도움말 또는 사례 】

기도로 시작합니다
성공적인 교회학교를 이끌고 있는 목사님을 방문해 물었다. "어떻게 해야 헌신적이고 신앙적인 훌륭한 교사를 얻을 수 있습니까?" 목사님의 대답은 간단했다. "우리는 항상 기도로 시작합니다." 목사는 기도할 때 "훌륭한 교사를 보내 주소서" 기도하고, 교사들은 "우리와 같이 일할 수 있는 좋은 교사를 허락하여 주옵소서" 기도하고, 교인들은 "좋은 교사가 교회학교에서 일하게 하옵소서" 기도한다는 것이다.

【 생각해 볼 문제 】

1. 교사의 적절한 수급을 위한 행정가로서의 장기적 계획을 세워보라.

2. 교사의 자질을 향상시키기 위해 교회가 지원해야 할 사항은 무엇인가?

3. 교육예산을 세우고 집행함에 있어서 문제가 되는 점이 무엇인가 살펴보고 그 해결책을 제시해보라.
4. 교육시설과 교회환경이 어떤 기준에서 배치되어야 하는가 말해보라.

【 참고 문헌 】

김문철. (1987). 교회교육 교사론. 종로서적.
남정길. (1997). 교육행정 및 교육경영. 교육과학사.
Gable, L. (1985). Christian Nurture Through Church. 교회학교 관리

제5장 교회학교 관리

　19세기 말 미국 교회학교 운동의 표어는 '미국을 복음화 하자 그래서 미국으로 하여금 세계를 복음화하게 하자'였다. 교회학교는 그만큼 선교 공동체의 활기를 불어넣어 주었다. 그 열기가 세계복음화의 불을 당겼고, 한국도 그 혜택을 보게 되었다. 한국에 많은 선교사들이 올 수 있게 된 것도 이 때문이다.
　그러나 지금 한국의 교회학교 교육은 일상화되고 있고, 선교나 미래에 대한 비전이 매우 부족한 상황에 있다. 우리는 원래 교회학교가 교회에 의존되기보다는 교회가 교회학교에 크게 의존되었다는 점, 성인교인들의 대부분이 교회학교를 거쳐 온 자들이라는 점, 그리고 미래의 교회는 오늘의 교회학교에 달려있다는 점을 인식하고 교회학교가 발전해야 교회가 발전한다는 것을 기억하지 않으면 안 된다.
　그럼에도 불구하고 교회학교의 학생수가 현저히 감소하고 있다. 교회학교만 감소하는 것이 아니라 기독교 신자의 수도 감소하고 있다. 문제는 교인의 감소율보다 교회학교 감소율이 더 높게 나타난다는 사실이다. 오늘날의 교회교육은 과거 사회교육을 주도했던 영향력을 상실했을 뿐 아니라 새로운 이미지를 형성하지 못하고 있다.
　왜 이런 현상이 나타나는 것일까? 여러 진단이 나올 수 있지만 교회학교가 그들의 관심사를 충족시키지 못하고 있거나, 신앙적 또는 사회적 욕구를 충족시키지 못했기 때문이다. 이런 위기상황에서 교사와 교회학교 행정담당자는 수동적 입장에서 자신을 변호하기보다 그들의 욕구를 충족시킬 수 있는 적극성이 필요하다.

교회학교의 역사와 한국 교회학교의 좌표

1) 초기의 교회학교 운동

기독교 교육은 영국에서 여러 형태로 시도되었다. 18세기 당시 로버트 오웬(R. Owen)에 의해 유아학교(infant school)가 창안되었고, 앤드류 벨(A. Bell)에 의해 감독학교(monitorial school)가 시도되었으며, 로버트 레익스(Robert Raikes, 1735-1811)에 의해 주일학교가 창설되었다. 유아학교나 감독학교는 역사에서 자취를 감추었지만 주일학교만은 영국사회뿐 아니라 전세계로 확장되었다.

초기 교회학교 운동은 영국의 산업혁명과 함께 필연적으로 뒤따르기 시작한 대중 교육의 필요성에서 비롯되었다. 당시 모든 공식교육은 소수 귀족을 위한 엘리트 교육이었고 일반 대중은 교육에서 소외되었다. 일반인들은 빈곤으로 교육을 생각할 여유가 없었다. 대중 교육의 필요성이 등장하면서 마침내 여러 지역에 자선학교(charity school)가 세워졌다.

이 학교는 사회개혁을 목적으로 세워진 것으로 제도교육에서 소외된 대중과 노동 소년들이 그 대상이었다. 이것은 교육적으로 혁명적 사건이다. 교육의 엘리트주의에서 교육기회의 균등화로 방향을 바꾸게 되는 전기를 마련했기 때문이다. 교회학교 운동은 이 자선학교들이 관심을 두었던 세속적 상황에서 출발했다. 이 일에 처음부터 영국 교회가 개입하지 않은 것은 아니지만 특히 토마스 스톡(T. Stork) 목사의 개인적인 후원이 컸다. 초기 교회학교 교육은 이처럼 대중과 노동자의 자녀들을 위해 비공식적인 교육 프로그램을 제공함으로써 사회로부터 소외되었던 사람들에게 교육의 장을 마련해주었다. 교회교육의 역사적 배경은 교회학교가 폐쇄적인 학교가 아니라 사회를 향해 열린 학교가 되어야 한다는 것을 가르쳐 준다.

2) 레익스와 주일학교

레익스는 글로체스터 출신으로 아버지를 이어 글로체스터 신문의 발행인이 되었다. 그는 소외된 어린이와 죄수들의 교화에 관심을 가졌다. 당시 영국은 국가적으로 일반인들을 위한 보통교육제도가 없어 학교교육의 기회가 거의 제공되지 않아 빈민가의 어린이들은 주로 공장에 나가 일하고 주말에는 음주하고 싸움질하는 것으로 소일하였다. 레이크스는 공장이 쉬는 일요일에 기초적이고 신앙적인 교육이 시행된다면 그들을 선도하는데 아주 큰 효과가 있을 것으로 생각하였다.

그는 1780년 7월 20일 스톡 목사의 도움을 얻어 글로체스터에 첫 주일학교를 시작했다. 매우 초라한 출발이었다. 메리디스 부인의 집 부엌을 빌려 시작한 주일학교는 학교라기보다는 가난의 현장이었고, 교육이라기보다 신앙을 함께 하는 삶이었다.

당시 주일학교 학생들의 나이는 6세에서 14세였다. 평신도였던 그는 유급 교사를 채용하여 학년별로 교사들의 집에서 주일학교를 계속했다. 성경중심의 공과를 비롯하여 도덕, 읽기, 쓰기 등이 포함되었다. 공부는 아침 10시부터 12시까지 계속하고, 1시까지 집에 머문다. 공부할 것을 읽은 다음 교회로 온다. 오후 5시 반까지 요리문답을 반복해 읽고 끝난다.

- ▶ 레익스의 주일학교는 대중들에게 환영을 받았고 그래서 계속적으로 성장할 수 있었다. 이것은 제한적으로만 환영을 받고 결국 없어진 다른 학교들과는 성격이 다르다.
- ▶ 레익스의 학생들은 문답식 공부보다는 직접 성경공부를 했다.
- ▶ 레익스의 주일학교는 복음주의적이었다.

그는 주일학교 교육을 받은 학생들의 질이 좋아지자 이것을 전국에 확산할 필요가 있다는 것을 느끼고, 자신의 신문에 글을 실어 영국 전역에 주일학교 설립을 촉구했다.

그러나 반대도 만만치 않았다. 사람들은 주일학교가 주일성수에 방해

된다, 하류층들을 교육시키면 혁명으로 유도될 수 있다고 염려했다. 하지만 주일학교 교육을 받은 학생들이 그렇지 않은 사람보다 결과가 좋다는 평가를 받게 되자 주일학교는 영국 전역에 보급되기에 이르렀다. 영국 런던에 주일학교 연합회(Sunday School Society)가 조직되었다. 요한 웨슬레, 아담 스미스도 이 운동을 지지하였다.

이 협회는 유급교사를 통하여 가난한 어린이를 무료로 교육을 시켰고, 10년 이내에 약 2만 5천 권의 쪽복음과 5천 권의 성경을 보급하고 만여 학교에서 6만 5천의 학생들이 훈련을 받는데 성공했다. 이 협회의 성공은 다른 협회의 창설을 포함하여 주일학교 운동을 크게 일으켰다. 차츰 유능한 교사들이 자원하게 됨에 따라 유급 교사들이 무보수의 교사들로 대체되었다. 주일학교가 개학된 지 10년이 지나 3,730 주일학교에서 30만명의 어린이가 교육을 받고 있었다. 레익스가 사망하던 해에는 주일학교 학생은 50만명에 이르게 되었다.

3) 주일학교의 세계화

주일학교 운동은 세계적으로 파급되어 미국, 독일, 네덜란드, 스위스, 스칸디나비아에서 주일학교 운동이 활발하게 전개되었다. 1784년 미국에 상륙한 주일학교는 공립학교에서의 종교교육이 법으로 금지된 이후 영적 공백을 메꾸어 주었다.

1889년에 제 1차 세계 주일학교 대회가 런던에서 열렸고, 1908년에는 국제공과위원회의 요청에 따라 주일학교 통일 계단공과를 실시했다. 교사훈련기관 설립을 추진했던 존 빈센트는 1874년에 유명한 차우타우콰 하기 프로그램(Chautauqua Summer Program)을 마련했고, 이것은 1886년 시카고에 세워진 무디성경학교의 모체가 되었다. 계속 열리던 국제 주일학교 대회에서 무디의 인격과 정신이 크게 영향을 미쳤다.

4) 한국에서의 주일학교

한국의 경우 1885년 황해도 송천에 한국 최초의 교회인 소래 장로교회가 설립된 이래 1888년 1월 15일 서울 정동 이화학당에서 어린이 12명, 부인 3명을 통반하여 한 교사가 성경공부를 시킨 것이 최초의 주일학교였다. 1905년 주일학교 위원회가 선교연합공의회 내에 설치된 것을 기점으로 한국 땅에 그 뿌리를 내리기 시작했다. 1907년에는 연동교회, 평양 장대현교회, 남산현교회, 선천 북교회, 전주 서문교회에서 소아회(小兒會)를 만들어 성경공부를 시작하였다.

1910년에 주일학교 공과가 발행되었고, 1915년에 주일학교 교장, 교감, 교사 등 직제가 마련되었으며 학생분반제도를 통일시켰다. 1907년의 신앙부흥운동과 1919년 3.1운동은 민족 장래가 청소년 교육에 달려 있음을 깊이 인식하는 계기가 되었고, 이어 주일학교 운동이 새로이 일어나게 되었다.

5) 여름성경학교

여름 방학과 휴가를 이용한 수련회는 기독교 교육의 중요한 장으로 휴가 성경학교(vacation school)에서 갖는 하나의 프로그램이다. 휴가 성경학교의 기원은 미국에서 시작된 것으로 정확한 기원을 찾기 어렵다. 1894년 5월 중순 일리노이주 호프데일 마을에서 감리교 목사 부인 마일즈(D. T. Miles)가 37명의 어린이들을 모아 4주 동안 가르친 것이 그 출발로 인식되고 있다. 1901년 뉴욕에서도 여름 성경학교가 열렸다.

여름 방학을 이용한 단기 학교가 좋은 성과를 거두자 우리 나라에서도 여름 성경학교가 열렸다. 1921년 YMCA에서 여름 성경학교 지도자를 훈련했다는 기록이 있는 것으로 보아 그 해 여름 성경학교가 개최되었으리라 보여진다. 하지만 보다 정확한 것은 1922년 평북 선천에서 북장로회의 여선교사인 사무엘(J. Samuel)이 5명의 선교사로 약 100명의 학생을 가르쳤다. 같은 해 서울 정동교회에서 반사 5명, 학생 100명으로 여름 성경학교가 시작되었다. 1924년 3월 주일학교 연합회 내에 하기 아동 성경학교 위원회가 조직되어 여름 성경학교가 활발하게 전개되기에 이르렀다.

어린이와 청소년을 위한 여름 성경학교가 교회 안에서 주로 이루어져 왔고, 장년을 위해서는 사경회가 열렸다. 현재는 수양관이나 기도원을 이용한 각 부서 수련회가 활발하게 전개되고 있다. 그러나 성경학교 및 수련회가 부분적으로 개별화되는 현상에 대해 염려하는 소리가 높아지고 있다. 전교인 여름 수련회와 같은 프로그램을 마련해 교인 전체로 하여금 신앙공동체 경험을 갖게 함으로써 가정들의 영성을 돕고 전체로서의 교회의 친교를 회복하는 일이 중시되고 있다(김광률, 1997).

교회학교의 조직원리

1) 기독교 교육 공동목표 추구의 원리

교회학교의 목표는 행정 담당자들이 각자에게 맡겨진 행정적 임무를 다 수행했는가에 있지 않다. 그것은 기독교 교육이 추구하는 목표를 공동으로 얼마나 달성했는가에 집중되어야 한다. 교회교육 행정담당자, 교사, 학생 모두 공동의 목적 의식을 가지고 있어야 한다. 교회학교는 단순한 개인의 집합이 아니라 공동 목표로 묶여진 하나님의 백성들의 집합체이다.

교회 교육행정은 단지 조직을 운영하기 위한 모임이 아니다. 단지 공과를 가르치고 배우는 것도 아니다. 기독교 교육적 환경 속에서 모두가 얼마나 신앙적으로 성숙했는가 하는 것이 중요하다. 따라서 교회학교는 학교생활을 통해 기독교적인 삶이 경험되도록 해야 한다.

2) 변화와 유연의 원리

교회는 전통적으로 물려받은 조직 형태 그 자체를 하나의 불가침 성역으로 간주하는 고정관념적 성향이 있다. 그러나 교회학교 조직은 시대에 따라 변해왔고, 변화 가능한 것임을 잊어서는 안 된다. 레익스가 주일학교를 만들 때 가정집에서 주일아침 10시에서 오후 5시반까지 공부하는 형태였지만 지금은 주일 아침 1시간의 모임으로 변했다.

웨버(G. Webber)는 "지금의 주일학교는 신약 시대나 종교개혁 시대의 것도 아니다. 1세기 이전의 미국 시골과 소도시의 생활을 통해 형성된 것이다"며 주일학교가 변화해야 한다고 주장했다. 따라서 각 교회는 상황에 따라 불필요한 조직은 과감하게 없애고, 필요한 조직은 도입하는 유연성을 가져야 한다. 교회교육의 체계는 역동적이어야 한다. 이를 위해서는 교회지도력이 있어야 하고 창조적이어야 한다.

3) 단순화의 원리

사람들은 일보다는 직위에 더 관심이 많다. 교회라고 예외는 아니다. 따라서 일을 위해서가 아니라 사람을 위해 더 많은 직위가 만들어지고 조직형태도 비대해진다. 부서가 많아지는 것은 물론 부서마다 회장, 부회장, 총무, 서기, 회계, 각부 부장 등 직위가 헤아릴 수 없을 만큼 많다. 어떤 교회학교는 임원이 아닌 학생이 없을 정도로 비정상적 조직을 이루고 있다. 직위가 많아지면 거치는 단계만 많아지고 의사결정만 복잡하게 된다. 일이 효율적으로 되려면 단계가 대폭 축소되어야 한다.

교회일은 복잡하게 하는 것이 아니라 간단하게 해야 한다. 이를 위해 교회학교 조직이 대폭 단순해져야 한다. 피라밋 형태의 조직보다 팀제로 바꿔 일중심으로 전환되어야 한다. 팀제는 팀장과 팀원으로 끝난다. 부서나 위원회 수도 줄이고 과제에 따라 애드혹팀을 만들어 활용하면 조직을 간단히 할 수 있다.

4) 일관성 원리

교회는 교회학교, 청년회, 남녀선교회 등 여러 기관이 있다. 교회학교 안에도 여러 유형의 작은 학교들이 존재한다. 그 기관이 서로 독립적으로 존재해왔고, 어떤 기관이 다른 기관을 간섭하지 않았다. 그러나 게이블(L. Gable)은 이런 기관들이 독립적으로 운영하는 시대는 지났다고 말한다. 각 그룹이 다양하기는 하지만 하나의 공동정신으로 묶여져 교회성을 일관성 있게 유지해 나가야 한다는 것이다. 이를 위해 각 자치기관이 교회학교로 통합되고 각 부가 함께 참여할 수 있는 프로그램들이 많아져야 한다.

5) 자율적 상호작용의 원리
교회학교 구성원 모두 자율적으로 서로 교류하며 서로 영향을 주고 반응할 수 있도록 한다. 교회학교 각 부서와 성원이 유기적으로 엮어지고 능동적으로 활동할 때 교회학교가 살아 움직이고 창의적으로 발전할 수 있게 된다.

교회학교의 편제와 교육

1) 교회학교의 편제
우리나라 교회교육의 구조는 목회 중심(성인 중심)과 교육 중심(주일학교)으로 철저하게 이원화되어 있다. 이 구조를 교육중심의 통합구조로 전환시킬 필요가 있다. 교회교육 대상에서 성인을 제외시킬 수 없다. 교회가 기독교 교육을 중시한다면 어린이에서부터 청장년, 노년에 이르기까지 그 대상을 넓혀야 한다. 청년회, 남녀전도회 모두 교회 교육기관에 포함시켜 교회의 교육적 활동이 전체적으로 일관성있게 유지되도록 해야 한다. 그러한 자치회들은 교회학교내 자치회로 존속하도록 하는 것이 바람직하다.

미국 남침례교회의 경우 연령별, 세대별, 종족별 주일학교까지 고려하여 모임을 갖게 하고 교재의 연구 및 간행을 활발하게 전개하고 있다. 심지어 주일학교 교재는 일반용과 교사용으로 나누어 배부되고 모든 사람들이 참여하도록 하고 있다.

다음은 교회학교의 편제를 표로서 만들어 본 것이다. 각 교회는 이 편제를 기준으로 삼되 개교회 형편에 따라 신축적으로 사용하면 좋을 것이다.

교회학교의 편제

교 육 부	부 서	연 령	자치조직
유 아 교 육 부	영 아 부	유아원 연령	
	유 치 부	유치원 연령	
어린이 교육부	유 년 부	초등학교 저학년	
	초 등 부	초등학교 고학년	
청소년 교육부	중 등 부	중학생	중 학 생 회
	고 등 부	고등학생	고등학생회
청 년 교 육 부	대 학 부	대학생 및 대학 연령의 청년	대 학 생 회
	청 년 부	대졸에서 결혼하기 전까지	청 년 회
성 인 교 육 부	청장년부	결혼부터 39세까지	청 장 년 회
	장 년 부	40세에서 65세까지	전 도 회
기 타 교 육 부	노 년 부	65세 이상	노 인 회
	외국인부	외국인 대상	외 국 인 회

2) 교회학교 반조직과 교육

교회학교의 반조직은 먼저 연령이나 학년별로 나눈다. 숫자가 많은 경우 한 명의 교사가 이름과 얼굴을 기억하고 통제할 수 있는 정도의 수로 제한한다. 그러나 적정수는 부서에 따라 다를 수 있다는 것을 염두에 두어야 한다.

중등부 이상인 경우 성인과 별 차이가 없지만 영아부로 내려갈수록 적정수는 낮아진다. 영아부의 경우 교사 1인당 적정 학생수는 5-8명이고, 유치부는 10명 내외, 유년부와 초등부는 15명 내외, 중등부 이상은 20-25명이다. 한 반에 25명이 넘으면 교육이 어렵다.

반조직은 크게 목적 중심, 과정 중심, 그리고 만남 중심 등 세 가지가 있다.

▶ 목적 중심은 내용 중심, 목표 중심, 교사 중심, 그리고 주입식 방법으로 이끌어 가는 전통적인 형태의 반조직이다.
▶ 과정 중심은 전통적인 반조직과는 달리 삶의 중심, 학생 중심, 문제 해결을 통한 경험 중심의 반조직이다.
▶ 만남 중심의 반조직은 목적 중심의 반조직과 과정 중심의 반조직이 가지는 강점을 변증법적으로 종합하려는 반조직이다. 만남은 응답적 만남(encounter)을 가리킨다. 인간이 하나님에 대해 신앙, 사랑, 복종, 봉사로서 인격적 응답을 할 때 응답적인 만남이 이뤄지듯 교육의 장소에서 인격적 응답이 이루지도록 한다(Rood, 1968).

반조직 형태

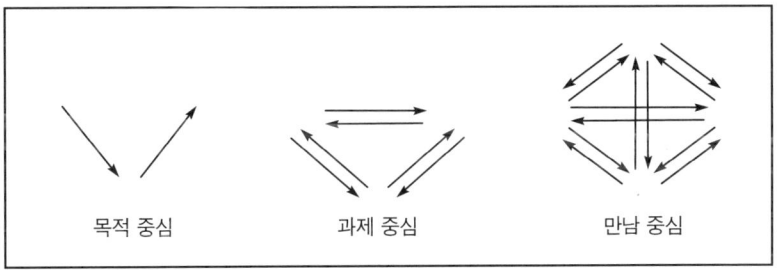

만남 중심의 조직은 한국 교회학교가 이상적으로 지향해야 할 반조직의 모델이다. 지식 중심인가 삶 중심인가, 객관성인가 주관성인가, 내용을 중시하는가 경험을 중시하는가 어느 한 면만을 택일하는 문제가 아니라 양면을 동시에 적절하게 통일성을 이루면서 학습 구조를 변화시키는 것이다.

만남 중심의 반조직으로 급변시킬 수는 없다. 한국의 교회학교 교육은 일차적으로 교사 중심에서 학습자 중심으로 전환될 필요가 있다. 지금까지 교회학교는 학생을 위한 조직이기보다 교사를 위한 조직이 되어 왔다. 구미의 교회학교의 경우 한 교실에 들어갈 수 있는 클래스를 조금 크게 하고, 교실내에 몇 개의 흥미그룹으로 나누어 교육을 실시하고 있다. 지도교사와 보조교사가 팀을 이뤄 진행하고 있다. 교사는 혼자 가르친다는 생각을 버리고 여러 보조 교사, 전문 지도자의 도움을 받는다.

클래스의 역동성(class dynamics)이 드러나야 한다. 교사는 가르치고 학생은 배운다는 생각에서 일방통행적으로 강의하는 교사는 죽은 교사이다. 교사는 단순히 지식을 전달하는 기계가 아니다. 학습자와 함께 복음에 응답하고 참여하는 자가 되며 학생으로 하여금 클래스에서 습득한 하나님의 말씀을 생활에서 나타나도록 한다. 학생들도 그저 앉아서 듣는 태도를 버리고 복음, 커리큘럼, 교사, 학습프로그램 등에 관심을 가지며 클래스에 적극적으로 참여해야 한다(Rood, 1968).

분반은 신축성을 두고 반을 활성화한다. 교육행정 담당자는 분반공부를 보다 신축적으로 함에 있어서 혁신적인 노력이 필요하다.

3) 교회학교 지도체제

교회학교는 행정 지도자, 교육 지도자, 각부 임원단, 그리고 그룹 지도자로 구성되어 있다.

교회학교지도체제

지 도 자	보 기
행정 지도자	교회학교장, 각 교육부 총무, 각 행정스탭 총무, 각 부서별 부장
교육 지도자	어린이 클래스 담임교사, 청소년 그룹 지도 교사, 청년 및 성인 그룹 교육리더, 전문 교육 지도자, 자원인사
임 원 단	어린이 자치회, 각 부서 임원단, 각 교육부 회장단
그룹 지도자	각 그룹 대표, 그룹 서기 및 회계

교회학교를 위해 일할 일꾼들이 부족하다면 다음 사항을 점검해 볼 필요가 있다.

▶ 관심을 가지며 헌신된 사람들이 충분한가?
▶ 훈련된 사람들이 충분한가?
▶ 학교의 빈약한 자료와 시설을 가지고 있지는 않을까?
▶ 학교교육 프로그램의 적절치 못한 시간 때문인가?
▶ 과거 교회학교에서의 불쾌한 경험 때문인가?
▶ 이전 지도자에 대한 불만 때문인가?
▶ 이것들이거나 다른 이유들이 복합된 것인가?

교회학교의 교육 프로그램 관리

교회학교의 교육 프로그램은 창조적이어야 한다. 다음은 몇 가지 보기이다.

1) 주간 및 주일 교회학교

교회학교 교육은 주일 아침 한 시간에 한정되어서는 안 된다. 1년 365일 모두가 교회학교 시간이 될 수 있도록 프로그램을 다양하게 구성해야 한다. 주일학교(sunday school)가 아니라 매일학교(everyday school)가 되어야 한다. 이를 위해 어린이 교육부도 최소한 주간학교(weekday school)가 개설되어야 하고, 각부의 주중 모임도 활성화되어야 한다.

주간학교는 주일을 제외한 주간중 하루를 정하여 매주 교회에 모여 교육프로그램을 실행하는 형태이다. 공과교재 공부나 성경 공부, 클래스별 자치활동, 함께 노래부르기와 기도하기, 학습지도 등을 한다. 주일학교는 주일 예배 위주로 진행해 진정한 예배가 무엇인지 가르친다.

주간 교회학교를 1년 내내 계속하기 어려울 경우 3개월 또는 6개월 등 일정 기간을 설정하고 이 기간 중에 교육과정을 이수하도록 할 수 있다. 이 경우 각 주간마다 특정 주제를 정하여 교육을 실시한다. 개설된 주간학교가 주제를 '창조의 하나님'으로 정한 경우 몇 주간의 행사를 살펴보면 다음과 같다(이덕주, 18-19).

- ▶ 첫주는 창세기 1-2장 연구를 통해 천지창조 슬라이드 감상, 성경 연구, 창조과정 그림 그리기 등을 한다.
- ▶ 둘째주는 음악을 통한 창조를 생각한다. 하이든의 천지창조를 감상하고 소감을 적게 한다. 또는 음악에 맞춰 춤을 추게 한다. 악기로 함께 연주를 해보게 한다.
- ▶ 셋째주는 곡식이 어떻게 만들어지는지 자연학습을 한다. 성경에서 곡식과 음식에 관한 구절을 조사하고 그 의미를 살펴본다.

2) 방학학교

방학학교는 여름방학과 겨울방학 기간을 이용한 집중교육으로 어린이 여름 성경학교, 겨울 성경학교, 수양회 등이 이에 속한다. 한국교회는 방학학교, 특히 여름 성경학교에 관심을 많이 집중시켜 왔다. 문제는 여름과 겨울의 성경학교 기간중 몇백명이 몰려 왔다가 다음 주일에는 다시 평상시의 인원으로 줄어든다는 점이다.

교회학교는 이 원인이 무엇인지 분석해야 한다. 특히 학생들의 관심과 흥미를 계속 유지시킬 필요가 있다. 방학학교도 성경학교 외에 어린이 캠프, 수학 여행, 현장 방문, 봉사 활동, 취미 활동, 학습 활동 등 다양한 프로그램으로 발전해야 한다.

3) 청소년 프로그램

청소년 프로그램은 다양하고 창조적이어야 한다. 예배도 습관적으로 예배시간만 참석해 설교만 듣는 것이 아니라 학생들이 능동적으로 참여해 스스로 계획하고 실행하도록 한다. 음악 예배, 연극 예배, 율동 예배, 애찬 예배, 대화 예배 등 다양한 방법을 사용한다.

청소년 프로그램은 학생들의 정체성과 존재 의미를 발견하게 하고, 그들 자신의 능력을 밖으로 표현하게 하며, 미래에 대한 꿈과 희망을 심어줘야 한다. 토요모임 프로그램이나 수련회 등을 활성화하되 의미있는 모임이 되도록 한다. 얻는 것이 없으면 안 된다. 모든 활동들이 하나의 주제에 초점을 맞춰 진행되도록 한다. 진행에 필요한 것들을 학생 스스로 준비하도록 함으로써 자립정신을 키운다.

4) 청년대학과 청년축제

청년 프로그램은 대상이 대부분 직장생활을 한다는 점을 고려해 짧은 시간에 의미있는 것을 얻을 수 있도록 계획한다. 청년 대학이나 청년 축제는 그 대안이다. 청년 대학이 지성적인 프로그램이라면 청년축제는 감성적인 프로그램이다.

청년 대학의 경우 주간에 세미나나 특강 형식으로 강좌를 열어 관심 있는 프로그램에 참석하도록 한다. 강좌별로 자치적인 그룹 조직을 만들어 운영한다. 청년 축제는 미래에 대한 비전을 보고 결단하는 신앙 축제이다.

5) 성인 프로그램

성인 프로그램으로는 실생활에 도움이 되는 다양한 프로그램을 진행한다. 가정문제를 노출시켜 함께 대화하는 훼밀리 클러스터(family cluster), 결혼생활의 여러 문제를 부부가 함께 이해와 사랑으로 풀어가는 메리지 엔카운터(marriage encounter) 등이 있다. 기초공동체는 30여명 정도 크기의 여러 조직을 만들어 생활 가운데 일어난 일에 대해 자연스럽게 대화를 나누고 말씀을 통해 문제해결에 접근한다.

6) 전교인 공동체 훈련

전교인 공동체 훈련은 전 교인이 하나의 공통된 주제를 중심으로 강의를 듣고 묵상하고 소그룹으로 나눠 대화하는 프로그램이다. 교회 안에서도 할 수 있고 교회 밖의 수양관을 빌려 할 수도 있다. 중간에 노래, 게임, 인간관계 훈련 등을 첨가한다.

7) 사랑방 교실

교회 건물 안이나 별개의 건물에 사랑방이라 호칭하는 독립된 공간을 마련한다. 공간은 단순하게 꾸미고 대화를 나눌 수 있는 분위기를 조성한다. 칠판, 음료수 정도를 준비한다. 중요한 것은 사랑방 전체의 분위기를 낯설지 않게 꾸민다. 범교회적 차원에서 사랑방 나름대로 프로그램을 만들어 운영한다. 사랑방은 교인 누구에게나 공개되고 개방된다.

사랑방에서 이뤄질 수 있는 프로그램으로는 강연, 심포지움, 세미나, 패널토의, 그룹토의, 연구발표 등 대화모임을 비롯해 성경연구, 간단한 창작활동 발표회, 음악 감상, 영화 감상, 합숙 프로그램, 일일찻집 운영, 요리 강습, 다함께 노래부르기 등 다양하다.

8) 종교교육원

종교교육원은 주간 교회학교를 보다 확대시킨 것으로 6개월 또는 1년 과정으로 주 1-2회 실시한다. 교과목을 성경뿐 아니라 컴퓨터 교육, 합창, 연극, 창작 등 다양하게 편성하고 그 내용에 따라 여러 강사진을 확보하며 학생들로 하여금 선택적으로 수강하게 한다.

강의 계획표도 미리 제시된다. 교육원의 교과 과정은 기독교교육 전문가의 도움을 받아 작성한다. 초등학교, 중고등학교, 대학교 및 일반인으로 구분해 설강함으로써 교육원의 행사에 많은 교인이 참여하도록 한다.

교회학교 교육 프로그램 보기

교 육 부	프 로 그 램
어린이 교육부	주일 어린이 예배 : 설교, 공과공부, 부서별 모임 어린이 주간학교 : 반별 자치활동, 함께 노래하기, 함께 기도하기, 학교 공부의 보충 방 학 교 실 : 성경학교, 어린이 캠프, 수학 여행, 현장 방문, 봉사 활동, 취미 활동, 학습 활동

교육부	프 로 그 램
청소년교육부	젊은이 예배 : 공동 예배, 음악 예배, 연극 예배, 율동 예배, 대화 예배, 조적 예배 진행
	토 요 모 임 : 새노래 공부, 성경 연구, 그룹별 활동, 공동 활동
	학생여름캠프 : 그룹별 토의, 가면 무도회, 대화의 시간, 운동, 촌극 대회, 캠프화이어, 평가회
청년 교육부	청 년 대 학 : 현대신학세미나, 사회학 세미나, 공동 성경연구, 교양 특강
	청 년 축 제 : 목요 성가의 밤, 금요 주제강연의 밤, 토요 촌극의 밤, 주일 청년 예배의 밤
성인 교육부	부 부 그 룹 : 가정 문제, 결혼 생활 등 각종 프로그램
	기초공동체 : 생활의 나눔, 문제의 해결, 말씀의 나눔, 기타 활동계획
전교인 대상	전교인 공동체 훈련 : 소그룹 토의, 인간 관계 훈련
	사랑방 교실 : 대화 모임, 성경 연구, 발표회
	종교교육원 : 6개월-1년과성 성경 및 다양한 주제 교육

한국 교회학교의 문제

1) 무관심

현재 각 총회의 교육국이 설치되어 교회학교 및 하기성경학교 교재들이 발행되고, 각 노회의 감독 아래 각 교회에서 교회학교 교육이 실시되고 있다. 최근의 교회학교 교육은 막대한 자금을 투자하고 있음에도 불구하고 가장 뒤떨어진 분야로 손꼽히고 있을 뿐 아니라 학생수도 격감하고 있다. 스코틀랜드 교회는 1901년에 50만명에 이를 만큼 성장했으나 1971년에는 그 절반에도 못미치고 있다. 따라서 교회학교 학생 통계마저 계산하지 않는 추세를 보이고 있다.

현재 교회학교는 주당 한 시간 남짓밖에 되지 않는 교육시간의 부족, 교사확보와 훈련의 부족, 교수법의 비능률성, 교회 내의 성인교육의 결여, 성경지식과 실제의 괴리, 차세대를 위한 비전 제시의 불충분 등 많은 문제점들이 남아 있다.

교회학교가 왜 이렇게 생명력을 잃고 있는가? 이에 대해 여러 가지 주장이 나오고 있지만 근본적으로는 교회학교에 대한 성도들의 관심과 참여가 결여되어 있기 때문이다. 옛날에는 평신도들이 나서서 주일학교 운동에 관심을 보이고 적극적으로 참여하였다. 교회학교를 통해 평신도 선교사들이 수없이 배출되었다. 교회학교 교육이야말로 미래의 주인공을 기르는 마지막 보루라고 생각하였다. 그러나 지금은 모든 것을 '교회가 알아서 해주겠지, 총회에서 알아서 하겠지' 생각하고 방관하고 있다.

이렇게 된 데는 총회의 책임도 없지 않다. 교회학교 교육이 목회자나 신학자들의 손에 넘어가게 되자, 신학적 표현과 종교 이론 교육에 치중되어 평신도들은 최초의 열정과 사기를 잃고 수동적 입장이 되었다. 평신도의 참여길이 막히거나 좁아져 그 역할이 한정된 것이다. 따라서 교회학교를 더욱 활성화하고 평신도들이 교회학교 운동에 다각도로 참여할 수 있는 길을 보다 넓게 열 필요가 있다.

2) 어린이 주일학교로 축소된 교회학교

교회학교는 단순히 어린이만을 위한 교육기관이 아니다. 전체 교인 모두를 대상으로 한 교회 공동체의 교육 활동기관이다. 따라서 교회학교는 교회 전체 안목에서 살펴봐야 한다.

한국교회 초기에 교회학교는 유년 주일학교와 장년 주일학교로 나뉘어 있었다. 유년 주일학교에는 초등반, 중등반, 고등반이 있었고, 장년 주일학교는 25세 이상이 그 대상이었다.

해방이후 유년 주일학교가 유치부, 유년부, 초등부로 이름이 바뀌고 중고등학생들이 학생회라는 이름으로 통합되었다. 그 후 주일학교라는 명칭이 교회학교로 바뀌면서 학생회가 다시 중등부, 고등부라는 부서로 교회학교 속에 들어왔다. 그러나 장년 주일학교는 점차 사라지는 경향을 보였다. 지금은 교회학교 속에는 유치부, 유년부, 초등부, 중등부, 고등부까지만 있고 성인은 청년회, 청장년회, 남전도회, 여전도회 등으로 자치조직으로 분화되어 있다. 이러한 편제는 기독교교육은 어린이와 학생들에게만 해당되고 청년이나 성인에게 교육이 필요하지 않다는 생각을 심어주었다. 장년층에 대한 교회교육이 실종되고 있는 것이다. 더 문제가 되는 것은 이들 자치조직이 친교단체로 전락되고 있다는 점이다. 이같은 현상은 한국교회가 고쳐야할 중대한 부분이다.

3) 역피라밋 구조

교회학교 중 어린이 주일학교는 매우 중요하다. 한국교회가 양적인 증가를 가져오고 있다고 하지만 그 양적인 성장의 대상은 청장년중심이다. 많은 교회들은 소위 어른들 전도에만 열을 올리고 있다. 그로 인하여 한국교회의 구조는 피라밋이 거꾸로 되어 있는 상태이다. 이것은 매우 좋지 않은 구조이다. 하부구조에 어린이, 학생, 청년층, 장년층 곧 피리밋이 정상적으로 서있는 구조가 되어야 한다. 어린이 주일학교의 문제는 한국교회의 문제요 더 나아가 전 세계교회의 문제이다.

4) 청소년 부재

한국교회 정체 현상 가운데 가장 뚜렷한 것은 교회 내에 청년들이 부재하다는 것이다. 청년들이 교회를 떠나거나 교회를 찾지 않는다는 것은 한국교회의 쇠퇴와 직결된다. 청년 부재의 원인 가운데는 교회교육 행정상의 문제도 있다. 교육적인 문제에서 보면 마치 고객의 성향을 고려하지 않고 주인의 취향에만 맞는 옷을 진열해 놓은 옷가게나 구수한 된장국 맛에 매료된 아버지가 아침 식탁에 마주 앉아 아들에게 맛이 좋으니 먹으라고 권하는 것과 다를 바 없었기 때문이다.

지금 청소년들이 접하고 있는 문화와 교회 안의 문화는 너무 이질적이어서 교회에 대한 선입견부터 거부감으로 차있다. 청소년들이 주체가 되어 기독교 문화를 창출해낼 수 있는 교회가 되지 못한다면 한국교회의 앞날은 어둡다.

교회학교 개혁을 위한 제언

교회가 살기 위해서는 일반 성도 및 교회학교 교사들의 학생들에 대한 인식, 교수 방법, 학생들에 대한 태도가 근본적으로 변하지 않으면 안된다. 다음은 교회학교 교육 개혁을 위한 몇 가지 생각들이다.

1) 강도높은 하나님 나라의 교육

교회학교 교육은 일반 학교교육과 차이가 있다. 교회학교 교육의 목표는 하나님과 그 나라를 알게 하는 것이며 그 나라의 삶을 배우고 실천하는 데 있다. 교사는 한 영혼 한 영혼을 그리스도의 제자요 하나님 나라의 백성으로 교육시켜야 한다. 교사는 이에 대해 깊은 자각과 확고한 신념을 가지고 있어야 한다.

여러 역사적 교훈은 교회학교 교육이 얼마나 학생들의 장래에 소망을 심어주고 삶의 지표가 되었는가를 보여준다. 교사의 변화된 삶은 학생들에게 그대로 영향을 준다. 이랜드의 박성수 사장은 대학부에서 만난 교회학교 지도자의 감화와 정신을 이어 오늘날의 이랜드를 청교도정신 아래 세워가고 있다. 그 교사는 그리스도인은 마땅히 하나님을 알고 그 나라가 요구하는 삶의 방식대로 살아야 한다는 것을 가르쳤다. 교회교육이 열매를 맺게 된 것이다. 교사의 만족은 그 열매에 있다. 하나님께서도 학생들이 생활 속에서 많은 열매를 맺도록 기대하시고 그것을 기뻐하신다. 따라서 전반적으로 강도높은 하나님 나라의 교육이 실시되어야 한다.

2) 빠른 길보다 바른 길 교육

사람들은 남보다 앞서 출세를 하고자 한다. 따라서 바른 길보다 빠른 길을 선호하는 경향이 있다. 그리스도인들은 이 두 길 가운데 어느 길을 택해야 하는지 진지하게 생각해볼 필요가 있다. 사람들은 대체로 길을 갈 때 빠르고 편한 길을 많이 찾는다. 그러나 성경은 넓고 빠른 길은 멸망의 길이라고 가르친다. 빠르고 편한 길을 가려고 하면 권력과 손을 잡아야 하고, 부정하게 축재를 해야 하며, 탈법과 편법을 사용하고 요령을 부려야 한다. 그러나 그러한 방법으로 빠른 길을 선택한 사람들이 일시적으로는 빠른 것 같지만 결국 목적지에 도달하지 못하는 사람이 대부분이다.

인생의 목적과 목표를 바르게 설정해야만 바른 길을 걷게 된다. 그 일을 위해서는 올바른 가치관을 가르치고 배우는 일이 중요하다. 성경은 모든 가치의 표준이며 인류가 마땅히 걸어가야 할 길을 밝히는 빛이다.

교회교육은 세상적인 빠른 길보다 주님이 가르치신 바른 길을 가도록 교육하는데 초점을 맞춰야 한다. 주님이 가르치신 정도를 따라갈 때 하나님 나라에 도달할 수 있지만 그렇지 않을 경우 그 나라에 도달할 수 없게 되기 때문이다. 주님이 가르치신 바른 길을 걷게 되면 세상을 사는데 다소 불편하고 가는 길이 느려보이지만 목적지에 도달하게 된다.

바른 길을 택한다는 것은 쉬운 일이 아니다. 이를 위해서는 어렸을 때부터 지혜를 사모하는 훌륭한 교육과 맹렬한 훈련을 받아야 한다. 인류가 위기를 맞은 것은 빠른 길을 선호하고 바른 길을 기피한 데 있다.

3) 가르침보다 세우는 교육

교회교육은 단지 가르침에 끝나서는 안 된다. 가르침 못지않게 그리스도의 일꾼으로 세우는 일(building, edifying)이 중요하다. 교사는 교육의 내용이 삶의 현장에서 어떻게 구체화되었는지에 관심을 가지고 메시지가 생활에서 적용되고, 학생이 그리스도의 사람으로 세워지도록 해야 한다. 그래야 교육이 의미있게 된다.

4) 전문 교사 제도의 확대

교육사나 교육목사 제도를 통해 교회학교 교육을 전문화시켜야 한다. 이들로 하여금 교회교육에 대한 사명을 가지고 전문성을 확장하도록 한다. 지속적으로 연구할뿐 아니라 기독교교육 및 교육목회를 위한 세미나 등에 참여케 하여 맑고 새로운 바람이 교회 안에 불어 오도록 한다.

한국 교회는 교회학교에 대한 분명한 목회 철학을 갖고 그에 대한 새로운 비전을 제시해야 한다. 교육전도사의 파트타임제도와 열악한 교육시설 및 불분명한 교육목표 등으로는 한국 교회교육의 앞날은 어둡다.

5) 열린 조직화

열린 교육조직으로 만든다. 학습집단은 항상 유동적일 필요가 있다. 필요에 따라 개인 학습, 소집단 학습, 중집단 학습, 대집단 학습 등 변화 있게 이뤄져야 한다. 학습자의 신앙경력, 성경의 이해정도, 학습자의 흥미에 따라 학급이나 학년의 벽을 허물고, 교사도 팀티칭의 형태로 구성한다. 이때 특별한 전문영역의 강사나 보조교사 등을 확보해 학습활동을 원활하게 한다.

현재의 계단 공과, 학년 중심의 편성을 재고해볼 필요가 있다. 무반제를 실시하여 교사에게 책임을 주거나 학년에 관계없이 자기가 전도한 어린이는 자기반이 되게 하는 등 변화를 줄 필요가 있다.

6) 교사의 철저한 사명감

교사는 학생들에게 그리스도인의 삶을 보여주는 멘토가 되어야 한다. 교사는 그저 자기의 아는 것을 전달하는 역할자가 아니다. 교사는 학생의 거울이라는 것을 잊어서는 안 된다. 학생은 교사의 생각과 행동을 따라 배운다. 교사가 학생들에게 멘토가 되기 위해서는 스스로 자기 하는 일이 얼마나 중요한가를 인식하지 않으면 안 된다.

예수님께서도 사역의 대부분을 가르치는 일에 할애하셨다. 성경은 예수님께서 회당에 들어가 가르치셨다고 기록하고 있다. 당시 회당은 유대인들의 중요한 교육기관이었다. 주님은 산에서나 강에서 심지어 걸어 가시면서도 무리들을 가르치셨다. 이 모두는 교사로서의 예수님을 보여 주기 때문에 매우 중요하다. 예수님은 아울러 "어린이들이 내게 오는 것을 금하지 말라" 하심으로서 그들에 대한 관심과 사랑을 깊이 보여 주셨다.

이 모두는 교회학교가 왜 필요한가를 보여준다. 교회학교 어린이의 신발을 정리하는 일에 자신을 주께 드린 동경대학교 총장, 대통령이 되었으면서도 교회학교 교사직을 매우 중시하여 스스로 그 일을 계속했던 카터 등은 교회학교가 얼마나 중요하고 귀한 일인가를 보여준다.

교사는 하나님께서 자기를 왜 교회에 부르시고, 그 일을 맡기셨는가를 생각하고 그 일에 대한 소명감을 철저히 가져야 한다. 교사의 일은 하나님의 일이며 학생은 바로 하나님의 자녀들이다. 교사는 하나님이 자기에게 보내주신 학생들을 하나님의 뜻에 합당한 하나님 나라의 일꾼으로 길러내야 하는 의무와 책임을 가지고 있다.

교사로서의 소명감은 하나님의 일을 수행하는데 무엇보다 중요하다. 하나님의 일을 하는 사람으로서 소명감 없이 일하는 것처럼 불행한 일은 없다. 교사는 기독교 세계관에 입각하여 복음적 가치를 무엇보다 중시하는 신앙관이 확립되어 있어야 한다. 구원의 확신이 필요하다, 그리스도 사역의 봉사자로서 자기결단과 헌신의 태도가 철저해야 한다, 전도에 눈을 떠야 한다, 영혼을 보는 눈이 열려야 한다, 기도하는 사람이어야 한다, 영혼을 사랑하는 사람이어야 한다, 사명감이 투철해야 한다는 것 등은 교사로서의 소명감이 철저해야 한다는 것을 말해준다.

교사는 성령님이 주신 여러 은사 가운데 매우 중요한 은사라는 것을 잊어서는 안 된다. 하나님께서는 각자에게 은사를 주시되 그 은사를 따라 하나님의 일을 충실하게 수행하도록 원하신다. 성령님은 교사에게 말씀을 읽고 깨닫게 하시고, 가르칠 수 있는 능력을 주시며, 부족할 때마다 새로운 힘을 주신다. 교사가 성령님의 인도를 받아야 한다는 것은 이 때문이다. 교사들이 성령충만하여 어린이들을 사랑해야 한다.

교사는 학생들과 신앙의 대화를 함에 있어서 말씀을 이해하고, 가르치며, 상담할 수 있는 능력이 필요하다. 나아가 신앙의 실천자로서 모범이 되어야 한다. 이 모든 일에 교사 자신의 꾸준한 노력도 중요하지만 성령님이 함께 하시지 않으면 안 된다. 교사는 교사로서 철저한 소명감을 가지고, 성령님은 교사에게 가르칠 수 있는 능력을 주심으로 하나님과 교사가 하나님의 일을 함에 있어서 하나가 된다. 이처럼 보기 좋고 아름다운 일은 없을 것이다.

교사는 학생들을 어떻게 하면 잘 가르칠 것인가, 교회학교가 어떻게 하면 발전할 것인가를 놓고 고민할 필요가 있다. 이 고민은 하나님을 위한 고민이다. 따라서 하나님께서는 그 고민을 귀하게 보시고 고민하는 교사에게 힘을 주시고 그 교사를 통해 교회가 발전하게 하신다.

7) 학생 중시

교회학교 학생하면 으레 무시해도 좋은 것쯤으로 악화되어 있다. 교회 안에서 교회학교의 비중이 낮아지고 있는 것이다. 교육이 중요하다는 것을 알면서도 교회학교 문제는 언제나 교회의 여러 주요 안건에서 밀려나 있다. 그래서 교회학교 교사들마저 학생들에 대한 생각과 비중을 낮추고 있다. 교회가 교회학교에 대한 비중을 낮추고, 교사가 학생에 대한 비중을 낮춘다면 크게 문제가 아닐 수 없다.

부모, 성도, 교사가 학생들에 대한 태도와 인식을 바꾸지 않으면 안 된다. 목회자 자신이 교회학교 어린이들에게 깊은 관심과 먼 안목을 가져야 한다. 이를 위해서 무엇보다 학생들을 중시하지 않으면 안 된다. 학생들을 사랑하고, 그들의 영혼을 위해서 기도하며, 말로나 행동으로나 정직함과 진실함을 보여야 한다.

8) 차세대를 향한 보다 차원 높은 교육

현재의 학생은 차세대들로서 21세기를 이끌어나갈 주역들이다. 교사는 이 신세대들을 어떻게 교육하느냐에 따라 한국 교회의 미래가 달라진다는 것을 깊이 인식하지 않으면 안 된다. 신세대들은 풍요 속에서 자라고 있으며, 개성을 높이 존중하는 시대 속에서 살고 있다. 과거와는 판이하게 다른 이들의 영적인 문제를 위해 보다 참신한 교육방법이 도입되어야 하며, 교사는 그들을 이해하고 영적으로 성숙시키는데 구체적으로 도움을 주어야 한다. 한국교회가 교육의 내용이나 방법에 있어서 획기적인 변혁을 하지 않으면 안되는 것도 이 때문이다. 이 차세대들에게 하나님을 어떻게 인식시키느냐, 어떤 삶을 살게 하느냐 하는 것은 너무나 중요한 일이다. 교사들은 이들을 맡기신 하나님을 먼저 생각하고 막중한 책임을 느낌은 물론 교사로서 무한한 긍지와 자부심을 가지고 일할 수 있어야 한다.

그러나 교사는 하나님의 종으로서 하나님 앞에서 항상 겸손해야 한다. "나의 나된 것은 하나님의 은혜로 된 것이니 내게 주신 은혜가 헛되지 아니하며 내가 모든 사도보다 더 많이 수고하였으나 내가 아니요 오직 나와 함께 하신 하나님의 은혜로다"(고전 15:10)라고 말한 바울처럼 내게 직분을 주신 하나님께 감사하고 잘 교육함으로써 그 은혜에 보답해야 한다.

교회교육, 특히 교회학교 교육은 하나님의 백성을 양육하는 매우 중요한 하나님의 일이다. 하나님은 교사를 뽑아 하나님의 일에 투입하셨다. 이러한 점에서 교사는 매우 중요한 역할을 담당하고 있다. 그럼에도 불구하고 교회교육은 쇠퇴해가고 있다. 이것은 우리가 하나님의 일에 그만큼 소홀하다는 증거이기도 하다.

우리는 교회학교 교육에 관심을 집중해야 하며, 학생의 교육이 앞으로 교회의 발전은 물론 하나님 나라의 건설과 깊은 관계가 있다는 것을 깊이 인식해야 한다. 시대의 변화와 함께 가치관마저 변하고 있어 미래를 살아갈, 그리고 교회를 짊어지고 가야할 차세대를 말씀으로 양육하고 키우는 일은 너무나 중요하다. 앞으로 교회는 교회교육에 관한 질적 전환과 함께 교육비에 대한 과감한 투자를 하고, 기독교 신앙에 투철한 신실한 교사들이 많아지도록 노력해야 한다. 이 일에 교계 지도자는 물론 평신도들의 깊은 반성과 참여가 필요하다.

【 도움말 또는 사례 】

하몬드시 교회학교 교사 '제인'

한신대학의 정태기 교수가 시카고의 어느 신학교에서 공부하고 있을 때 어느 교포 교회학교를 맡아 섬기게 되었다. 그런데 학생들이 자꾸 줄어들었다. 알고보니 학생들이 다른 교회로 빠져 나가는 것이었다.

왜 그런가 하고 알아보니 그 학생들이 다른 교포교회로 가는 것이 아니라 인디애나주와 일리노이주 접경에 있는 하몬드 시에 있는 어느 미국인 교회로 몰리는 것이었다. 염치불구하고 학생들이 몰리는 그 교회를 찾아가 보았다. 시카고에서도 몇시간 가야 하는 거리였다.

그 교회에 가보니 어른은 몇 천명 되지 않는데 주일학생만 3-4만 명에 이를 정도로 미국 뿐 아니라 세계적으로 제일 큰 교회학교를 가진 교회였다. 교회학교 학생들이 하도 많아 하몬드시에서 주일이면 아예 학교 모두를 사용하도록 했다. 그러므로 하몬드시 학교 전체가 교회학교로 사용되고 있는 것이다. 그 비결을 배우고자 교회 목사를 찾아갔다. 그러나 목사는 제인이라는 여성을 만나라고 하였다.

제인은 교회학교 총책임자였다. 그를 만나기가 무척 어려웠다. 만나는 사람이 많아 여러번 한국에서 온 아무개라고 쪽지를 보내도 차례가 돌아오지 않았다. 몇시간을 기다려 만난 제인은 여성으로서는 아주 못생긴 사람이었다. 몸집 뿐 아니라 얼굴도 그렇게 못날 수가 없었다. 그러나 그는 세계에서 제일 큰 교회학교를 운영하는 사람이었다. 제인은 '못생겨서 놀랬지요' 하며 웃었다.

잘되는 비결을 묻자 한 3년 동안 교회학교를 잘하게 해달라고 기도했는데 주님께서 별로 좋은 아이디어를 주시지 않더니 갑자기 좋은 아이디어를 자꾸 주시어서 그대로 실천한 것 뿐이라고 하였다. 주님이 주신 그 아이디어들을 적어놓은 것이 성경사이즈 만큼 되었노라고 했다. 학생을 향한 교사의 사랑, 하나님을 향한 계속적인 기도, 그리고 주님의 계속적인 아이디어 공급이 교회학교를 그토록 성공시킨 것이다.

【 생각해 볼 문제 】

1. 현재 한국 교회학교 교육은 일상화되고 있고, 선교나 미래에 대한 비전이 매우 부족한 상황에 있다는 평가를 받고 있다. 이를 개선하기 위해 어떤 노력이 있어야 한다고 생각하는가?

2. 교회학교가 보다 역동적으로 움직이기 위해 교육행정 담당자는 어떤 조치를 취해야 하는가?

3. 교회학교를 통해 변화된 인물들을 들어보라. 교회학교가 학생들의 변화를 위해 어떤 메시지를 전하며 어떻게 제도화하고 있는가?

4. 교회학교가 차세대 교육을 위해 어떤 소명의식과 계획을 세우고 있는지 말해보라.

【 참고 문헌 】

김광률. (1997). "수련회 역사를 통해 본 여름목회의 전망." 목회와 신학. 7월.
이덕주. (1988). 새로운 교육의 형태를 찾아서. 종로서적.
Rood, W. R. (1968). The Art of Teaching Christianity. TN: Abingdon.

제6장 교육과정 관리

교회학교는 일반 학교처럼 일정한 커리큘럼에 따라 기계적으로 활동하기만 하면 되는 것이 아니라 스스로 계획을 수립하고 프로그램을 진행해야 한다. 일반학교와는 달리 더 적은 시간에 더 많은 프로그램을 효과적으로 실시해야 하는 어려움도 있다. 그러므로 교회 교육행정담당자가 교육과정을 전반적으로 이해하고 이에 관련된 지원활동을 펴는 것은 매우 중요하다.

교육과정 수립의 네 수준

교육과정을 정하고 작성할 때 네 가지 범주의 수준에서 고려할 수 있다. 네 수준이란 신학자의 수준, 행정가의 수준, 교사의 수준, 학생의 수준을 말한다(피어스, 46-51).

신학자의 수준은 교육과정이 전통적 기독교 신앙에 바탕을 두어 그 신앙을 잘 제시하고 있는지 살핀다. 교역자나 교육위원회 등이 이 기준을 사용한다. 행정가의 수준은 교육과정의 실제적인 면에 관심을 가진다. 교회가 그 교육과정을 사용할 만큼 성숙되어 있는가, 우리가 그 교육과정을 관리할 수 있는가, 교인들이 그 과정을 후원할 것인가, 그 교육과정이 단순히 일시적 유행은 아닌지에 관심을 둔다. 교장, 학교 실무자 등이 이 기준에 관심을 둔다.

교사의 수준은 교과의 목적이 분명하고 이해할 수 있는가, 그 목적이 다루기 쉬운가, 교과목들이 교사는 물론 학생들에게 흥미를 줄 수 있는가, 학습 지도안을 짜는데 필요한 자료는 충분한가에 초점을 맞춘다.

학생의 수준은 교재의 내용이나 학습방법이 연령층에 맞는가, 과목의 목적과 기본 내용이 학생들에게 흥미를 주는가, 학생들이 이 과정에 계속해 출석하고 배우기를 원하는가에 초점을 맞춘다.

교육과정의 작성 원리

교육과정에는 다음에 주목하여 작성되어야 한다(Wyckoff, 114-157).

1) 목적
목적(purpose)은 교육과정이 무엇을 위하여 작성되어야 하는가에 주목한다. 교육과정에 기독교 교육의 목적이 담겨 있어야 한다.

2) 범위
범위(scope)는 목적에 맞는 내용을 이끌어 낼 수 있는 교수-학습 영역으로 크게 학습의 영역(내용)과 경험의 영역(삶의 문제와 참여)으로 나눠진다. 학습의 영역은 공과의 연차별 또는 단원의 주제이며 경험의 영역은 학생의 연령의 발달을 의미한다.

3) 상황
상황(context)은 교수-학습이 어떤 맥락에서 시행되는가에 주목한다. 장소보다는 교육이 이뤄지는 전반적 상황을 말한다. 상황에는 예배, 친교, 증거가 나타나는 교회와 교회학교, 봉사와 사회적 행동이 나타나는 학교와 그룹활동, 부모와 대화를 통해 나타나는 가정의 학습분위기 등 여러 가지가 포함되어 있다.

4) 과정

과정(process)은 어떻게 교수-학습이 가능한가에 주목한다. 주로 학습과정과 방법을 말한다.

5) 교육과정의 조직화 원리

조직화 원리는 기독교교육의 범위와 실제 학습 상황 사이에 매개의 역할을 하는 교육과정의 구조가 어떻게 조직화되어야 하는가를 의미한다.

교육과정 계획 수립

교육과정이란 '달린다' 는 뜻을 가진 라틴어 '쿠레레' (curere)에서 나온 말이다. 이것을 명사화한 커리큘럼(curriculum)은 '달리는 코스' 라는 뜻을 지니고 있다. 교육과정은 단지 달리는 코스만 의미하는 것이 아니고 그 코스에 관련된 내용을 함께 포함하고 있다. 교회학교의 교육과정은 학생들이 배우며 가야할 길을 만들어 주는 것과 같다. 교회학교의 교육과정에는 예배, 성경공부, 전도, 성경적 친교, 봉사 요소가 모두 포함되어 있다(Byrne, 152).

과거에는 교회교육에서 개교회의 역할은 적었다. 교단에서 제공하는 것을 기계적으로 가르치는 것이 고작이었다. 그러나 지금은 개교회의 역할이 강화되었다. 교단은 방향을 가리키고, 각 교회는 개교회의 교육적 형편에 따라 교육과정 계획을 수립하는 쪽으로 달라지고 있다. 따라서 각 교회교육 행정 담당자의 역할도 그만큼 커졌다.

와이코프(D. C. Wyckoff)에 따르면 교회가 교육과정에 대한 계획을 수립할 때 다음과 같은 단계적 작업이 필요하다.

▶ 개교회와 지역사회의 교육적 요구가 무엇인지 찾고 그것을 바탕으로 교육목표를 수립한다.

- ▶ 지역사회에 대한 교회의 사명, 교육목적, 현재 교육프로그램을 교사 자신에게 알아본다.
- ▶ 개교회의 상황에서 이 목표에 맞도록 전반적인 교육계획을 작성한다.
- ▶ 교과과정 선택과 개발 과정을 교육관계자들과 함께 참여하여 의논한다. 교사, 학습자, 교육 행정 지도자, 부모, 교회교육 전문가 모두가 포함된다.
- ▶ 교회 상황, 교육 목표, 교과 과정은 어떤 교육경험을 통해 수행될 수 있는지 특정 학습경험들을 선정한다.
- ▶ 교회 상황에 알맞는 교과를 택하기 위해 광범위하게 조사한다.
- ▶ 교회생활의 모든 분야에서 그 계획의 실행을 위해 다양한 프로그램을 계획한다.
- ▶ 이런 프로그램을 완수하는데 도움이 되는 필요한 교육자료를 찾는다.

교육과정의 유형

교회교육의 교육과정은 단지 공과를 가르치는 것만 해당되는 것이 아니라 학교생활의 전체적 활동을 포함한다. 교회 교육행정은 교육 계획과 그에 따른 교육과정을 확립하는 일이 중요하다.

1) 교과 중심 교육과정, 경험 중심 교육과정, 중핵 교육과정

교육과정은 크게 교과 중심 교육과정, 경험 중심 교육과정, 중핵 교육과정으로 나뉜다.

교과 중심 교육과정(subject-centered curriculum)은 이론적인 지식 체계를 존중하는 것으로 학교의 지도 아래 학생이 배우는 교과와 교재 모두를 말한다. 여기서 교과란 진리의 체계를 연령과 발달 단계에 맞춰 이해하기 쉽게 가르치는 것을 말한다. 교회학교의 경우 성경의 진리를 학습자의 지적 수준과 능력에 따라 교육하는 것이 그 보기에 속한다. 주로 성경을 중심으로 만들어진다.

교과 중심 교육은 전통적으로 내려온 학습법으로 단순하고 간편하기는 하지만 학습자의 내재적 욕구를 무시하고 학생들에게 자주적 사고, 창의성, 협동성, 사회적 민감성 등 민주적 특성을 길러주지 못한다는 단점이 있다.

경험 중심 교육과정(experience-centered curriculum)은 교과 중심 교육의 반작용으로 나온 것으로 교육의 초점을 이론보다 실천에 두고 있다. 학생의 생활 및 경험에 두고 학생들로 하여금 민주사회에 맞는 경험을 하도록 한다는 점에 특색이 있다. 일방적인 주입식 교육보다 행동과 경험을 통해 배운다는 것이 이 교육과정의 초점이다.

- ▶ 교과활동 못지않게 과외활동을 중시한다
- ▶ 생활인의 육성을 목표로 한다
- ▶ 사회의 급격한 변화에 적응하는 인간을 육성한다
- ▶ 문제해결 능력을 높인다
- ▶ 전인교육을 강조한다

삶의 마당에 학생들의 참여를 확대시키고, 하나님 나라 시민으로서의 삶의 원리를 몸소 체득하도록 한다. 학생들의 관심을 불러 일으키고 사회적 환경을 최대한 이용한다는 장점이 있다. 그러나 충분한 사전 준비가 있어야 한다. 그렇지 못할 경우 피상적이고 산만한 교육이 될 우려가 있다.

중핵 교육과정(core curriculum)은 이론과 실천을 두고 대립하는 교과 중심의 교과와 경험 중심의 교과를 결합하면서도 양자의 결함을 시정하고자 하는 것을 말한다. 중핵이란 핵심이 있는 교육과정을 말한다. 중핵을 중심으로 분화된 주변 교과가 동심원적으로 종합되어 전체구조를 이룬다. 이 교육과정은 일정한 중심에 의해 교육내용을 융합하고, 그 내용에 의해 학생들의 인격적 통일을 기하며, 그러한 사람들로 교회뿐 아니라 사회를 통합하려는 목적을 가지고 있다. 이 교육과정이 학생의 개인생활과 사회생활에 필요한 이유는 여기에 있다.

과거 교회학교는 공과 교재만을 일방적으로 강의하는 교과 교육중심이었다. 이에 대한 심각한 반성과 함께 현장학습 등 다양한 방법을 통해 경험 중심의 학습 방법이 강조되어왔다. 그러나 지금은 이 두 방법의 한계와 단점이 드러남으로써 보다 교육적 효과를 높이기 위해 중핵중심의 교회교육으로 전환되었다.

현재 교회학교에서 실시하는 공과 교재는 공과를 공통학습으로 하는 중핵 교육과정이며, 교회학교의 교육적 형편에 따라 그룹학습, 주제 중심의 연구 등으로 보완해 나가고 있다. 교단본부도 과거에는 커리큘럼을 일률적으로 제공해주었지만 지금은 이런 체제에서 벗어나 개교회가 선택해서 사용할 수 있는 다양한 자료들을 제공하는 것으로 바뀌어 가고 있다. 교단본부의 역할이 제한된 것이 아니라 오히려 폭이 넓어졌다. 아울러 개교회가 자신들의 커리큘럼과 프로그램을 준비하고 계획하는 일이 많아졌다.

앞으로 교회학교 교육 프로그램은 중핵에 따라 학습 프로그램과 활동 프로그램을 서로 밀접하게 연결시켜야 전체적인 교육활동이 균형적이고 같은 방향으로 나갈 수 있다.

중핵 교육과정으로서의 교회 교육과정

오늘날 중핵 교육과정은 교과 중심의 중핵에서 경험 중심의 중핵으로, 과거 중심의 중핵에서 현재 중심, 나아가 미래 중심의 중핵으로 발전해 나가고 있다.

▶ 중핵교육과정은 교육에 기본이 되는 학습활동으로 구성되어 있다.

기초 과정, 기본 과정, 공통 학습 등이 그 예이다.
- ▶ 학습활동의 범위와 배열은 교과목이나 그 분야의 논리적 조직보다 상황의 필요에 따라 결정된다.
- ▶ 학습자의 개인차를 고려하며 협동적인 계획 및 개별지도를 한다.
- ▶ 학습활동은 종래의 교과목의 한계를 무시한다. 두 개 또는 그 이상의 교과목이 합해질 수 있다. 교과와 교과를 종합하여 주제별로 중핵을 재조직한다(통합 학습). 성경의 가르침이나 신앙생활의 영역을 여러 주제별로 나누어 편성한다.
- ▶ 교사는 학생들의 요구, 문제, 흥미 등을 고려해 학습자와 직접 계획을 세우기도 한다. 학습자의 욕구를 중심으로 하는 주제들을 중핵으로 만든다(욕구 중심).
  현대생활의 여러 문제를 포착해 그것을 중심으로 주제 중심의 중핵으로 편성한다(문제 중심).
- ▶ 여행이나 도서관 작업, 토론, 시범, 그리고 실험 같은 것을 할 수 있다. 따라서 학습시간 계획을 길게 잡는다.
- ▶ 학급 전체에 과제를 배당하는 일을 자주 한다.
- ▶ 교사는 생활지도는 물론 상담까지도 한다.
- ▶ 지역사회에 연결되어 조언을 듣는다.
- ▶ 자치활동에 속하는 분야까지 교육과정에 포함한다.
- ▶ 현재뿐 아니라 미래에 초점을 맞춘 교육과정을 포함한다.

교회학교 교육과정의 기본 특성

1) 기독교적 특성 반영

교회학교 교육과정은 기독교적 특성을 명확히 드러낸다. 교육과정의 모든 재료가 기독교 교육의 목적을 성취하도록 하고, 예수 그리스도의 삶과 그의 가르침을 충실히 따르며, 그리스도인의 삶이 성장하도록 해야 한다.

2) 기독교적 세계관

바른 가치관, 성경관, 세계관, 문화관을 정립시키는 교과과정이 요구된다. 특히 청소년들을 교회의 사명자로 양육할 수 있는 프로그램들이 요구된다. 교제, 성경공부, 전도가 균형을 이루도록 한다.

3) 목표의 일관성

교육과정은 목표가 뚜렷해야 하며, 특히 교단 목표와 교과 목표가 서로 일관성 있어야 한다. 교사는 다음과 같이 목표를 확고히 하고 그 목표의 방향에 따라 학생들을 변화시킨다. 교사로 하여금 목표에 따라 정해진 주제가 교실에서 어떻게 나타낼 수 있는가를 생각하도록 만든다.

- ▶ 교단 목표
- ▶ 개 교회 목표
- ▶ 학년 목표
- ▶ 교과 목표
- ▶ 단원 목표

4) 풍부한 내용과 자료

내용을 풍부하게 한다. 성경 외에도 전기, 이야기, 선교자료, 슬라이드, 영화, 비디오 등 여러 자료를 활용한다. 항상 최신 자료를 활용한다. 그 뿐 아니라 기독교 신앙의 교리, 중요한 사회 문제, 교회 안팎의 삶 등 교사가 교육에 도움이 되는 내용을 포함시킨다.

5) 교사의 문제점 인식과 전문성 확보

교사들의 문제점과 현 교회교육 상황 및 필요성을 체크하고 실제적인 대안을 제시해야 한다. 교사가 전문성을 갖고 교육할 수 있도록 제도적으로나 학문적으로 뒷받침해야 한다.

6) 객관성과 적합성

개념과 주제를 설정할 때 추상적인 것을 보다 객관화시켜 이해를 촉진시킨다. 혼돈을 피하기 위해 여러 개념보다 한 가지 개념만 주제로 삼는다. 학생들의 삶의 상황 속에서 개념들을 선택한다. 교육과정이 학생의 연령, 환경의 적용, 시간, 교회학교의 교육목적 모두에 적합하도록 한다.

7) 변화를 위한 실천성

학습의 결과가 삶의 변화를 가능케 하는 실천적 접근이 되어야 한다. 교육과정이 삶의 의미를 발견하며 개인적으로나 사회적으로 책임을 지는 존재가 되도록 한다. 교육은 단지 듣고 배우는 것에 끝나지 않는다. 누구나 쉽게 참여하고, 복음의 의미와 가치를 발견하도록 한다. 커리큘럼도 실정에 맞게 작성하고 삶을 나누는 성경공부가 되게 한다. 복음의 빛이 삶에 투여되도록 한다.

교재와 공과

교회학교에서 채택하는 교재는 본부 교육과정, 지역교회 교육과정, 자유 교육과정에 따라 달라진다.

본부 교육과정을 따를 경우 주로 교단 본부에서 마련된 교재를 주교재로 사용한다. 교단 본부는 전문성 있는 제작팀과 일반의 평가를 통해 교재를 만든다. 그러나 필요한 경우 주교재 외에 다른 부교재를 함께 사용할 수도 있다. 주교재는 교단 교육의 통일성을 유지하기 위해 필요하다.

지역교회 교육과정(local church curriculum)을 택한 경우 지역교회의 특성을 고려하여 교회교육 지도자들이 스스로 계획하여 교재를 만든다. 지역교회의 실정에 맞게 교육을 시킨다는 장점이 있지만 교단의 교육정책과 불균형이 초래될 수 있다.

자유 교육과정(free curriculum)의 경우 교재는 대부분 현장에서 경험적으로 창안하여 만든다. 자유 교육과정은 창조적 교육이 될 수 있다는 점에서 관심이 집중되고 있으나 교사의 높은 전문성이 요구된다.

주교재로 공과가 있다. 공과는 크게 계단 공과, 통일 공과, 그리고 통합 공과가 있다.

계단공과(graded lessons)는 등급에 따라 나눠진 것을 말한다. 유초등부 공과, 청년 공과, 장년 공과처럼 등급의 범위가 넓은 경우 포괄적 계단공과라 한다. 초보자 과정에서 중등반, 상급반, 고급반으로 옮겨가고 청년들에게도 여러 과정을 두는 순환 계단 공과도 있다. 이것을 부별 또는 그룹별 계단공과라 한다. 그리고 학년별 계단 공과가 있다.

통일 공과(uniform lessons)는 계단 공과와는 달리 획일적 내용을 가진 공과로 성구 교육중심으로 이뤄져 있다. 자유 교육과정은 계단 공과를 보다 느슨하게 편성하기도 한다.

통합 공과(unified lessons)는 교단마다 공과를 발행하지 않고 몇몇 교단이 협력하여 공과를 만드는 것을 말한다.

커리큘럼 선택 방법

쉬레어는 커리큘럼 또는 교재를 선택할 때 다음과 같은 요령에 따라 선택하도록 제시하고 있다(Schreyer, 217-19).

- ▶ 개신교의 주요 교리를 내포하고 있는 커리큘럼을 선택한다. 교재는 종교개혁자들이 강조한 예수 그리스도 안에서, 성경과 신자들의 공동체를 통해 입증된 하나님의 뜻과 믿음을 통한 의로움, 그리고 성경의 권위가 강조된 교재여야 한다.
- ▶ 그리스도의 증거를 나타낸 교재를 선택한다. 교재는 인간 각자의 생활 속에서 예수 그리스도를 통하여 행하시는 하나님의 구속사업을 증거할 필요성을 일깨워주는 것이어야 한다. 또한 다른 사람을 향한

사랑으로서 복음의 내용을 담은 교재를 선택한다.
▶ 단계적인 또는 연속적인 내용을 갖는 커리큘럼을 선택한다. 교재는 각 연령별로 적용할 수 있는 적응력이 있어야 한다. 하나님은 단계적인 성장과정을 거치도록 했다. 가장 효과적인 교재는 이것을 알고 쓴 것이어야 한다. 이러한 것이라야 성장단계에 따라 적절한 자극과 도전감을 심어줄 수 있다.
▶ 가르칠 수 있는 커리큘럼을 선택해야 한다. 아무리 훌륭하게 구성된 커리큘럼이라 해도 교사가 이용할 수 없다면 아무 소용이 없다. 교재는 교사로 하여금 하나님과 학생 간의 관계성을 창조할 수 있어야 하고 생활 속에서 그리스도를 나타낼 수 있도록 해야 한다.
▶ 커리큘럼의 범위와 길이가 적당한 것을 택한다. 적당한 분량과 내용을 지닌 교재는 학생으로 하여금 학습 주제를 혼동하지 않게 하고 적당한 학습 효과를 기대할 수 있게 한다.

교육과정 편성시 고려할 내용

교육과정을 편성할 때 고려해야 할 여러 범위와 내용을 표로써 살펴보면 다음과 같다.

편성시 고려해야 할 범위와 내용

범 위	내 용 보 기
교회교육의 평생 커리큘럼 가정과 교회와 학교의 접목 신세대 문화연구와 성경적 대안	유니게 학교 : 자녀와 어머니가 함께 참여하는 부모교육 주간학교 신세대를 위한 멘토링 교육 어린이를 위한 문화사역팀 행사 - 어린이 뮤지컬 공연

범 위	내 용 보 기
청소년프로그램	- 어린이 영화상영 중고등부 소그룹 활성화 청소년들의 직업 선택, 청소년 강해 설교
장년 특강 영성 훈련 태신자 전도법 교사의 리더십 개발 영어학교 운영과 그 방법 2부 프로그램 개발법 부모전도법 문화충동에 대한 대처방안	청소년들의 이성과 상담, 열린 예배 개교회사, 그리스도인의 건강과 삶 문화사역팀 영화상영, 간증 찬양

교회학교 학생들의 영적 성장은 교육과 삶의 훈련으로 달성할 수 있다. 교회와 가정, 학교, 사회 등을 훈련장으로 삼아 제자화 운동과 말씀의 생활화, 기도와 금식, 예배, 교제 등의 훈련프로그램을 진행할 수 있다.

교사양성을 위한 교과과정

커리큘럼은 학생들에게만 필요한 것이 아니다. 교사를 위한 커리큘럼을 개발해야 한다. 이를 위해 교육행정 담당자의 역할이 중요하다.

교사양성을 위한 교과과정은 크게 기초반과 고급반으로 구분되어 진행한다. 각반은 약 3-4개월 코스로 진행하며 매주 1회씩 아침이나 오후에 일정한 시간을 정해 놓고 교육시킨다. 기초반은 교사가 되기를 원하는 교사후보생 교육이라면 고급반은 교사의 질을 높이기 위한 교육이라 할 수 있다.

1) 기초반

기초반의 교육과정은 개교회 사정에 따라 수정 보완하여 다음과 같이 사용할 수 있다.

기초반 교육과정

주	과 목	내 용
1	개강예배, 오리엔테이션	교회교육의 목표, 교육 현황 소개
2	기독교교육	기독교교육 개론, 교사론
		교사관, 교사의 일상생활
3	교육지도론	예배론, 연령에 따른 예배 지도, 예배순서, 설교론
4	교육지도 실습	설교 실습, 웍샵
5	신구약개론	구약과 신약의 총론적 소개
6	신학개론	신론, 기독론, 성령론, 교회론, 종말론
7	교회사	교회사, 한국교회사, 교파사, 이단
8	기독교교육심리	학생 이해
9	기독교교육상담	상담
10	교수-학습론	교수 학습 및 방법, 교안 작성법, 공과 준비법
		이야기, 드라마, 토의, 창작활동을 통한 학습
		시청각 교재 사용법
11	교회학교행정	
12	패널토의	교사의 간증이나 연구발표
13	특강	
14	종합토론	
15	시험	
16	종강예배	

▶ 다양한 교육방법 : 교육시 강습, 토의, 웍샵, 패널 등 다양한 방법을 사용한다.
▶ 시범 참관 및 견습 : 다른 사람이 하는 것을 직접 보면서 배운다. 선배 교사를 도우면서 견습 또는 실습을 통해 양육을 받는다.
▶ 개인상담 : 현직 교사 가운데 경험이 풍부한 사람이 상담형식으로 자연스럽게 만나 대화하며 지도한다.
▶ 독서지도 : 교사로서 읽으면 좋은 책들을 읽게 한다. 이 책은 교육부서에서 장서로 비치해 교사면 누구나 활용하게 한다.

2) 고급반

고급반 교육과정

주	과 목	내 용
1	기독교교육과 신학	
2	창의적 교수법	
3	종교심리	학생의 종교심리
4	교회와 사회	교회의 사회참여론, 사회심리
5	가정문제	
6	인간관계	
7	커리큘럼 개발	
8	기독교교육과 문화	
9	레크리에이션	
10	열린 예배론	
11	정보화사회와 교회의 미래	
12	종합	

▶ 커리큘럼 : 교과목은 강사위주로 짜지 말고 교사에게 무엇이 필요

한지 찾아 그것에 맞춰 작성한다. 가능한한 몇 년을 내다보고 계획을 세운다.
▶ 전문강사 선정 : 먼저 교회 안에서 찾는다. 교육목사나 교회내 전문가를 활용한다. 필요한 경우 교회밖의 전문강사를 초빙한다. 강사가 누구든 전문가여야 한다.
▶ 연구발표 : 교사들에게 미리 준비된 주제에 따라 연구 발표하도록 한다.
발표하도록 미리 부탁을 해두면 시간을 가지고 충분히 연구할 수 있다.
▶ 견학 및 관찰 : 다른 교회의 교육현장을 방문하여 관찰한다.
▶ 실용성 : 교과내용이 학급에서 응용되고 효과적인 학습결과를 얻도록 한다.

교육과정에서 고려해야 할 점들

1) 열린 커리큘럼

열린 교육과정(open curriculum)을 위해 이제까지 엄격하게 분리 구획된 교과의 벽을 허물고 학생이 흥미를 가지고 능동적으로 학습할 수 있도록 학습내용을 재구성한다. 학습내용이나 학습방법에서 학생들이 선택할 수 있는 폭을 넓히고 이를 위해 다양하고 신선한 학습자료를 마련한다. 교회교육은 성경뿐 아니라 역사, 음악, 미술, 정치, 문화, 자연 등 모두가 교과가 될 수 있다. 현재 교회학교에서는 선택과목조차 성경학습에 한정되어 있는데 그것을 확대시켜 전인적 교육이 이뤄져야 한다.

교회학교에서는 대체로 예배, 성경공부, 주제 및 절기에 따른 특별활동, 그리고 경우에 따라서는 동아리 모임을 운영하기도 한다. 앞으로 교회교육이 보다 유연해지기 위해서는 성경을 중심으로 한 기초교육을 넘어서 그리스도적 전인교육을 위해 교육과정이 열려지고 확대되어야 한다.

2) 인간화 교육

교육과정에는 학문 중심 교육과정과 인간 중심 교육과정이 있다. 학문 중심 교육과정은 지식과 기술의 폭발적인 증가에 대처해 나가기 위해 학문에 내재해 있는 지식을 충실히 가르치는 것을 말한다. 이에 비해 인간 중심 교육과정은 고도 산업사회에 따라 파생된 인간성의 상실과 비인간화 현상이 심각한 문제로 제기되었다.

인간 중심은 학문 중심의 교육과정이 지나치게 지식구조만을 강조한 나머지 전인적 교육을 소홀히 했다는 비판적 입장에서 시작되었다. 인간 중심의 교육과정론자는 인간의 잠재가능성을 최대로 실현한다는 것에 목표를 두고 있다.

교회학교의 경우 말씀과 바른 생활지도를 통해 비인간화된 실존을 인간화된 인간으로 회복시킬 책임이 있다. 건전한 자아개념, 진지한 감성, 올바른 태도와 가치를 발달시킴으로써 학생의 자아실현, 곧 달란트를 최대로 발휘하도록 할 필요가 있다. 특히 교회학교가 인간소외와 비인간화의 역기능을 치유하는 곳이 될 필요가 있다.

3) 가정교육

가정은 신앙 공동체의 기본 단위이자 사회 공동체의 기본 단위다. 히브리인의 교육과정에서 가정은 가장 중요한 교육 단위이자 신앙성장의 못자리가 되었다. 루터도 가정에서 신앙교육이 중요함을 말했다. 가정에서의 기독교적인 자녀양육은 하나님의 명령이자 부모의 책임이다.

사회가 급격히 분화 발전하면서 오늘날 가정교육은 부재상태에 빠졌다. 일반교육은 학교에 맡기고 신앙교육은 교회에 맡김으로써 심각한 교육적 이탈현상을 초래했다. 앞으로 가정화를 장으로 하는 기독교 교육이 가장 시급한 과제로 남아있다. 이를 위해 가정을 작은 교회 및 작은 교회학교화하고 신앙교육을 위한 커리큘럼도 마련되어야 한다(김태원, 106). 한 가정으로 어려울 경우 구역에서 몇 가정을 묶어 교육이 되도록 할 필요가 있다. 가정교회가 보다 실제적이기 위해 교회는 가정교육관을 설치하고 몇몇 가족들이 신앙적 가정생활을 위한 교육 및 실습을 받도록 한다.

4) 공동체 프로그램

오늘날 기독교 가정이 영성을 잃어가고 교회도 대형화되어 가면서 친교가 약화되고 있다. 따라서 교회교육 프로그램도 가정들의 영성을 돕고 전체로서의 교회의 친교를 회복하기 위한 프로그램이 마련될 필요가 있다. 이런 프로그램을 추진하는 데는 전교인 수련회가 도움이 된다. 오늘날 교회가 회복해야 할 것 가운데 하나가 교회의 가족성(친교성)이며, 기독교 가정이 회복해야 할 것은 영성이다. 전교우가 함께 하는 수련회를 통해 교회가 가정이 회복해야 할 영성부분을 도와줌으로써 가정의 영적 기능도 살리고 교회의 친교도 강화해 '가정 같은 교회, 교회 같은 가정'을 이룰 수 있다.

이 프로그램의 경우 교육 일변도에서 공동체 프로그램을 지향하는 쪽으로 초점을 맞춘다. 프로그램 구성도 가족 중심의 프로그램과 더불어 교회 전체의 조화를 찾음으로 모든 교우들이 하나님의 백성으로서 이 시대에 하나님의 뜻을 행하기 위한 준비를 할 수 있도록 도와 주어야 한다.

먼저 개별 가족이나 몇 가족이 연합하여 할 수 있는 프로그램을 준비함으로써 작은 공동체에 대한 경험을 하고 난 다음 큰 공동제의 경험을 갖도록 한다. 다음은 가족 단위에서 가질 수 있는 프로그램 내용들이다.

- ▶ 가족단위의 비형식적 예배로 자연에서 묵상하면서 자연에서 드리는 예배 기획
- ▶ 부모-자녀 간 대화시간 갖기. 신앙의 선조들에 대한 이야기를 자녀와 함께 나눈다. 부모가 자녀에 대해 얼마나 알고 있는지 파악한다.
- ▶ 가훈이나 자녀의 장래에 대한 부모의 기대, 자녀의 생각 나누기
- ▶ 가정의 갈등을 창조적으로 해결하기 위한 시간 갖기
- ▶ 가족 모두가 함께 가족 신문 만들어 보기

▶ 가족 구성원에 대해 감사편지를 전달하기
▶ 생태계의 파괴를 막음으로 자연보호를 할 수 있는 과제찾기와 실천하는 프로그램 모색

위에 제시한 전반적 프로그램의 분위기를 공동체 내에서 이야기나 대화로 진행해 나가는 것이 바람직하다. 자연에서 수련회를 갖는 경우 가족이 모인 곳에서 교회 어른들과 함께 한 곳에서 또는 식사나 차를 같이 하면서 격식없는 대화를 나눔으로써 신앙이 자연스럽게 전달될 수 있게 한다(김광률, 1997).

【 도움말 또는 사례 】

사랑은 전인적 교육과정의 초석
　기독교에서 교육구조는 사랑과 믿음과 순종 세 가지에서 발견된다. 이 가운데 사랑이 모든 것의 기초가 된다. 하나님은 사랑이시다. 하나님의 사랑은 하나님과 인간을 사랑하는 용서받은 사람의 변화된 마음에 성령님께서 나누어 주신다. 사랑한다는 것은 전 인격을 마음으로부터 사랑하는 것이다. 죄는 사랑을 하지 못하도록 한다. 변화된 심령은 사랑할 수 있다. 그러므로 사랑은 기독교 교육의 초석이고 사랑이 없이는 참다운 기독교 교육도 없다. 더욱이 사랑은 전인격을 포함하기 때문에 교육과정의 초석이다(Byrne, 1981).

【 생각해 볼 문제 】

1. 우리 교회의 교육과정은 어떤가 말해보라. 중핵 교육과정으로 가기 위해서 어떤 조치들이 필요한가?
2. 학생과 교사를 위한 커리큘럼이 어떻게 달라야 하는가 말해보라.
3. 가정과 연계된 커리큘럼이 왜 필요한가? 교회 행정담당자가 해야 할 일은 무엇인가?

【 참고 문헌 】

김광률. (1997). "수련회 역사를 통해 본 여름목회의 전망," 목회와 신학. 7월호.
김태원. (1990). 교회교육 커리큘럼. 종로서적.
피어스, M. M. (1985). 교회학교 운영지침서. 종로서적.
Byrne, H. W. (1981). A Christian Approach to Education. MI: Mott Media.
Schreyer, G. M. (1970). 신학과 기독교 교육. 대한기독교교육협회.
Wyckoff, D. C. (1961). Theory and Design of Christian Education Curriculum. PA: Westminster Press.

제7장 교육방법의 모색과 그 관리

교회행정 담당자는 언제나 교회교육이 효과적으로 실행될 수 있는 방법 등에 관심을 가져야 한다. 새로운 교육방법을 모색하고 실천해나갈 때 교사와 학생 모두에게 새로운 차원의 교육적 상황이 전개된다. 구태의연한 교육방법을 과감히 버리고 교사와 학생 모두가 새로운 자세로 참여할 수 있는 교육방법을 채택하여 시도하고 반성하며 재정비해 나갈 때 말씀은 보다 강렬한 느낌을 가지고 우리 모두를 사로잡을 수 있게 된다.

교회학교의 교육은 하나님 나라의 삶을 가르치는 곳이다. 하나님 나라는 경직된 곳이 아니라 날마다 주 안에서 새로워지는 나라다. 따라서 우리의 교육도 달라져야 한다. 교사는 무엇보다 학생들에게 만족을 주는 교사가 되어야 한다. 가르치는 방법에서 뿐 아니라 내용에 있어서도 항상 새롭고 도전감을 주어야 한다.

교육의 공식

교사가 학생들에게 가르칠 때 주의해야 할 것들은 다음과 같다.

1) 목적을 분명히 한다

가르칠 내용이 기독교 교육의 목적과 일치해야 한다. 또한 학생에게 기대되는 행동을 분명히 제시하고 구체적으로 행동에 옮겨지도록 한다.

2) 마음을 열고 배움을 얻게 한다

학생들이 마음의 문을 열지 않으면, 그들이 마음을 열어야 할 필요성을 느끼지 못한다면 교육은 실패한다. 교실에는 배우려는 학생도 있지만 떠드는 사람, 자리를 뜨는 사람 등 다양하다. 학생들이 어떤 유형이든 성공적인 교사는 그들로 하여금 무엇인가 배움을 얻어 가게끔 한다.

3) 깨닫게 한다

교사는 능력을 발휘해 필요한 지식을 가르친다. 교사가 잘 가르치면 학생들은 "아 하"하고 감탄하는 경험으로 받아들인다. 최근 교수법이 복잡해지고 있다. 그러나 보여주고 말하는 식의 방법은 여전히 최고의 방법이다. 설명과 실습을 통해 가장 빠르게 배울 수 있다.

4) 가르칠 때는 항상 학생들의 삶의 상황에서부터 시작한다

교사는 성경내용과 신학적인 개념을 잘 파악하고 있지만 학생은 그렇지 못하다. 따라서 그 기본 개념이 학생들이 경험하는 일들과 어떻게 관련지을 수 있을까 생각하며 교육한다.

5) 한 가지 개념만 택한다

너무나 많이 가르치려는 생각은 위험하다. 그 날에 가르쳐야 할 개념은 한 가지만 선택하고 가르치지 못한 개념에 대해서는 염려할 필요가 없다. 잘 선택된 주요 개념은 다른 여러 개념을 포함하고 있기 때문이다. 한 시간에 여러 주제를 가르치려다 오히려 목적 없이 혼돈으로 이끌게 된다.

6) 대화한다

대화를 통해 학습자와 교사 사이에 '나와 당신'이라는 인격적 관계를 형성한다. 인격과 인격 사이의 진정한 만남이 있을 때 변화가 일 수 있다. 이 관계가 학습자와 하나님의 인격적 관계로 이어지게 한다. 교회 안에서 인격적 관계가 일어날 때 살아있는 학습이 되며 학습자의 신앙과 삶이 성장된다.

7) 참여토록 한다

학습자의 적극적 참여를 유도함으로써 일방적 교육이 되지 않게 한다. 참여는 모든 면에서 창조성이 발휘되도록 한다. 창조적이라는 말은 기독교 교육에서 자유롭게 사용되는 독특하고 본질적인 하나님의 힘의 상징이다. 참여는 기계적인 것이 아니라 유기체적이다. 교사와 학생이 교육을 통해 함께 창조적 참여를 함으로써 하나님의 새로운 창조를 배운다(Boelke, 1962).

8) 적용하도록 한다

교육은 가르치는 것으로 끝나지 않는다. 교육의 내용이 생활에 실제 적용되도록 한다. 적용이 성공을 거둘 수 있도록 반복훈련, 역할놀이, 사례연구 등 여러 방법을 통해 성공하도록 만든다.

9) 변화하게 만든다

교사 및 학습의 목표는 궁극적으로 학생의 삶을 변화시키는 것이다. 학습을 통해 영적인 긴장감을 갖게 하고, 삶을 재구조하도록 만든다. 학생의 영적 및 생활상의 변화는 교회교육에서 빼놓을 수 없는 부분이다.

교사의 학습 준비

교사는 교육을 위해 준비해야 한다. 준비를 할 때 개인적으로 하는 방법과 그룹으로 하는 방법이 있다.

개인적으로 하는 방법의 경우 교사 자신이 일주일 동안 가르칠 방법과 내용을 스스로 생각한다.

▶ 월요일 : 성경 본문과 가르침의 목적을 수시로 읽고 생각한다.

- ▶ 화요일 : 학생 교재를 읽고 그 중점을 요약하여 적는다. 이 때 학생들의 경험차원을 생각한다.
- ▶ 수요일 : 교사 지침서를 읽고 주석, 성경 사전 등 참고 자료를 참고한다.
- ▶ 목요일 : 내용 전개에서 의미를 주는 성경 이야기와 삶의 이야기를 찾는다. 학습 활동에 적용될 방법을 찾아본다.
- ▶ 금요일 : 도입에 사용할 학습 자료와 방법을 생각한다. 학생으로 하여금 발표를 시킬 경우 준비가 되었는지 확인한다.
- ▶ 토요일 : 학습의 전과정을 상고한다. 필요한 준비물을 점검하고 진행과정을 다시 한 번 구상한다. 묵상하고 기도한다.

그룹으로 준비하는 경우 교사회를 정기적으로 가져도 좋고 다음 달에 시행될 교재를 한 과씩 분담하여 워샵을 해도 좋다. 준비한 교사는 교습안을 각 교사에게 배부한다. 발표된 교습안과 교육방법을 토의하고 보완한다. 그 안에서 전체에게 필요한 학습활동이 제시되면 그에 대해 상의한다. 성경퀴즈, 견학, 그리기 등이 이에 해당한다. 발표된 안이 학생에게 맞는지 검토한다.

개인적으로 준비하든 공동으로 준비하든 준비없는 교육과 준비된 교육은 다르다. 교사가 미리 생각하고 기도하며 가르칠 때 결과는 다르게 나타난다.

교사는 교수-학습계획에 있어서 일반적인 준비도 있지만 주어진 상황에 따라 독특하게 진행해야 할 학습도 있다. 따라서 준비하는 계획의 방법도 다양하게 적응되어야 한다(Eavey, 1982).

- ▶ 임기응변적 계획 : 교사와 학생이 반에서 만나면서 즉흥적으로 계획한다.
- ▶ 공식적 계획 : 효과적인 교수를 위해 조직적으로 준비한다.
- ▶ 연대적 계획 : 자료와 내용을 중심으로 교수를 준비한다.

▶ 논리적 계획 : 내용이 다른 부분이지만 논리적으로 함께 적용하기 위해 준비한다.
▶ 심리적 계획 : 학생들의 학습 경험, 능력, 흥미 그리고 삶과 연관된 내용을 적용시키기 위해 준비한다.

옐론의 교육 방법

옐론(S. L. Yelon)은 교사가 다음과 같은 교수원리를 적용하면 훌륭한 교사가 될 수 있다고 말한다(Yelon, 1998).

▶ 의미있는 학습(meaningfulness) : 배워야 할 내용이 학생들의 과거, 현재, 그리고 미래와 어떤 관련이 있는가를 알게 해주어 학생들의 동기를 불러 일으킨다.
▶ 선수지식(prerequisites) : 학생들의 현 지식수준과 기량을 분석하여 수업을 학생 수준에 맞게 조절하여 학생들이 알고 있는 것을 기반으로 다음 단계의 지식을 형성할 수 있게 해준다.
▶ 열려있는 수업 환경(open communication) : 학생들이 배워야만 하는 것을 알려주어 배워야 할 것에 집중할 수 있게 한다.
▶ 조직된 핵심적인 내용(organized essential content) : 배우기 쉽고 기억하기 쉽게 하기 위하여 중요한 개념에 집중하여 체계화할 수 있도록 도와준다.
▶ 학습보조도구(learning aids) : 배우는 것을 쉽게 하고 빠르게 하기 위해 학습 도구를 사용하는 것을 도와준다.
▶ 신선함(novelty) : 학생들의 주의를 집중시키고 관심을 이끌기 위해 가르치는 동안 자극을 다양하게 한다.
▶ 모델링(modeling) : 학생들이 실제적으로 사용할 수 있게 하기 위해 학생들이 어떻게 기억하고, 행동하고, 생

각하고, 문제를 해결하는지를 보여준다.
▶ 활발하고 적절한 연습(active appropriate practice) : 회상하고 생각하고 수행하고 문제를 해결하는 연습을 하게 하여 학생들이 그들의 학습을 적용하고 숙달되도록 한다.
▶ 즐거운 환경과 결과(pleasant conditions and consequences) : 배우는 것을 즐겁게 하여 학생들이 배운 것을 편안한 마음으로 받아들이고 배우는 것을 만족하며 계속해서 배우면서 배운 것을 사용하도록 한다.
▶ 일관성(consistency) : 목표, 시험, 연습, 내용, 설명의 일관성을 유지하면 학생들이 원하는 것을 배울 것이고 교수 상황 밖에서 학습한 것을 사용할 것이다.

레이폴트의 교육 방법

레이폴트(M. Leypoldt)는 기독교 교육의 목적을 바람직한 변화를 추구하는 것이라 말하고, 변화를 어떻게 추구하느냐에 따라 교육의 방법을 여덟 가지로 분류했다(Leypoldt, 1978).
① 정보를 얻게 하는 방법 : 독서 보고, 조사 보고, 인터뷰, 스터디그룹, 세미나, 패널, 반응패널, 대담, 청중 반응팀, 스크린 스피치, 심포지엄, 심포지엄, 대화
② 어떤 견해를 갖게 하는 방법 : 순환 응답, 그룹 토의, 확장 패널, 포럼, 설교 포럼, 청취팀, 토크백, 촌극 대회
③ 문제에 대한 해결책을 찾게 하는 방법: 브레인 스토밍, 버즈그룹, 웍샵
④ 경험들을 먼저 가질 수 있게 하는 방법 : 역할 연기, 임상 연구, 사

례 연구, 현장 실습, 모의 게임
⑤ 성경의 진리와 만나게 하는 방법 : 성경과의 만남, 귀납적 성경연구, 말씀의 나눔, 계약 그룹
⑥ 자기를 창의적으로 표현하는 방법 : 즉흥극, 그림붙이기, 작은 모험, 공간 탐험
⑦ 내면의 의식에 반응하게 하는 방법 : 무언의 행동, 피드백 게임, 명상의 모임
⑧ 과제를 수행하게 하는 방법 : 프로젝트 그룹, 단기 강습회, 웍샵

학생중심의 교육 방법으로의 전환

기존의 교육방법에 문제가 제기되고 있다. 지금까지 교회교육은 교사가 주로 말을 통해 그 내용을 전달하는 방법을 사용해왔다. 이것은 내용 전달의 양에 있어서 한정적일 뿐 아니라 교사 위주의 교육 방법이어서 교육 방법의 획기적인 전환이 필요하다. 학생 중심의 교육 방법으로 변화되어야 한다. 교사는 늘 들려주는 사람으로 그쳐서는 안 된다. 들려주는 동시에 말을 들어주는 사람이 되어야 한다. 학생과의 토의, 표현 활동 등은 학생들을 이해하는 데도 좋은 기회가 된다.

사람이 배우는 통로는 인지만 아니라 느낌, 행동을 통해 학습된다. 데일(E. Dale)에 따르면 귀만 사용하면 기억의 양은 10% 정도이고, 눈까지 사용하면 50% 정도가 기억되고, 몸 전체로 경험하면 90% 정도 기억된다. 획일적 강의보다 학생들로 하여금 몸 전체로 학습하도록 하는 것이 바람직하다. 나이가 어릴수록 직접 경험을 통한 학습이 효과를 거두며 노소를 막론하고 참여학습일 경우 망각도는 낮아진다.

1) 독서 보고

독서보고(book report)는 회원 중에서 한 사람의 발표자를 선정하여

어떤 저자의 책을 요약정리해 발표하게 하고 그 내용을 중심으로 참석자들의 생각을 나누는 방법이다. 발표자는 그 내용을 회원들이 잘 이해할 수 있도록 설명하고 잘 이해되지 못한 부분들에 대해 보다 구체적인 설명을 요청하는 질문을 한다.

초등부, 청소년, 장년 등 여러 층의 교회학교에서 소그룹을 중심으로 활용할 수 있다. 어린이의 경우 독서 보고는 동화책과 위인 전기를 읽고 발표할 수 있고, 성인의 경우 성경 연구뿐 아니라 신학사상 그리고 교양에 대한 여러 지식들을 보다 깊이 있게 얻는데 효과적이다.

2) 토크백

토크백(talk back)은 영화, 비디오 등 시청각 교재들을 사용해 교육하고자 할 때 학생들이 감상하는 작품을 단지 보고 듣는 경험으로 끝나지 않고 그 작품에 대해 생각하는 시간을 갖게 해 스스로 학습할 내용을 발견하게 하는 방법이다.

감상이 끝나면 그 작품이 제시하는 중심 주제, 논쟁점, 의미 등을 학생들의 생활과 관련해 이야기한다. 사람들이 어떤 고통을 받았고, 어떻게 서로 도왔으며, 어떤 변화가 일어났는지, 그리고 이것이 나에게 무엇을 말해주는지 논의한다.

3) 조사 보고

조사 보고(research and report)는 조사하고자 하는 과제를 몇 개의 조사 영역으로 나누고 3-4명으로 구성된 조사팀들을 만들어 그 영역을 할당한다. 조사 영역은 흥미로운 주제나 공동으로 관심을 가지는 것이어야 한다. 각 팀은 문헌자료 조사, 현장 조사 등 여러 조사들을 한 뒤 그 내용을 전체 그룹에 보고하고 함께 토의한다.

조사는 주중에 이뤄지므로 일주일에 한 번 갖는 짧은 교육을 주중까지 연장하고 확장시키며 팀의 협동심을 고취시키는 효과가 있다.

4) 현장 방문

현장 방문(field trip)은 교실에서 배우고 익혔던 것을 현장에 나가 직접 확인하고 신앙생활을 새롭게 하는 것으로 움직이는 교실역할을 한다. 성지나 교회사적으로 의미있는 곳이 주요 방문지다. 현장방문을 위해 추천할 만한 몇곳을 들어보면 다음과 같다.

- 양화진의 서울외국인묘지 : 양화진, 홀, 언더우드, 아펜젤러, 스크랜톤, 베델 등 초기 선교사들의 묘지가 있다. 합정 전철역에 내려 걸어가면 된다.
- 숭실대학교 기독교 박물관
- 제암리교회 : 화성군 향남면 제암리에 있다. 3.1운동 때 일제에 의해 핍박받은 대표적인 교회로 교회당과 전시실이 있다.
- 순교자 기념관 : 경기도 용인에 있고 전시실이 있다.
- 애양원 : 여천군 율촌면 신풍리에 있다. 1909년 광주에 선교사가 세운 나병원이 모체가 되어 이뤄진 것으로 애양원 교회를 담임했던 손양원 목사 순교지이다.
- 제주도의 이기풍 목사 기념관
- 광주 양림산 기슭 : 남장로회 선교부가 있던 곳으로 오웬과 벨 기념관, 기독병원, 수피아 여고, 양림교회 등 기독교 유적지들이 있다.
- 안산시 천곡교회 : 심훈의 소설 '상록수' 주인공 채영신 여사가 실제 농촌계몽운동을 벌인 곳이다. 교회당과 묘소가 있다. 상록수 전철역에서 가깝다.
- 가나안농군학교 : 경기도 하남에 있는 신앙적 농촌 교육의 산실이다.
- 총신대학교 양지캠퍼스의 소래교회 : 한국인 최초의 교회의 모형을 그대로 옮겨놓았다.
- 거창고등학교 : 기독교계 학교로 전설적 기독교 교육자 전영창 선

생이 교장으로 시무하던 곳이다. 직업훈련원, 농장 시설을 갖춘 모범적 학교다.
- ▶ 복음병원 : 전영창, 장기려 박사가 세운 것으로 사회선교에 업적이 큰 병원이다.

현장 방문을 통해 느낀 점을 발표하고 글을 써 스스로 어떤 삶을 살아야 할까를 생각해 보게 하면 좋다.

5) 사례 연구

사례 연구(case study)는 특정 문제의 해결책을 모색하기 위해 그 문제 해결에 성공적인 사례나 실패의 사례들을 학생들로 하여금 조사 발표하게 하고 그에 대한 문제점, 제한점, 응용 가능성 등을 분석해 문제상황에 적용해보는 것을 말한다.

사례 연구는 사건이나 상황의 배경, 전개과정, 포함된 인물들의 특성이나 관계, 성공 및 실패 요인 등을 분석한다.

성공적인 사례 연구를 통해서는 학생들이 처한 문제상황에 대해 소극적인 사고를 제거하고 적극적인 자세를 갖게 하며, 실패 사례를 통해서는 그같은 과오를 범하지 않도록 미리 경계한다.

- ▶ 사례 발표는 회원 가운데 몇 사람에게 조사해 발표토록 하거나 그 사례에 관계된 인물들이 직접 나와 발표할 수도 있다.
- ▶ 사례 발표가 끝나면 전체 그룹을 소그룹으로 나누어 사례에서 제시된 해결책의 문제점과 응용 가능성 등을 검토하며 적절한 해결책을 토의하고 그 결과를 전체 앞에 발표한다.
- ▶ 소그룹이 제시한 안들에 대해 전문가의 의견을 가진 다음 가장 만족스럽게 보이는 해결책을 택하기 위해 전체 토의를 한다.
- ▶ 교사는 사례 연구를 통해 얻을 수 있었던 결과들에 대해 종합적인 논평을 한다.

6) 인터뷰

인터뷰(interview)는 어떤 특별한 주제나 논쟁점에 대해 전문가나 주요 인사들을 찾아가거나 초청해 그들의 견해를 들어보는 것을 말한다. 인터뷰에서 중요한 것은 준비된 질문을 만드는 것이다. 인터뷰에 응하는 인사들의 업무 방해가 되지 않도록 미리 약속을 하고 짧은 시간 안에 끝낸다.

이 방법은 교사와 교재들만 의존해왔던 과거의 교실중심에서 벗어나 지역사회 전역에 산재해 있는 많은 전문가와 주요 인사들에게까지 학습공간을 넓히는 효과가 있다.

7) 격식없는 대화

교회교육의 여러 프로그램에서 이야기나 대화를 통한 진행방법이 강조되고 있다. 수련회나 비형식적 예배모임에서 교사는 물론 교회 어른들과 함께 한 곳에서 식사나 차를 같이 나누면서 격식없는 대화를 한다. 이런 대화를 통해 신앙의 선배들에 대한 이야기, 환경에 대한 이야기 나눔 등 각종 테마가 대화의 주제로 등장하며 신앙이 자연스럽게 전달된다(포스터, 1997).

8) 세미나

세미나(seminar)는 한 연구 과제에 대해 여러 학생들이 전문 지식을 가진 지도자 아래서 함께 연구하는 것을 말한다. 학생들 각자에게 할당된 연구 영역들을 조사하고 그 결과를 보고하며 함께 토의한다. 세미나는 한 번으로 끝나는 것이 아니라 여러 번의 모임을 갖는다. 각자는 자신이 맡은 분야가 아닐지라도 그 날에 대한 연구 과제를 미리 스스로 학습한 뒤 참여해야 한다.

세미나는 대학원 중심 수업방식에서 주로 사용되고 있지만 교회학교에서도 어린이를 제외한 모든 연령층의 그룹에서 충분히 활용될 수 있다.

9) 패널

패널(panel)은 심포지움과 달리 어떤 주제나 그 주제에 대해 서로 입장이 다른 사람들이 패널리스트가 되어 자신의 입장을 발표하고 토의를 벌이는 것을 말한다. 주제에 따라 3-6명의 패널 멤버를 선정한다. 패널 멤버는 전문가나 자원인사들을 선정하기도 하지만 회원들 가운데서 몇 명을 택하여 활동할 수도 있다.

패널의 주제는 다양한 견해를 유발하여 청중들로 하여금 흥미와 문제의식을 갖게 해야 한다. "청소년들을 위해 교회에서 성교육을 해야 하는가?" 하는 것이 그 보기이다. 패널 멤버들은 끝까지 자기주장만 고수하지 않고 다른 사람들의 건전한 견해를 받아들이고, 유익한 결론에 이르도록 해야 한다.

패널의 한 유형으로 확장 패널(expanding panel)이 있다. 이것은 패널토의 방법과 그룹토의 방법을 결합한 것으로 패널 멤버들을 통해 전문지식과 견해를 먼저 안 다음 전체 그룹이 함께 토의해 그룹 전체의 공동견해에 도달하도록 한다. 이 경우 토의는 패널 토의와 그룹 토의로 나뉘진다. 먼저 패널 멤버들이 부여된 주제에 대해 패널 토의를 하게 하고, 정해진 시간이 지나면 패널 멤버들은 자리를 옮겨 그룹의 전체 회원들과 함께 토의에 참여한다.

10) 반응패널

반응 패널(reaction panel)은 대규모 청중을 위한 것으로 강연이나 심포지움 또는 필름상영 등 여러 다른 방법으로 제시된 내용들에 대해 더 구체적으로 토의하기 위해 청중 가운데 미리 3-4명의 패널 멤버들을 대표로 선정하여 그들이 들은 것과 본 것에 대해 지도자, 강연자, 자원인사들과 함께 반응하는 패널을 말한다.

몇 명의 대표를 선정하는 것은 청중의 수가 많기 때문이다. 반응 패널은 여러 다른 방법을 연결해 사용하기 때문에 각 교육 방법이 가지고 있는 이점을 살릴 수 있다.

11) 콜로키이

콜로키이(colloquy)는 청중을 몇 개의 소그룹으로 나눠 주제에 대해 토의하고 질문 목록을 작성한 다음 그룹 대표자를 통해 그룹에서 제출된 질문을 3-4명의 자원인사들에게 묻는 방법이다. 청중이 많은 경우 질문을 제출토록 하고 그 가운데 중요한 질문을 택해 대표자들로 하여금 질문하게 할 수도 있다. 이 방법은 즉흥적인 질문을 던지는 것이 아니라 소그룹 토의를 거쳐 선정된 질문을 하도록 하기 때문에 깊이 있는 질문을 하게 하는 효과가 있다.

12) 청중 반응팀

청중 반응팀(audience reaction team)은 청중 가운데 3-5명의 대표자들을 택해 앞자리에 앉게 한 후 강연자의 강연내용 가운데 이해하기 어렵거나 동의할 수 없는 부분이 있을 경우 강연 도중에도 언제나 질문을 하게 하는 방법이다. 이것은 사람들이 많이 모인 강연의 경우 교실에서의 강의처럼 수시로 질문한다는 것이 어렵기 때문에 청중을 대신해 질문팀을 구성하여 질문을 하게 하는 것이다.

이것은 강사와 청중과의 의사소통을 원활하게 한다는 점에서 효과적이다. 이 방법은 이해를 명확하게 할 뿐 아니라 청중이 반응팀의 입장에 서서 강연을 듣게 되므로 강연 내용에 주의력과 흥미를 집중시킬 수 있다.

13) 스크린 스피치

스크린 스피치(screened speech)는 청중을 여러 소그룹으로 나눠 질문 목록을 만든 다음 그것을 강사에게 제시하면 강사가 이에 대답하는 형식으로 강연을 하는 방법이다. 강사 소개가 있은 뒤 청중을 소그룹별로 나누어 앉게 하고 15분 정도 영역별로 알고 싶은 문제들에 대해 토의한 후 질문 목록을 만든다. 강사는 질문을 읽고 생각을 정리한 다음 중요한 질문에 답하는 형식으로 강연을 한다.

이 방법은 청중의 질문과 강연자의 대답이 연결된 대화적 커뮤니케이션으로 청중이 알고자 하는 것을 묻고 답하는 것이기 때문에 내용을 깊게 들을 수 있고, 적은 시간에 많은 정보를 얻을 수 있다.

14) 심포지움

심포지움(symposium)은 하나의 대주제(보기 : 교회와 선교)를 여러 소주제(보기: 선교와 문화적 이해, 기독교교육과 선교, 선교와 사회학적 이해 등)로 나누고 소주제들에 2-5명의 권위있는 강연자들을 선정해 10-20분 정도 강연을 하게 하는 방식이다. 심포지움은 보통 2-3일 동안 계속 진행된다. 심포지움은 어떤 주제에 대해 많은 내용의 정보를 얻기 위한 것보다 하나의 주제를 여러 시각에서 권위있고 깊이있는 지식을 얻고자 할 때 효과적이다. 소주제 강연이 끝날 때 이 주제가 전체와 어떻게 연결되는가를 언급해주면 청중의 생각을 하나로 묶어 종합적인 결론에 도달할 수 있게 한다.

심포지움의 보완적 방법으로 심포지움 대화(symposium dialogue)가 있다. 이것은 전체 주제를 취급하는 전문가 한 사람을 따로 두어 자칫 논쟁에 빠질 수 있는 결점을 보완하며 강연자의 강연 내용 가운데 훌륭한 부분과 문제가 되는 부분들에 대해 구체적으로 지적하고 강연자들이 다루지 않은 부가적인 정보도 제공하며 소주제가 전체와 어떻게 연결되는지를 밝혀 종합적인 안목도 가지게 한다. 심포지움 대화는 교회학교에서 유익하게 활용할 수 있다.

15) 포 럼

포럼(forum)은 청중을 수동적으로 만드는 것이 아니라 능동적으로 참여케 하여 함께 공감할 수 있고 공동의 견해까지 이를 수 있게 만드는 것이다. 포럼은 독자적으로 사용되는 것이 아니라 다른 방법과 연결되어 사용된다. 즉, 강연, 토론, 패널, 심포지움 등이 있은 다음 자원인사들과 전체 청중들 사이에 서로 질문하고 논평을 하는 등 공개토의가 이루어져 청중으로 하여금 공동의 견해를 가질 수 있도록 한다.

포럼을 성공적으로 이끌기 위해서는 공개토의 시간을 충분히 가지고 전체의 생각을 하나로 집약시키는 사회자의 능숙함이 요구된다.

16) 설교 포럼

설교 포럼(sermon forum)은 일방적인 선포식 설교를 지양하고 학생들로 하여금 설교에 반응하고 결단하도록 하는 상호작용적(interactive) 방법이다. 설교를 한 후 학생들을 소그룹으로 나누어 설교 내용에 대해 토의하게 하고 설교를 듣고 깨달은 점, 그들의 결단을 전체 학생들 앞에서 발표하게 한다.

설교자는 설교 내용을 인쇄물로 준비하고 그 안에 생각해볼 문제를 제시한다. 소그룹의 리더들을 미리 정하며, 소그룹 토의는 정해진 시간에 맞춰 모두 끝나게 해야 한다. 사회자는 설교 포럼을 통해 얻은 결과를 종합한다. 설교에 대해 토의를 한다는 것은 익숙치 않지만 앞으로 이런 움직임이 크게 확산될 것이다.

17) 청취팀

청취팀(listening team)은 청중을 몇 그룹으로 나누고 각 그룹에게 청취해야 할 과제를 부여한 다음 강연, 심포지움, 패널 등이 제시되면 각 과제에 대한 반응을 종합하여 전체 앞에 발표하도록 하는 방법이다.

청소년 문제에 대한 강연이 진행될 경우 각 그룹을 부모의 입장, 청소년의 입장, 기독교 입장 등에서 그 강연을 청취하도록 해 각 그룹별로 발표하도록 하는 것이 그 보기이다. 필요한 경우 포럼처럼 주제에 대한 청중의 공개 토의를 뒤따르게 할 수도 있다.

18) 적극적인 연습

학습(learning), 파지(retention), 그리고 전이(transfer)가 확실하게 이루어지게 하기 위해 학생들이 실제상황에서 필요한 것을 연습하게 한다.

- 학생들에게 연습하도록 동기를 부여하고, 연습에 대해 책임감을 갖도록 한다.
- 모든 교육환경에 개별적인 활발한 연습시간(individual practice)을 제공한다.
- 연습을 수업시간을 이용해 할 것인지 과외시간을 이용할 것인지 결정한다.
- 연습 환경과 행동을 실제와 같도록 설계해 적절하고 현실적인 연습이 되도록 한다.
- 몸에 배어 자동적으로 수행할 수 있을 정도로 연습을 시킨다.
- 융통성을 주며 다양하게 연습하도록 한다.
- 수준별로 연습(advanced practice)을 달리하도록 한다.
- 사고하는 연습(mental practice)을 가르친다.

19) 종합 학습 센터

종합 학습 센터(general learning center)는 한 교실 안에 여러 종류의 학습 도구 및 장을 마련하여 학습자로 하여금 다양한 학습을 총체적으로 받도록 하는 교육 형태이다. 교회는 여러 종류의 학습 활동이 동시에 이뤄질 수 있는 장소를 마련하고 학습자는 자신이 선택한 학습장에서 원하는 과정을 교육받는다.

크게는 오디오 센터, 묵상 센터, 작업 센터, 독서 센터, 시청각 센터 등 여러 학습장으로 나눈다. 작게는 테이블이 하나의 학습장이 될 수 있고, 계단이나 복도 또는 방구석도 하나의 학습장이 될 수 있다. 각 학습장은 그에 맞는 소재의 도구와 내용을 갖춰야 한다. 학습 센터를 모두 거치게 한 다음 학생들이 느낀 점을 서로 이야기하게 함으로 종합적으로 교육 효과를 높인다.

교수 및 학습 방법의 선택은 연령층, 학습 집단의 크기, 학습 공간, 다루는 주제, 진행 과정, 교사에 따라 달라질 수밖에 없다. 그러나 끊임없이 보다 새로운 방법을 모색하는 자세가 필요하다.

레크리에이션, 구연 동화, 모델링 교육 방법

1) 레크리에이션

활동적인 프로그램을 자주 도입한다. 레크리에이션을 통해 교회교육이 새로워질 수 있다. 이것은 유초등부뿐 아니라 노년에 이르기까지 폭넓게 활용될 수 있다. 교회에서의 레크리에이션은 놀기 위한 것이 목적이 아니라 다음과 같이 여러 목적을 이루기 위한 종합적 활동이어야 한다.

- ▶ 자발적으로 참여하게 하며 적응력을 기른다.
- ▶ 그리스도 안에서 새로운 공동체 의식을 높인다.
- ▶ 인간 관계를 개선하고 사회생활을 아름답게 만든다.
- ▶ 창의성과 능력을 개발한다. 새로운 경험을 통해 재창조의 힘을 기른다.
- ▶ 활동을 통해 말씀을 새롭게 이해하고 깨달으며 생활화하는 기회를 제공한다.

레크리에이션에는 다음과 같은 종류가 있다.

레크리에이션 종류

종 류	내 용
영적 레크리에이션	신앙적 내용을 활용한 영적 교제와 생활
지적 레크리에이션	독서, 편지쓰기, 대화와 토론 등
신체적 레크리에이션	스포츠 등 각종 신체 활동
예술적 레크리에이션	음악, 미술, 무용, 연극, 공예 등 다양한 활동
사회적 레크리에이션	모임, 파티, 발표회, 축제
자연교육적 레크리에이션	자연관찰, 채집, 전시회
오락적 레크리에이션	놀이, 게임, 오락

2) 구연 동화

구연 동화란 어린이들을 상대로 책이나 연극 따위에 의지하지 않고 입으로 직접 이야기해주는 것을 말한다. 교사는 이야기 속에 나오는 주인공들의 모든 성격을 뚜렷하게 나타내는 동시에 사건을 실감나게 전개시켜 나가야 한다. 과거 구연 동화는 입담으로만 했지만 지금은 여러 시청각 재료를 활용하여 보다 흥미롭게 가르친다.

구연 동화는 다음과 같은 목적을 두고 이야기를 전개한다.

- ▶ 즐겁게 한다. 즐겁게 하면 학생들은 흥미를 느끼고 좋아한다.
- ▶ 지식을 준다. 이야기의 내용을 분명하게 이해하게 만든다.
- ▶ 감동을 준다. 이야기를 듣고 감동한 어린이는 그 이야기가 마음 속에 살아 있어서 실제 생활에 변화를 일으킨다.
- ▶ 이해시켜 준다. 어린이들이 왜 거짓말을 해서는 안되는가를 알게 한다.
- ▶ 실천케 한다. 이야기를 듣고 습관을 고쳐보려 노력하게 된다.

3) 모델링

모델링(modeling)은 학생들이 쉽게 그리고 빨리 배울 수 있도록 시범을 보여주는 것을 말한다. 교사는 학생들이 따라할 수 있도록 분명하게 제시하고, 열성적으로 하며, 전문가답게 행동한다. 좋은 시범은 학습 효과를 높일뿐 아니라 주제에 대해 학생들의 관심을 불러 일으키고 토론을 이끄는데 도움을 준다.

- ▶ 시범을 본 다음 학생들이 그것을 나중에 해야 한다는 것을 알려준다.
- ▶ 시범을 보여주기 전 시범중 무엇을 주의깊게 보아야 하는지 알려준다.
- ▶ 각 단계를 먼저 말한 다음 시범을 보여준다.
- ▶ 교사는 구체적 사례에 대해 어떻게 생각하고 적용해야 하는지를 말해준다.
- ▶ 학생들이 실제로 연습하기 전에 각 단계들을 기억하도록 한다.

학습보조 수단과 교범의 활용

1) 학습보조 수단

학습보조 수단(learning aids)이란 학습을 보다 효과적이고 효율적이며 만족스럽게 만들기 위해 고안된 수단이나 기법이다. 다양한 보조수단을 사용하면 학생들은 과제나 내용의 특정 부분에 집중할뿐 아니라 과제에 대해 통찰력을 얻고 이해하고 적용하는데 도움을 준다.

학습보조 수단은 단지 몇장의 종이쪽지일 수도 있고, 암기한 단어일 수도 있으며, 하나의 그림이나 비디오 테이프일 수도 있다. 여러 보조수단 가운데 어떤 것을 사용해야 하는가를 결정하기 위해서는 학습보조 수단의 목적을 고려한다.

2) 교범(manual)

다양한 교범을 활용한다. 교범과 그 활용시기를 표로서 나타내면 다음과 같다.

교범과 그 활용

교 범	사 용 시 기
흐름도식(flow diagram)	과제를 수행하는 단계가 여러 부분으로 나뉠 때
개요(outline)	연관되는 내용별로 정리할 때
포스터(poster)	
도표(charts)	여러 차원의 하위 주제들을 비교할 때
그림(picture)	복잡한 내용을 시각적으로 단순화할 때
암기법(memonic)	일련의 사실적 정보들을 기억할 때
카드(cards)	
점검표(checklist)	과정이나 결과를 가지고 기준을 점검할 때
오디오테이프(audiotape)	

교 범	사 용 시 기
비디오테이프(videotape) 투명지(transparency) 인형극 멀티미디어	동작에 주목할 필요가 있을 때

청소년 교회교육의 활성화와 그 방법

청소년을 대상으로 한 교육 및 과정이 부족하다. 청소년에 대한 관심 부족은 결국 교회내 청소년 신앙생활 약화와 직결된다는 점에서 문제가 있다. 청소년 목회에 대한 한국교회의 관심을 높이지 않으면 안 된다. 교회는 평생 신세대를 위해 헌신할 수 있는 전문 사역자 양성기관을 만들고 이를 위해 투자할 필요가 있다.

1) 청소년 지도 목사제
청소년 목회의 활성화를 위해 청소년 지도 목사제를 도입하고 교회 청소년들의 고민해결을 위한 상담을 운영한다.

2) 학교방문과 가정방문
교사가 학습활동을 높이고 보다 효과를 거두기 위해서는 학생의 가정과 학교를 방문해 각자의 생활과 어떤 문제를 안고 있는지 파악할 필요가 있다.

3) 청소년 인식 프로그램
학부모와의 정보 교류, 휴식공간의 마련 및 교회 안에 청소년들에 대한 인식을 높이기 위한 프로그램 등을 개발한다.

4) 청소년 정기 대형집회

청소년 정기 대형집회를 열어 청소년 연합운동과 만남의 교제와 새로운 이슈를 제시하는 예수 문화 대축제를 만든다.

5) 청소년 교회의 개발

교단 차원으로 청소년 교회를 개발한다. 이 특화된 교회는 미래교회의 구조변화를 선도하기 위해 전문지식을 훈련받는 기관으로써 양성하며, 이 교회는 청소년에 관해 전국 교회에 아이디어와 비전을 제시한다.

6) 청소년 전문교사 양성 프로그램의 필요성

청소년들의 인격을 지도하고 교회부흥 전략을 연구하며 평생 커리큘럼을 제시하는 등 전문 사역자를 배출하고 훈련시키는 청소년 전문교사 양성 프로그램이 절실히 요구되고 있다. 나아가 교단별, 교회별 청소년 전문사역자 회의를 열고 정기적인 임상발표를 통해 건전한 청소년 문화를 개발하도록 한다. 청소년 전문 기획 브레인들을 중심으로 연구소를 만들어 꾸준한 연구와 개발을 할 필요도 있다(이옥현, 1998).

앞서가는 교회와 리더들은 청소년 전문사역자들을 둔다. 전문 사역자들은 시대를 이끌고 교회를 성장시킴은 물론 미래사역의 변화를 주도하게 된다.

7) 새롭고 창의적인 프로그램

교회에서 많은 교육 행사를 치르고 있고 그에 따른 프로그램들이 마련되지만 대부분 새로운 의미와 의의를 살려가기보다는 행사를 위한 행사로 끝나고 마는 경우가 허다하다.

새로운 시대에는 새롭고 창의적인 프로그램이 필요하다. 급변하는 시대적 사조에 따라 새로운 전략과 프로그램을 요구하고 있는 성도들의 욕구를 교회는 이해해야 한다. 교회 교육 및 행사 프로그램의 참신하고 적절한 개편 작업이 요구된다.

【 도움말 또는 사례 】

전도학교 프로그램

샌디에고의 호라이즌 크리스챤 펠로우십 교회는 전도훈련 프로그램을 개발하고 이에 주력하고 있다. 이 교회는 사람들을 그리스도께로 인도하는 법, 그들을 제자 삼는 법, 주를 위해 그들로 하여금 다른 사람들에게 전도하는 법을 가르쳤다. 선교회를 설립하고 가정관을 세워 불우하고 집없는 사람들을 위한 사역을 시도했다. 이 교회의 전도학교 프로그램 내용은 다음과 같다.

▶ 1년에 3차례 광야체험 전도여행을 떠난다. 이 여행을 통해 젊은이들은 그들 자신을 돌아보며 다른 사람과 더불어 살아가는 법을 배운다.
▶ 최소한 필수품만으로 48시간을 지탱하게 한다. 그 결과 선교사로 지원하는 교인이 늘어났다.

이 전도학교는 도시 젊은이들의 영적 성숙을 위해 세워졌지만 선교활동의 훈련기회도 되었다.

【 생각해 볼 문제 】

1. 교사가 학생들을 가르칠 때 가져야 할 자세에 대해 말해보라.
2. 현행 교육방법을 뛰어넘는 보다 새로운 방안을 제시해보라.
3. 교회사적으로 의미있는 역사적 현장을 방문하고 그에 대한 소감을 학생들과 함께 나누어 보라. 그리고 지역에서 의미있는 곳이 무엇인지 발굴해보라.
4. 청소년들의 교회교육을 활성화시킬 수 있는 방안은 무엇인가?

【 참고 문헌 】

김영호. (1989). 교회교육방법론. 종로서적.
이옥현. (1998). "청소년 목회구조변화 전문사역자 개발부터," 크리
　　　　스찬 뉴스위크. 6월 20일.
레이폴트, M. (1979). 40가지 교수-학습방법. 권용근 외 옮김,
　　　　장로회총회 교육부.
포스터, C. R. (1997). "회중의 교육에서의 격식없는 대화,"
　　　　엘리스 넬슨 엮음,
　　　　김득렬 옮김, 한국장로교출판사.
Boelke, R. R. (1962). Theories of Learning in Christian
　　　　Education. PA: Westminster Press.
Eavey, C. B. (1982). Principles of Teaching for Christian
　　　　Teachers. MI: Zondervan.
Huber, E. M. (1978). Doing Christian Education in New Ways.
　　　　PA: Judson Press.
Leypoldt, M. M. (1978). Learning is Change. PA: Judson Press.
Yelon, S. L. (1998). Powerful Principles of Instruction. 성공적인
　　　　수업을 위한 10가지 교수원리. 최성희, 이인
　　　　경, 신준영 옮김, 길안사.

제8장 성경교육과 교육행정

성경교육과 교육행정

링컨 대통령은 8세 때 어머니를 잃고 계모에게서 성경을 배웠다. 그러나 그 계모도 그의 나이 14세 때 돌아가셨다. 그는 대통령 취임식 석상에서 조그마한 포켓 성경을 들어보이며 "내가 오늘 대통령이 된 것은 이 성경 때문이며 이 성경은 나의 어머니가 나에게 주신 것이다"고 외쳤다. 그는 성경을 읽으며 글을 깨쳤을 뿐 아니라 성경을 통해 모든 지혜를 얻었다. 링컨은 성경을 읽으며 "하나님이 나와 함께 하시면 어떤 두려움도 겁낼 것 없다"는 확고한 신앙을 가졌다. 그의 임마누엘 신앙은 성경이 가르쳐준 것이었다. 성경교육은 이처럼 중요하다.

복음은 믿는 자에게 구원을 주시는 하나님의 능력(롬 1:16)이다. 성경교육은 우리가 부끄러워 할 것이 아니라 자랑해야 할 가장 중요한 하나님의 일이다. 종교개혁은 성경교육의 결정적 가치를 부여했다. 마틴 루터는 교회로 하여금 성경의 권위를 되찾게 하고, 성경교육의 필요성을 강조했다. 누구든지 성경을 자유롭게 읽고 해석하기 위해서는 거기에 따르는 기초교육이 있어야 한다.

따라서 교회 교육행정 담당자는 교회 안에서 성경이 어떻게 교육되고 있는가에 관심을 가져야 하고, 시대에 가장 합당한 방법을 찾아야 한다. 현재 성경교육은 다양한 방법이 제시되고 있으며, 특히 귀납법적 성경연구, QT, 소그룹 성경연구 등이 활성화되고 있다.

성경교육의 중요성

　교회학교 행정담당자는 교회에서 가장 중시되어야 할 것이 바로 성경공부라는 것을 잊어서는 안 된다. 교회교육은 과거로부터 지금까지 성경을 중심으로 이루어져 왔고 앞으로도 그렇게 되어야 한다.
　교회학교에서 성경을 왜 공부해야 하는가? 그것은 성경을 공부함으로써 학생들로 하여금 그리스도 안에서 자라고, 강하여지고, 지혜로 충만해짐으로써 하나님 나라의 삶을 바르게 살기 위함이다. 성경공부의 목적은 누가복음 2장 40절에 잘 나타나 있다.
　성경은 우리로 하여금 삶의 현장에서 어떻게 살아야 하는가를 가르친다. 성경은 하나님 말씀에 불순종했을 경우 하나님으로부터 징계받는 사람에 관한 이야기가 적나라하게 기록되어 있다. 자세히 기록한 이유는 "이렇게 하면 징계받는다"는 것을 가르쳐 주기 위해서다. 민족도 징계받았다. 홍해를 건넌 후에도 징계받고 죽었다. 우리는 이런 사실을 가르치며 매일의 삶 속에서 하나님을 두려워 하도록 해야 한다. 선 줄로 생각하지 말고 하나님 앞에서 언제나 삶의 자세를 바로 하도록 해야 한다.
　구약은 옛언약이며 신약은 새언약이다. 구약은 율법중심이지만 신약은 복음중심이다. 구약은 "오직 주 너희 하나님만을 사랑하라 네 이웃을 네 몸과 같이 사랑하라"며 그 방법을 자세히 가르쳐 주었다. 약도까지 그려주며 찾아오는 방법을 가르쳐 주었다. 그러나 그들은 장님이 되어 찾지 못했다. 예수님은 그 장님의 눈을 뜨게 해주셨다. 새 생명을 주시고, 새롭게 보게 하셨다. 우리가 서 있는 곳이 더러운 곳임을 알게 하셨다.
　성경교육은 바로 주님의 은혜로 새로워진 눈을 가지고 구덩이에 빠진 자신을 보게 하고 그 자리에서 벗어나도록 교육하는 것이다. 교사는 학생들로 하여금 주님의 은혜로 구원받았음을 깨닫고 감사하며 바르게 신앙생활을 할 수 있도록 도와줘야 한다. 이를 위해 바른 성경교육이 필요하다.

교사의 준비와 교육 방법

교사는 가르치고자 하는 내용을 100% 이해해야 한다. 학생들이 필요한 것이 무엇인지 파악하고 시각자료가 필요하면 그것도 준비한다. 교사는 성경을 가르칠 때 핵심 내용이 무엇인지 분명히 파악하고 가르치고 지도해야 한다. 그리고 학생들이 잘 이해하고 보고 느낄 수 있게 함으로써 빨리 말씀에 가까워질 수 있게 만들 필요가 있다.

성경공부는 교재의 내용만 일방적으로 전하기보다 그 말씀이 삶에 적용되도록 한다. 교사는 교재를 가르치는 것으로 끝나서는 안 된다. 그 말씀이 학생의 삶 속에 들어가 그 삶이 변화되도록 해야 한다. 따라서 교육방법은 주입식이 아닌 흡입식 교육이 이뤄져야 한다. 이런 교육방법은 다음과 같은 장점이 있다.

- ▶ 학생으로 하여금 성경적인 삶을 살도록 한다.
- ▶ 학생으로 하여금 더 높고 깊은, 그리고 풍부하고 새로운 경험으로 인도하게 한다.
- ▶ 실제적인 요구와 당면과제에서 출발하여 말씀을 적용하도록 만든다.
- ▶ 학생들의 이해와 성장에 맞춰 교육될 수 있게 한다.

교사는 학생에게 하나님의 말씀을 잘 전하고 토의할 수 있도록 하나님께 지혜를 구한다. 그리고 순간순간 성령님의 도우심을 구하도록 한다. 성경은 성령님의 도우심이 없으면 가르칠 수 없다.

성경 읽는 법 교육

- ▶ 이 본문 말씀이 무엇을 의미하는가?(What does the text mean?) 본문자체의 의미를 바로 이해하도록 한다.

이를 위해 다음 사항에 유의하도록 한다.
1) 전후 문맥 속에서 또는 그 책의 전체 흐름 속에서 읽는다.
2) 뜻이 이해되지 않을 경우 다른 번역성경들을 참고한다. NIV, LB, RSV, ASV 등 영어성경과 다른 역본을 참고한다.
3) 기록된 역사적 배경을 이해한다. 당시 문화를 이해하면 본문이해에 도움이 된다. 이를 위해 성경사전이나 스터디 바이블을 참고한다.
4) 어휘가 성경의 다른 부분에서 사용되면 관주를 활용한다. 이 경우 폭넓게 이해할 수 있다.
5) 경건한 마음으로 읽는다. 회의적인 태도로 읽지 않도록 한다.

▶ 본문이 나에게 무슨 의미를 주는가를 살핀다. 그 말씀이 나의 삶, 우리 세계에 무슨 의미를 주는지 그 의미를 탐구한다. 묵상을 통해서, 말씀 중심의 기도와 반성을 통해서 의미를 찾는다.
▶ 그 깨달음을 우리 삶 속에 옮기도록 한다. 말씀을 통해 삶의 변화를 체험하고 말씀에 따라 살아가도록 한다. 이로써 하나님의 말씀이 생명력있음을 알게 되고 고백적인 삶을 살게 된다.

다양한 성경학습 방법

교회학교에서의 성경학습은 보통 2년, 3년 정도의 교육과정이 있고 그것이 한 과정을 이루고 있다. 문제는 성경의 기초적 인식이 없는 신입자가 일정한 교과과정을 마친 학생도 신입자와 같은 교재로 성경을 학습하고 있다. 따라서 앞으로는 신앙의 성숙 정도에 따라 다양한 성경학습이 이루어질 수 있도록 다양한 영역의 교과가 있어야 한다. 이를 위해 성경학습에 대해 행정담당자의 깊이 있고 실제적인 조사와 개선작업이 선행되어야 한다.

1) 성경과의 깊이있는 만남(DBE)

성경과의 깊이있는 만남(DBE: Depth Bible Encounter)은 제시된 성경구절을 각자 자신의 말로 바꾸어 쓰게 하고(paraphrasing), 그 말씀에 합당한 생활을 하기 위해 구체적으로 무엇을 해야 할 것인가를 생각하게 하며, 그 생각을 그룹과 함께 나눔으로써 말씀과 깊이 만나게 하는 방법이다.

이 방법은 결단과 행동이 요구되는 성경말씀을 각자 자기의 언어로 바꾸어 쓰게 함으로써 성경을 과거에 다른 사람들에게 한 말씀으로 이해하고 있던 것으로부터 현재의 나를 향해 도전해 오고 있는 새로운 말씀으로 만날 수 있도록 한 것이다. 이 방법은 성경이 나의 물음에 해답을 제공해줄 뿐 아니라 이제는 거꾸로 내가 성경이 요구하는 것에 결단하고 응답하게 함으로써 성경과 새롭게 만나게 한다.

다음은 그 과정이다.

▶ 사전준비 : 교사는 결단과 행동을 요청하는 성경구절을 택한다. 모일 장소에 의자와 테이블을 준비한다. 학생들이 사용할 종이와 연필을 미리 준비한다.

▶ 쓰기 및 발표 : 준비된 성경구절을 제시한다. 학생들은 그 말씀을 요절 그대로가 아니라 자신의 말로 바꾸어 쓴다. 전체 학생을 4-5명의 소그룹으로 나누고, 그 그룹에서 각자 돌아가면서 자신이 쓴 것을 발표한다. 이 때 다른 학생들은 의미가 명확하지 않은 부분에 대해 질문을 하며, 질문을 통해 자신이 쓴 것을 수정할 수 있다.

▶ 행동결단 : 교사는 전체 학생에게 "이 말씀을 진지하게 받아들인다면 나는 무엇을 해야 하는가?"를 생각하게 하고 그에 대한 답을 쓰게 한다. 답을 쓸 때 학생의 이름, 구체적인 태도와 행동을 제시하도록 한다. 글을 다 쓴 다음 다시 소그룹으로 돌아가 자신들의 생각을 돌아가면서 나

누게 한다.
▶ 평가 : 끝으로 학생 모두 함께 모여 이 경험을 통해 특별히 배우고 깨달은 것에 대해 스스로 평가하는 시간을 갖는다.

성경과의 만남은 성숙한 신앙의 경지로 이끌어주는 좋은 방법이다. 이 방법은 아주 진지한 분위기 속에서 하는 것이 바람직하다. 따라서 성경연구그룹이나 기도회 또는 수련회에서 하면 효과가 크다.

2) 연역적 성경연구(DBS)

연역적 성경연구(DBS : Deductive Bible Study)는 지금까지 많이 사용되어온 방법이다. 교사가 중심이 되어 성경의 가르침이나 교리를 설명하고 논리적으로 전개하여 지식을 전달하는 방법이다. 즉, 교사가 먼저 기본이 되는 원리를 제시하고 그에 대하여 실례를 든다. 그러면 학생들은 실례를 분석하고 자신들의 경험에서 가능한 다른 실례를 찾게 된다.

연역법은 주로 논리적 증명을 추구한다. 학생은 선생으로부터 단지 논리적 지식을 전달받는다. 많은 사람들에게 설교를 하거나 많은 학생을 대상으로 성경을 가르칠 때 주로 사용된다. 적용이 취약하다는 단점이 있다.

연역법

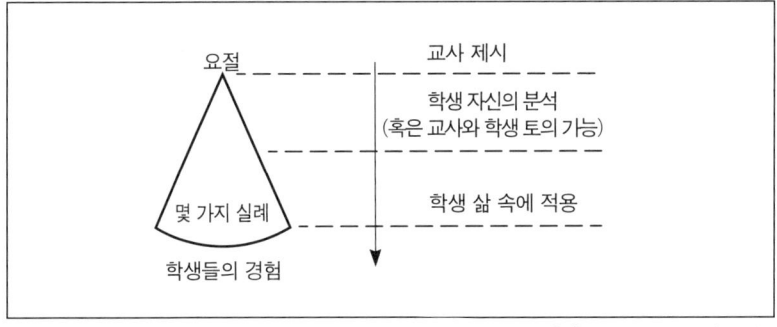

출처 : Bowman, Jr. (1977).

예수님은 연역법과 귀납법 모두를 사용하셨다. 연역법의 보기로는 많은 무리들에게 하나님 나라에 대해 설교하신 것을 들 수 있다. 산상수훈이 대표적 보기이다. 그리고 귀납법도 많이 사용하셨다. 귀납법의 보기로는 '우물가의 여인과의 대화'를 들 수 있다. 예수님은 상대에 따라 대화를 잘 조절하셨고, 그 내용은 친밀하고 구체적이며, 내면적으로 변화를 일으키셨다. 다음은 연역법과 귀납법의 차이를 표로 나타낸 것이다.

연역법과 귀납법의 차이

연 역 법	귀 납 법
교사(리더)가 중심	학생이 중심
대형강의	소그룹 성경연구
증명의 논리	발견의 논리
일방적 의사소통	쌍방향 의사소통
지식전달 위주	인격변화 위주
동양적	서양적
큰 것에서 작은 것으로 옮아간다	작은 것에서 큰 것으로 옮아간다
적용이 취약	적용이 용이
대중설교	소수인원과의 대화법

3) 귀납적 성경연구(IBS)

귀납적 성경연구(Inductive Bible Study)는 일방적 강의와는 달리 학생이 중심이 되어 각자가 발견한 것을 자신의 논리로 전개하도록 하고 서로 대화를 통해 내용을 파악하도록 하는 방법이다. 귀납법은 학생들의 관찰에서 시작된다. 학생들이 이미 개인적으로 조사하고 준비한 경험, 혹은 과제의 내용과 문제점을 발표하면서 교사와 학생은 함께 해석하고 보충하여 몇 가지 법칙이나 요점 또는 일반적인 원리를 찾는다.

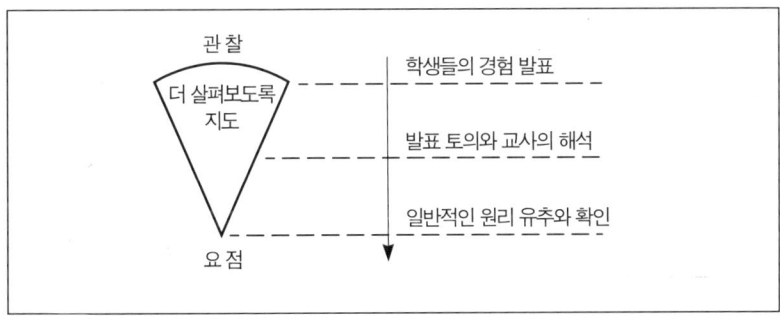

출처 : Bowman, Jr. (1977).

이 명칭은 소그룹에서 모인 사람들이 성경을 공부하면서 리더의 인도 아래 적절한 질문을 가지고 성경본문을 관찰하고 해석하고 반응하고 적용하는 단계를 거치면서 진리에 접근할 수 있게 되어 있다고 해서 붙여진 이름이다. 특정 본문의 말씀을 먼저 세밀하게 검토한 다음 중요한 결론을 이끌어 낸다. 이것이 귀납적 논법과 일치한다.

교사가 학생들에게 성경의 진리를 스스로 발견하게 하기 위해 특정 성경 본문에 대해 관찰, 해석, 적용이라는 3단계를 거치면서 그룹토의를 통해 종합적인 결론에 이르게 한다.

▶ 관찰 : 읽은 말씀에서 무엇을 보았는가? 관찰한 것을 기록한다.
▶ 해석 : 그 말씀은 무엇을 의미하는가?
▶ 적용 : 이것이 나에게 어떤 영향을 주는가?

이같은 과정을 거쳐 성경의 의미를 발견한다. 따라서 귀납적 성경공부는 발견의 논리를 가지고 있다. 이 방법은 연역적 방법과는 달리 성경 본문 그 자체가 사람들에게 말하게 하기 위해 성경 본문을 철저하게 분석하고 그것을 종합하여 성경의 의미를 다시 발견할 수 있도록 하는 것이다(ETTA, 1978). 지도자는 학생에 대해 관심과 사랑을 보여줘야 한다.

이 연구의 특징은 학생들이 자기의 힘으로 성경을 해석하고 그 의미를 발견해 내는 것에 있기 때문에 교사의 견해나 주석자의 해석을 그대로 따를 필요는 없다. 하지만 제시된 성경본문의 저자, 기록 연대, 기록 장소, 기록 목적, 그 당시의 상황 등에 관한 것은 참고할 필요가 있다. 이러한 자료들은 자료조사팀이 조사해 알려준다.

이 연구에서 주의해야 할 것은 성경해석에 대한 각자의 선입견을 버리고 철저하게 성경이 무엇을 말하고 있는가에 초점을 맞춰야 한다는 것이다. 각자가 조사한 내용들과 해석에 대한 여러 가지 다양한 견해차이는 소그룹 토의를 통해 좁혀 나간다. 따라서 충분한 토의시간을 주는 것이 바람직하다.

귀납적 성경연구는 다음과 같이 진행된다.

▶ 준비단계 : 학생 모두를 소그룹으로 나누어 연구할 수 있도록 의자와 테이블을 놓는다. 여러 번역 성경, 주석, 성경 사전 등 참고자료들을 준비한다. 성경연구 시간이 시작되면 교사는 함께 연구할 성경본문을 제시한다. 또한 귀납적 성경연구의 진행과정을 설명한 다음 소그룹과 자료조사팀을 구성한다.

▶ 관찰단계 : 학생들 각자가 "제시된 성경본문이 무엇을 말하고 있는가?"를 관찰한다. 여러 종류의 번역성경들을 대조하면서 주어진 본문을 한 절씩 분해하여 관찰한 내용과 의문점 등을 아래와 같이 도표에 기록한다.

성경구절	관찰내용	의 문 점

▶ 해석단계 : 이 단계에서는 "제시된 성경 본문의 의미는 무엇인가?"를 각자 연구한다. 관찰단계에서 살펴본 내용들을 종합하고, 자료조사팀에서 조사한 성경 본문의 배경들을 참고로 하여 본문의 의미를 찾아낸다.
▶ 스그룹 토의와 발표 : 각자 연구한 것을 소그룹에 제시하고 함께 토의하여 소그룹 전체의 종합적인 의견에 도달한다. 소그룹의 결론을 전체 학생들 앞에서 발표하게 한다.
▶ 적용단계 : 끝으로 "함께 연구한 성경 본문의 말씀이 나를 위해 어떤 의미를 가지고 있는가?"에 대해 각자 생각하는 시간을 가진다. 그 다음 한 사람씩 돌아가며 각자의 결단을 발표하게 한다.

귀납적 성경연구는 많은 시간이 필요하다는 단점이 있다. 시간이 충분하지 못할 경우 관찰단계와 해석단계를 학생들 각자에게 과제로 해오게 하고 모임에서는 소그룹 토의단계에서 시작하는 것도 바람직하다.
귀납적 성경연구는 다음과 같은 효과가 있다.

▶ 하나님의 말씀을 귀중하게 생각하도록 만든다. 성경의 권위를 제일로 간주한다.
▶ 성경을 스스로 연구할 수 있다는 자신감을 심어준다. 설교나 강의가 아니다.
▶ 사람을 훈련하는 중요한 수단이다. 시간과 노력을 들인다. 듣는 것으로 만족시키지 못한다.
▶ 스스로 진리를 찾게 한다. 따라서 하나님의 말씀을 쉽게 받아들이게 한다. 남의 말을 들으면 의심하고 거부하는 경향이 있지만 스스로 발견한 것은 쉽게 믿는 성향이 있다.
▶ 영적 변화를 빨리 체험한다. 말씀과 직접 접촉하므로 변화가 빠르다.
▶ 성경공부를 자극한다. 직접 말씀을 공부하고 깨닫는 바가 커져 연

구를 더 하려는 욕망을 느끼게 한다.
▶ 사람을 통해 배운다. 소그룹의 이점을 활용한다. 느끼는 바를 스스럼 없이 말하게 한다(카타르시스 역할도 겸한다). 순장(지도자)과 순원의 인간관계를 통해 서로 영향을 주고 배운다. 각자가 시험가운데 연단받아야 할 연약한 인간임을 인정하고(자신의 재발견) 성숙을 위해 노력한다. 단결력이 증대될수록 생산적이다.

4) 말씀의 나눔(BS)

말씀의 나눔(BS : Bible Sharing)은 하나님의 말씀과 학생들의 삶이 함께 연결될 수 있도록 하는 것이다. 먼저 제시된 성경구절을 함께 읽고 조용히 명상한 다음 성경에서 제시된 경험과 비슷한 자신의 경험이나 성경구절에 나타난 내용에 대한 느낌을 각자 발표하게 하고, 복음에 비추어 자신 및 그룹 전체의 삶을 반성하게 하며 새로운 결단을 하게 만든다. 이것은 하나의 성경구절을 모두 함께 응답하게 함으로 성경의 말씀을 통해 전체 학생들이 공통된 의식을 갖고 같은 생활양식으로 살아가게 하는 효과가 있다. 역사적으로 볼 때 이 방법은 공동체적인 삶을 살아가려는 곳에서 주로 사용해왔다. 반의 문제를 말씀으로 해결하고, 공동체 의식을 갖게 하는 데 도움이 된다.

다음은 말씀 나눔의 단계들이다.

▶ 준비단계 : 교사는 그룹이 당면한 문제에 대한 해답을 제시해주거나 새로운 결단과 행동을 요청하는 성경구절을 미리 선택한다. 회원들이 원형으로 둘러 앉아 서로 마주 볼 수 있도록 좌석을 준비한다.
▶ 말씀낭독과 묵상 : 교사가 준비한 성경구절을 제시하면 학생들은 함께 그 말씀을 크게 낭독하고, 거기에 대해 몇 분 동안 조용히 묵상하도록 한다.
▶ 발표 : 제시된 성경구절의 내용과 비슷한 자신의 경험이나 그 구절

내용에 대한 자신의 느낌을 발표하게 한다. 자신이 "왜 그렇게 생각하게 되었는가"를 말하게 한다.
▶ 나눔 : 발표가 모두 끝나면 학생들은 그 말씀에 비추어 각자의 생활과 그룹의 생활을 반성하는 토의를 하고 새롭게 해야 할 일들에 대해 함께 생각하는 시간을 갖는다.
▶ 결단의 기도 : 함께 나누었던 것과 그 의미를 생각하며 기도한다. 한 사람이 대표로 기도하게 하든지 모두가 돌아가며 차례로 기도하게 한다.

이 방법은 한 번의 모임으로 끝나는 그룹에서는 활용하기 어렵다. 이 방법을 효과적으로 활용하기 위해서는 계속적으로 함께 모이는 그룹에서 얼마의 기간을 정해 실시하거나 다른 형태의 여러 학습활동에 앞서 잠시 말씀을 함께 나누는 시간을 마련해 연속적으로 실시할 수 있다.

5) QT

QT는 quiet time을 줄인 말로 '묵상의 시간,' 또는 '경건의 시간'이라 한다. QT는 단순한 명상도 아니며 성경연구의 시간도 아니다. 그리스도인들이 거의 매일 규칙적으로 정한 시간과 장소에서 하나님께 감사, 찬양, 소원, 그리고 결단의 기도를 드리고 매일 자신을 향한 하나님의 뜻을 발견하기 위해 계획된 일정 부분의 성경말씀을 읽은 후 묵상하는 가운데 그분의 뜻대로 살겠다고 결단하는 영적 훈련의 시간이다.

바울은 "경건에 이르기를 연습하라(딤전 4:7-8, 딤후 3:15,17)" 했다. 예수님을 비롯하여 이삭, 다니엘, 베뢰아인 등은 성경에 나타난 QT의 모델들이다.

QT는 크게 내용요약, 느낀 점 적기, 그리고 결단과 적용 세 부분으로 나눠져 있다(라채광. 1997, 윤종하. 1995).

▶ 내용 요약은 성경본문이 말하는 내용을 객관적으로 요약하는 것이

다. 본문을 2회 이상 정독하고, 그 내용을 정확하고 명료하게 그리고 간결하게 기록한다.
- ▶ 느낀 점 적기는 본문을 읽는 가운데 느낀 점이나 깨달은 점을 기록한다. 보기를 들어 하나님, 명령, 약속, 경고, 책망, 교정, 감사, 찬양, 해야 할 일과 피해야 할 일, 교훈 등을 생각한다.
- ▶ 결단과 적용은 느낀 점을 기초로 하여 자신의 삶과 연관하여 하루 동안 구체적으로 적용할 것을 찾아 기록한다. 실천할 것을 적용한다.

6) 소그룹 성경공부

소그룹 성경공부는 소수의 사람들이 성경을 함께 공부하고 삶을 나누면서 깊은 영적 교제를 이루도록 돕는 것을 말한다. 그 대표적 보기로 세렌디피티 소그룹 성경공부가 있다.

이것은 미국의 라이먼 콜먼 박사와 동역자들이 40여년 연구를 통해 다양한 양육대상의 특성과 필요에 적합한 교재와 자료들을 개발했다.

세렌디피티 소그룹 성경공부는 네 가지 전략이 있다.

- ▶ 삼각기둥 전략 : 그룹세우기(교제), 성경연구, 확장(전도)의 세 요소를 모두 포함해야 한다.
- ▶ V자 날개 사이클 전략 : 세 요소 가운데 처음에는 교제를 강조하다가 점차 성경연구, 전도 등으로 시기에 따라 우선순위를 두도록 한다.
- ▶ 야구장 다이아몬드 전략 : 베이스를 순서대로 돌듯, 그룹세우기를 할 때 나의 이야기, 서로의 이야기(긍정), 나의 필요들(목표설정), 코이노니아 순으로 한다.
- ▶ 빈 자리 전략 : 모임 장소에 항상 빈자리 하나를 놓아 둔다.

7) 교재 성경공부

교회 안에 여러 가지 교재의 성경공부반을 두어 성경을 알게 한다. 다음은 교사의 성경에 대한 지적 향상을 위해 참여할 수 있는 성경공부반이다. 이런 반은 자기훈련에 도움이 된다.

- ▶ 베델(Bethel) 성경연구
- ▶ 트리니트(Trinity) 성경연구
- ▶ 크로스웨이(Cross Way) 성경연구
- ▶ 기타 성경 인물별, 주제별, 교리별, 실생활별, 성경책별 공부반

8) 통신 성경교육

통신을 통한 성경교육을 받는다. 성경통신교육은 총회에서 인준하는 교육프로그램을 택하는 것이 바람직하다.

9) 가정 성경교육

성경교육은 교회학교뿐 아니라 가정에서도 이루어져야 한다. 가정은 하나님이 세우신 최초의 학교요 부모는 자녀에 대한 교사이자 목회자이기 때문이다. 성경교육을 교회학교에만 의존하는 것은 성경적이 아니다.

성경교육과 전도

교회학교 행정담당자는 성경공부만 강조할 것이 아니라 그 말씀을 생활화하고 특히 그 말씀이 다른 사람에게 복음이 되도록 전도할 필요가 있다. 교회학교가 성경공부를 통해서 구원의 확신을 갖게 할 뿐 아니라 그 확신을 전도로 나타내도록 해야 한다.

전도는 어린이로부터 시작되고 어릴 때부터 시작될 필요가 있다. 어릴 때부터 전도하는 습관이 길러져야 커서도 전도할 수 있으며 어린 시

기부터 거듭나야 말씀이 생활화할 수 있기 때문이다. 취학 이전의 아이들은 복음을 듣고 거듭날 수 있다. 조사에 따르면 만 2세 정도에서도 가능하다고 한다.

어린이 전도는 어른 전도보다 쉽고 어린이는 평생 헌신자가 될 수 있다. 장년이 40세에 구원받고 80세에 소천한다면 그를 헌신할 수 있는 사람으로 훈련시키는 과정도 어렵고 헌신할 시간도 30-40년 정도이다.

그러나 어린이가 10세 이전에 구원을 받았다면 그의 삶 전체가 하나님께 드려질 수 있다. 그러므로 어린이 전도가 더 효과적이며 바로 양육할 수 있다. 어린이의 마음은 백지와 같아서 교회가 신실한 말씀과 좋은 프로그램만 가질 수 있다면 하나님 나라 확장을 위해 귀중한 일꾼으로 키워 쓰임받을 수 있다.

교육행정은 전도 마인드를 통해 선교 비전을 세워야 하며 교회는 이를 적극적으로 뒷받침해야 한다. 선교 비전을 구체화하기 위한 작업의 하나로 선교센터를 설립을 고려할 수 있다. 선교센터에는 북한 선교를 비롯해 세계 각국별 선교위원회와 사무실, 교육실을 마련하여 세계 각국의 선교지 자료와 선교 정보를 교육받고 연구할 수 있게 한다. 선교대상국의 어학을 연수 받으며 그 나라의 문화, 환경에 대한 집중적인 정보를 얻을 수 있게 한다.

아울러 인재양성 훈련을 한다. 교회학교에서는 유치부에서부터 외국어교육 프로그램을 도입하여 선교사나 교역자로 양성될 인재를 선발하여 집중교육을 시킨다. 이들은 조기교육 과정을 거쳐 국내 최고의 석학으로부터 교육을 받으며 선교센터 등을 통해 실전 연수를 한 다음 세계 속의 선교사로 파송받는다. 이렇게 되면 이들은 세계인이 인정하는 가장 우수한 인재가 될 것이다.

성경을 읽고 그 말씀을 실천하는 사람은 선교의 주체가 자신이나 교회가 아니라 하나님이심을 늘 고백해야 한다. 복음전파의 핵심적 내용은 부활하신 예수 그리스도이시며 그 역동적인 추진력은 성령에 의해 실천되어져 나간다는 것을 잊어서는 안 된다.

【 도움말 또는 사례 】

배움은 꿀처럼 달다

　유대인 학교에서는 공부는 달콤하고 즐거운 것이라는 인상을 아이들에게 심어주는데 노력한다. 입학한 학생들이 처음으로 교사와 접하는 등교 첫날은 공부의 달콤함을 아이들에게 가르쳐 주는 날이다.

　교사는 학생을 앞에 놓고 히브리어의 알파벳 22자의 글자를 써보인다. 손가락을 꿀에 담그어 꿀이 묻은 손가락으로 알파벳을 쓴다. 그리고는 "이제부터 여러분이 배우는 것은 모두 이 22 글자가 출발이 됩니다. 그것은 꿀처럼 달고 맛있는 거예요"라고 말해준다.

　또 학생 모두에게 케이크를 주는 학교도 있다. 달콤한 이 케이크 위에도 히브리어 알파벳이 크림으로 씌여져 있다. 학생들은 교사를 따라 크림의 알파벳을 손가락 끝으로 더듬어 가며 손가락을 빤다. 이것도 배움이 꿀처럼 달다는 것을 가르쳐 준다(시로, 35).

　교회학교 교사도 학생들에게 성경말씀이 인생에 있어서 꿀처럼 단 교훈이 된다는 것을 가르쳐 줘야 한다.

【 생각해 볼 문제 】

1. 교육행정에서 성경교육이 왜 중요한가?

2. 현재 각 교회에서 실시하고 있는 성경교육방법에 어떤 것이 있는지 살펴보라. 그 방법들이 실제 교육상 어떤 효과를 거두고 있는가?

3. 현재 QT를 하고 있다면 신앙상 어떤 유익이 있는지 말해보라.

4. 성경공부가 전도와 연결되기 위해 어떤 행정조치가 필요한지 말해보라.

【 참고 문헌 】

김영호. (1989). 교회교육방법론. 종로서적.
라채광. (1997). 큐티가 어려우십니까? 두란노서원.
르스 시로. (1986). 유태인 천재교육. 학원사.
윤종하. (1995). 묵상의 시간. 성서유니온.
Evangelical Teacher Training Association. (1978). Teaching Techniques. IL: ETTA.
Bowman, Jr., L. E. (1977). Straight Talk about Teaching in Today's Church. PA: Westminster Press.
Warren, R. (1983). 12 Dynamic Bible Study Methods. IL: Victor Books.

제9장 창의성 교육과 행정

　교회 교육행정은 단지 문서정리를 깔끔히 하고 획일적으로 명령하는 것에 있지 않다. 행정서비스를 다양화하고, 모든 면에 창의성이 발휘되도록 하는 것이 중요하다. 미래의 교육행정은 얼마만큼 창의성을 발휘하도록 하는가에 달려 있기 때문이다.
　이 창의성은 교육 방법에서부터 예배, 사회봉사, 환경문제, 각종 문제해결에 이르기까지 다양한 영역에서 심도있게 요구된다. 교회교육의 담당자는 이 점에 주목하여 교육과 행정에 창의성이 발휘되는 환경을 조성하고 그 방법을 찾는 노력이 있어야 한다.

문제해결과 창의성

1) 브레인스토밍

　브레인스토밍(brainstorming)은 어떤 문제의 해결책을 찾음에 있어서 정한 시간내에 빠른 속도로 두뇌를 회전시켜 잠재의식 속에 있는 아이디어를 많이 제안하는 것이다. 질보다 양이 우선된다. 제안된 아이디어에 대해서는 논평을 하지 않으며 정한 시간이 지나면 제시된 의견 가운데 실제적이지 못한 것부터 제거하여 가장 좋은 안을 찾는다.
　지도자는 브레인스토밍 시간을 5-15분 정하고 기록자 2명을 두어 칠판이나 종이에 제안된 아이디어를 기록케 한다. 브레인스토밍을 진행할 때 4대 원칙은 다음과 같다.

- ▶ 비판엄금 : 사람들이 제시하는 아이디어를 논평없이 받아들인다.
- ▶ 자유분방 : 효율성이 없고 가능성이 희박하며 관계가 없는 아이디어라도 무엇이든지 받아들인다.
- ▶ 질보다 양 : 좋은 아이디어보다 많은 아이디어를 요구한다.
- ▶ 결합개선 : 제시된 아이디어에서 힌트를 얻어 그 아이디어들을 결합하거나 개선해도 좋다.

브레인스토밍으로는 복잡한 문제를 해결하기 어렵다. 따라서 이런 문제는 구체적이며 단순한 문제로 바꾸거나 나누어 제시하도록 한다.

브레인스토밍 과정을 통해 인간관계를 원활하게 하고, 적극적 사고와 창의적 태도를 기르며, 핵심을 기민하게 파악하게 하는 등 교육적 효과도 있다. 이 방법을 사용하면 다른 사람 앞에서 이야기를 잘 하지 못하는 사람들도 참여할 수 있게 되며 평소 말하기 꺼리던 개인의 신앙문제나 교회의 문제들도 부담없이 나눌 수 있게 해준다.

2) 프로젝트 그룹

프로젝트 그룹(project group)은 어떤 특별 과제를 수행하기 위해 일시적으로 그룹을 형성하고 함께 계획을 세우며 그 계획을 실행한다. 주어진 과제가 완수되면 회원들은 원 위치로 돌아간다. 그 기간이 짧고 소규모일 경우 태스크포스(task force)라 하며, 프로젝트 그룹은 과제도 크고 참여 인원도 많다. 교회학교의 경우 프로젝트의 성격에 따라 태스크포스나 프로젝트 그룹을 만들 수 있다. 교회학교 개선, 선교 프로젝트, 멀티미디어 프로젝트 등 여러 형태로 사용된다.

- ▶ 전체 그룹에서 특정 과제 수행에 뛰어난 회원들을 택하여 그룹을 만들고 임무를 부여한다.

▶ 그룹 회원들이 함께 아이디어를 내고 구체적인 계획을 수립한다. 자기분야가 아니라 할지라도 서로 부족한 점을 도우며 문제를 해결하도록 한다.
▶ 과제수행이 끝나면 활동에 대한 평가회를 갖고 보고서를 작성해 제출한다.

과제수행의 필요에 따라 중도에 인원을 늘리거나 줄일 수 있다. 역할도 유동적으로 바뀔 수 있다. 과제가 끝나면 일단 본래의 위치로 돌아가지만 해산하지 않고 다음 과제를 수행하기도 한다. 이런 그룹을 브레인 그룹(brain group)이라 한다.

이 방법은 유능한 회원들에게만 활용되고 다른 회원들은 수동적 위치에 머무르게 된다는 단점이 있다. 이 문제를 해결하기 위해 전체 회원들에게도 좋은 아이디어가 있으면 언제나 제공하도록 문호를 개방하는 방법, 또는 여러 그룹에게 과제를 주는 방법 등이 있다.

3) 임상 연구회

임상 연구회(clinic)는 그룹이 당면한 현안에 대한 진단과 분석을 통해 해결점을 찾기 위해 2-3일 동안 연속적으로 회합을 갖는 것으로 자원인사들(전문가)과 함께 사례 연구, 시범, 역할극, 강연, 현장 방문 등 여러 방법을 활용하여 문제상황에 접근하고 해결방안을 모색한다. 이 방법은 그룹회원들이 그가 속한 그룹이 당면한 문제상황을 명확히 인식하고 그 방안을 함께 모색하게 하는 것으로 임상연구모임을 통해 새로운 가능성을 발견하고 그것을 실행에 옮기게 한다.

▶ 지도자는 그룹이 당면한 문제상황을 주제로 설정한 후 임상연구를 위한 프로젝트 그룹을 형성한다.
▶ 그 그룹에서 계획을 수립하고 자원인사들을 초청하도록 한다.
▶ 당면한 문제에 대해 진단과 분석을 하고 다양한 방법을 활용해

해결책을 모색한다.
▶ 보고서를 작성하여 문제해결을 위한 정책에 반영되도록 한다.

임상 연구회는 자원인사를 초청하고 회합을 연속적으로 열어야 하기 때문에 시간과 비용이 들지만 문제 해결을 위해 매우 효과적이다 (Bergevin et al. 1963).

4) 버즈그룹

버즈 그룹(buzz group)은 전체 청중을 참여시켜 짧은 시간 동안 토의를 통해 지시된 과제들에 기여하게 하는 방법으로 강연과 같은 방법과 결합해 활용된다. 이 방법은 6명이 6분 동안 토의하게 하는 것으로 시작되었기 때문에 필립 66방법이라 불린다.

이 방법은 대규모 청중을 5-15명의 소그룹으로 나누어 주어진 과제를 일제히 토의하기 위해 모임을 갖는다. 10-20분 정도 짧은 시간 안에 토의를 끝내고 그 결과를 청중 앞에 발표하게 한다. 이 방법은 복잡하고 전문적인 문제를 취급하기 어렵기 때문에 "문제점 하나를 지적하라", "두 가지 제안을 만들어라"는 식으로 간단한 것을 요청한다. 수가 많아 과제를 잘못 이해한 그룹이나 한두 명이 토의를 독점하는 그룹, 토의시간이 다 되었는데 서론적인 이야기만 하고 있는 그룹 등도 많아 통제하기 어렵다는 단점도 있다.

▶ 사회자는 버즈그룹을 어떤 형태로 모이게 할 것인가를 생각한다. 의자를 옮기기 어려운 장소인 경우 그룹을 2-5명의 크기로 더 작게 할 수 있다.
▶ 사회자의 토의 목적 설명이 있은 다음 각 그룹이 모여 서로 각자 소개하고 그룹 리더를 정한다.
▶ 사회자는 그룹에게 토의 과제를 제시하고 토의 시간을 한정해준다.
▶ 토의 종료 2분 전에 예비신호를 보내고 시간이 지나면 토의를

중단시킨다. 청중은 본래의 자리로 돌아온다.
- ▶ 각 그룹의 발표자들이 토의 결과를 발표한다. 청중이 대규모일 경우 발표보다 간략한 보고서를 만들어 사회자에게 제출케 한다. 제출된 보고서들이 정리되는 동안 휴식시간을 갖고 휴식시간이 끝나면 사회자가 보고서 내용 가운데 중요한 내용을 요약 발표한다.

5) 워크 그룹

워크 그룹(work group)은 모든 회원을 참여시킨다는 점에서 버즈 그룹과 같다. 그러나 비교적 긴 시간을 허용하고 문제나 과제도 범위가 넓고 깊이가 있다는 점에서 차이가 있다. 워크 그룹은 공동작업으로 특정 과제를 해결하기 위해 전체 회원을 몇 개의 소그룹으로 나누어 20분 이상 함께 과제를 수행한다. 모든 워크 그룹이 같은 과제를 수행하기도 하고 과제의 여러 측면을 분담하여 수행하기도 한다. 워크 그룹은 일시적으로 모인 대규모 청중에게 사용하기 어려우며 계속적으로 모이는 비교적 큰 집단에서 공동학습을 위해 사용하는 것이 바람직하다.

- ▶ 지도자는 과제를 설정하고 같은 과제를 모두 함께 수행할 것인가 아니면 그 과제를 여러 측면으로 나눠 분담시킬 것인지 결정한다.
- ▶ 전체를 여러 소그룹으로 나누고 활동을 시작하게 한다.
- ▶ 각 그룹은 정보수집, 정리, 해석, 적용을 위한 토의를 통해 주어진 과제를 성취하도록 한다.
- ▶ 각 그룹이 함께 성취한 결과를 전체 앞에 보고한다. 이 때 각 그룹은 즉흥극, 패널토의, 대화 형식 등 여러 방법을 사용하여 발표하게 하면 흥미롭다.
- ▶ 발표가 끝나면 발표 내용을 놓고 종합적인 토의를 한다.

교육 방법과 창의성

1) 자세취하기

자세취하기(picture posing)는 어떤 특별한 순간동작이나 이야기의 한 장면을 그림이나 사진에서처럼 움직이지 않고 그대로 멈춘 자세로 표현하는 방법이다. 이 방법에는 개인적인 자세취하기와 집단적인 자세취하기가 있다.

개인적인 자세취하기는 교사가 어떤 내용의 이야기를 계속하는 도중 그 가운에 나오는 특별한 동작이나 장면을 묘사하도록 하면 회원들이 모두 각자 자유롭고 창의적인 자세를 취하며 잠깐 멈추어 있게 하는 것을 말한다. 이야기의 진행에 따라 같은 방법으로 여러 자세를 표현하게 한다.

집단적인 자세취하기는 어떤 이야기의 순간적인 장면을 회원 모두가 역할을 나누어 협동적으로 표현하도록 하여 마치 그림의 한 장면처럼 묘사하게 한다. 또한 연속적인 장면들을 순간순간으로 나누어 슬라이드 필름처럼 동시에 연출하게 하기도 한다. 이것은 누구나 쉽게 자기의 생각이나 느낌을 표현할 수 있으면서도 연극과 같은 효과를 얻을 수 있어 성경의 이야기를 학습할 때 매우 유익하다.

자세취하기에서 주의할 것은 교사가 시범적으로 보여준 행동을 그대로 모방해서 표현하기보다 회원 각자 나름대로 다양하게 표현하게 함으로써 자유롭고 창조적인 분위기를 만들어주는 것이 바람직하다.

2) 작은 모험

작은 모험(mini-plunge)은 학생들로 하여금 특정 지역을 방문하여 그곳에 사는 사람들의 생활모습을 관찰하고 느끼게 하는 방법이다. 이 방법은 학생들이 평소 잘 가보지 못하는 특정 장소를 모험을 하듯이 찾아가 새로운 세계를 경험하게 하는 것이다. 두 사람씩 팀을 구성해 방문지를 찾아가 그곳에서 식사도 하고 거리를 걷기도 하며 여러 가지 것들을 살핀다. 그곳 사람들과 이야기도 나눈다. 사람들이 어떻게 살고, 어떤 생활방식을 가지고 있는지 조사한다. 그 뒤 각 팀들이 다시 모여 그들의 경험을 서로 나누고 자기들이 해야 할 일들을 함께 토의한다.

교사는 학습목표를 정하고 방문지역을 정한다. 방문지역은 빈민촌, 공단지역, 청소년들이 많이 모이는 곳, 아파트단지 등 교회의 선교대상이 되는 곳이면 어디든 가능하다. 교사가 방문지역을 미리 답사한다. 그리고 학생들이 그곳에 가서 특별히 관심을 가지고 관찰해야 할 사항들을 생각해둔다.

짝을 지어 방문하도록 한다. 방문시간은 대체로 사람들이 많이 모이는 시간이 바람직하다. 각 팀은 정해진 시간 동안 자유롭게 활동한다. 어떤 모임이 있으면 함께 참여하기도 하면서 그곳 사람들이 어떤 도움을 필요로 하는지 관찰한다.

그룹토의 시간에는 각 팀이 경험한 것들을 발표하도록 한다. 그 지역의 특성과 사람들의 생활방식을 소개하고 그 지역을 위해 교회가 무슨 일을 해야 하는지 토의한다. 이런 학습은 선교대상지역을 방문할 경우 학생들로 하여금 교회가 그 지역을 위해 무엇을 해야 하는가를 생각하게 하는 교육적 효과도 있다.

이 방법을 사용할 경우 그 지역에 불량배와 같은 위험인물들이 있는지 사전에 조사하여 사고가 나지 않도록 배려해야 한다. 위험인물이 있을 경우 그 지역에서 봉사하고 있는 선교기관들의 협조를 얻는다.

3) 경험나누기

경험나누기(confrontations)는 학생들로 하여금 자신의 내면적인 의식을 새롭게 만나는 경험을 하고 그것을 다른 사람들과 함께 나누는 것을 말한다. 경험의 나눔을 통해 자신은 물론 다른 사람들에 대한 이해도 깊이 갖게 된다.

교사는 학생들로 하여금 어린 시절의 경험, 삶의 방식에 변화를 가

겨다 준 특별한 경험, 지금의 내가 되는 데 영향을 준 사람들에 대한 경험, 신앙생활에서 가장 의미있었던 경험 등을 자유스런 분위기 속에서 나누도록 한다. 이 외에도 가장 기뻤던 일이나 슬펐던 일, 행복했던 경험이나 불행했던 경험, 좋아했던 사람이나 싫어했던 사람 등에 대해서도 나눈다.

먼저 짝을 지어 앉게 한 다음 모두 눈을 감게 하고 생각할 시간을 준 다음 주제를 제시하고 함께 경험을 나누게 한다. 이런 식으로 여러 주제에 대해 경험을 나누게 한다. 짝과의 대화가 끝나면 모두가 원형으로 둘러 앉아 자신의 짝이 이야기한 것들을 소개하는 시간을 갖는다. 이 때 비밀스런 내용은 발표하지 않도록 한다. 전체 학생들은 경험나누기를 통해 새롭게 깨닫고 느낀 점들을 함께 나눈다.

경험나누기는 자신의 과거 경험들을 함께 나눔으로써 스스로는 과거를 새롭게 뒤돌아 보고 현재의 자신을 반성하게 하는 유익을 주며, 그룹 전체에게는 서로의 감정을 함께 느끼고 공감할 수 있는 마당을 마련해준다는 점에서 유익하다.

경험나누기에 있어서 중요한 것은 자신을 개방할 수 있는 분위기를 만들어 주어야 한다는 점이다. 자기의 비밀을 내보이게 되는 두려움이 있으므로 그 시간에 이야기되는 모든 내용들에 대해서는 나중에 흠을 잡거나 비난하지 않고 지금 여기에서 모두 끝내 버린다는 공동의 규범을 설정하는 것이 바람직하다.

4) 공간탐험

공간탐험(space exploration)은 사람, 물건, 관습, 조직, 답답함, 외로움, 좌절감 등 여러 일상적인 경험들로 가득차 있는 생활공간을 탐험의 대상으로 설정해 두고, 각자가 상상 속에서 그 안에 들어가 그 공간을 경험해보며, 그것을 각자가 원하는 대로 변화시켜 보는 방법이다.

공간탐험의 목적은 학생들의 다양한 생활공간 가운데서 영향을 받고 있는 여러 경험들을 다시 생각하고 분석해 부정적인 면을 제거하고 긍정적인 면을 강화시켜 희망과 열망을 가지고 자신의 생활공간을 바라보게 하는 데 있다. 즉, 공간경험을 통해 주어진 환경에 소극적으로 순응하는 자세에서 그 환경을 적극적으로 개조시켜 나가도록 하는 것이다.

교사는 학생들에게 공간탐험을 위한 물음을 준비한다. 그 물음은 생활주변에 있는 여러 상황과 환경에 관한 것들로 다양하게 만든다. 다음은 그 보기들이다.

- ▶ 밀폐된 사각 공간 속에 학생이 홀로 서 있다고 상상하게 한다. 그런 다음 그 공간 속에 학생이 싫어하는 사람과 단 둘이 있다면 어떤 행동을 하겠는가 묻는다.
- ▶ 사랑하는 사람과 함께 아름다운 숲속을 거닐고 있다고 상상하게 한다. 그 사람과 어떤 미래를 꿈꾸고 싶은가 묻는다. 그 다음 부모님의 강요에 의해 다른 사람과 결혼하게 되었다고 상상하게 한다. 이제 어떻게 할 것인가 묻는다.

교사는 학생이 긴장을 풀고 자유로운 분위기 속에서 공간탐험을 할 수 있도록 고요한 음악을 들려 주는 등 편안한 환경을 만든다. 교사가 공간탐험을 위한 물음을 제시하면 학생들은 눈을 감고 조용히 상상하는 시간을 갖는다. 그 다음 자신들의 상상과 느낌을 소그룹 안에서 함께 나누도록 한다. 이 때 자신의 생각을 공개하기 원치 않는 학생은 이야기 하지 않아도 된다. 마지막으로 전체 회원이 함께 모여 공간탐험을 통해 배운 점과 느낀 점들을 돌아가며 발표하는 시간을 가진다. 지도자가 종합적인 평가를 한다.

공간탐험을 할 때 상상 속의 감정이 밖으로 노출되어 울음을 터뜨리는 등 예기치 못한 상황이 발생할 수 있으므로 교사는 이런 감정노출을 예상하고 대비해야 한다.

5) 현장실습

현장실습(field work)은 이론적으로 배우고 익혔던 것을 현장에 나가 직접 실행해보게 하는 것이다. 일정기간 전문가의 지도 아래 학생들 각자가 스스로 계획을 세우고 그 계획에 따라 실습을 하며 그 결과를 지도자에게 보고하여 평가를 받게 한다. 교회의 경우 교사훈련이나 회원들의 선교현장 훈련에 사용된다.

- ▶ 지도자는 현장실습 회원들과 정기적인 모임을 계획하고 실습분야에 대한 개요를 설명해준다.
- ▶ 실습계획서를 제출한다. 이 계획서는 지도자와 함께 검토한 후 보완한다.
- ▶ 계획서에 따라 현장실습을 하고 중간에 중간보고 모임을 갖고 문제점과 성과들에 대한 보고서를 작성한다.
- ▶ 실습이 모두 끝나면 실습 보고서와 종합평가 보고서를 제출한다. 다른 회원들과 실습을 통해 얻은 경험과 배운점들을 함께 나눈다.

팬터마임을 통한 창조적 표현

1) 행동 팬터마임

행동 팬터마임(action pantomime)은 교사가 말을 사용하지 않고 몸짓이나 움직임을 통해 자신의 생각을 표현하는 방법이다. 짧은 이야기를 처음부터 끝까지 무언의 행동만으로 그 내용을 전한다. 감정이나 성격의 묘사보다 동작이나 활동의 묘사에 중점을 둔다.

행동 팬터마임에는 개인적으로 각자가 자유롭고 창의적으로 표현하는 방법과 그룹의 회원들이 서로 다른 역할을 분담하여 표현하는 방법이 있다. 전자는 모노드라마(1인극)와 유사하고, 후자는 토막극(촌극)과 유사하지만 말대신 몸짓으로 표현한다는 점에서 차이가 있다(Barragar, 42-45).

이 방법은 이야기의 주인공이 실제 되게 함으로써 내용 속에 직접 참여하게 함은 물론 신체언어를 통해 표현능력을 개발시키는 효과를 가지고 있다.

▶ 교사는 학생들에게 팬터마임으로 표현할 수 있는 짧고 교훈적인 이야기(보기 : 골리앗을 치러 나간 다윗)를 택한다.
▶ 학생들에게 팬터마임 과정을 설명하고 시범을 보인다.
▶ "자 지금부터 여러분은 다윗입니다"라고 말하며 2인칭 형식의 이야기를 해준다. 아울러 자신의 역할을 분명하게 인식할 수 있도록 한다.
▶ 학생들에게 연습시간을 갖게 한 후 스스로 제시된 이야기를 창의적으로 표현하게 한다. 그룹인 경우 역할을 분담하고 연출방법을 논의하도록 한다.
▶ 연출이 끝나면 다시 한 번 새롭게 해보도록 하거나 역할을 바꿔 연출하도록 한다.
▶ 팬터마임을 통해 무엇을 배우고 깨달았는지 함께 나눈다.

이 방법을 사용할 경우 교사는 학생들에게 어떤 몸동작을 하도록 미리 지시해서는 안 된다. 행동 팬터마임은 그 자리에서 생각나는 것을 즉흥적으로 연출하는 것이지 미리 연습한 것을 표현하는 것이 아니므로 그저 재미있는 게임으로 끝나지 않도록 교훈되는 내용을 고른다.

2) 이야기 팬터마임

이야기 팬터마임(narrative pantomime)은 교사가 어떤 이야기의 전개과정을 말로 묘사해 나가면 학생들은 이것을 따라 즉흥적으로 무언의 팬터마임을 자유롭게 표현하는 방법이다. 이 방법은 어린이 성경교육과 청소년을 위한 설교 때 사용하면 유익하다.

▶ 교사는 팬터마임을 연출할 수 있는 넓은 공간을 택한다.

▶ 교사는 이야기 팬터마임의 요령을 설명하고 간단한 이야기 줄거리를 소개해 먼저 판토마임 동작을 연습해 보도록 한다.
▶ 팬터마임 이야기가 시작되면 교사는 천천히 이야기만 하고 동작은 하지 않는다. 학생들은 각자 자유스럽고 창의적인 표현으로 팬터마임을 한다.
▶ 몸동작은 지시하는 행동언어들이 연속적으로 나오도록 한다. 그래야 행동이 끊어지지 않고 계속될 수 있다.
▶ 하나하나의 동작이 완료된 후에 다음 동작으로 넘어갈 수 있도록 여유를 둔다. 다음의 행동언어를 너무 빨리 나열하면 따라갈 수 없게 된다.
▶ 대화의 장면을 적게 한다. 팬터마임으로 대화의 내용을 묘사하기 어렵기 때문이다. 대화의 말에 행동언어들을 첨부시킨다.
▶ 현재형의 말을 사용한다. 과거의 이야기나 미래의 이야기를 팬터마임으로 표현하기 어렵다.
▶ 다시 한 번 같은 내용의 이야기를 반복해 새로운 표현으로 연출해보도록 한다.
▶ 팬터마임을 통해 배우고 느낀 점을 서로 나눈다.

이 방법을 응용한 것으로 노래를 듣거나 부르면서 자유롭게 표현을 하게 하는 리듬동작(rythmic movement)이 있고, 시를 낭송하면서 그 내용을 묘사하는 행동시(action poetry)가 있다.

연극을 통한 창의성 발휘

1) 토막극대회

토막극대회(short drama contest)는 전체 회원들의 공동관심사를 나타내는 공동주제를 설정해놓고 전체그룹을 여러 소그룹으로 나누어 토막극을 창작하고 공연하는 대회를 갖게 하는 것을 말한다. 이 대회는 즉흥극과는 달리 충분한 준비와 연습을 하며 공동주제에 대한 생각과 느낌을 창조적으로 표현하도록 한다(Gangel, 1982).

- ▶ 전체를 소그룹으로 나누고 토막극을 준비하도록 한다.
- ▶ 각본을 만들고 대사를 외우며 의상, 무대장치, 음향효과 등도 구상한다.
- ▶ 준비한 토막극을 공연하되 공동주제와 목표에 대해 언급한다.
- ▶ 공연이 끝난 다음 극을 준비하고 공연하는 모든 과정을 통해 배우고 느낀 점들을 함께 나누고, 공동주제에 대해 함께 생각한다.

예배와 창의성

참여예배

교회학교의 예배는 대부분 교육목사나 교사, 임원들이 주도가 되었고 학생들은 예배를 드리는 것이 아니라 관중으로 참석하는 경험만을 가져왔다. 그래서 예배시간이란 설교를 듣는 시간으로 착각하고 있다. 그러나 앞으로 예배는 이러한 기계적이고 수동적인 모습을 탈피하여 학생들이 능동적으로 참여함으로써 창조적인 예배의 경험이 일어나도록 해야 한다.

다음은 참여를 가능하게 하는 창조적인 예배진행 방법 가운데 하나이다. 청소년 예배에 적용하면 바람직하다.

- ▶ 찬양의 시간 : 참석한 회중 가운데 누군가가 스스로 원하는 찬송을 먼저 선창함으로 모두가 함께 부르기를 계속한다.
- ▶ 연도의 시간 : 그룹별로 공동의 기도문을 작성해서 차례로 낭독한다.
- ▶ 응답의 시간 : 문제를 제시하는 것으로 끝을 맺는 짧은 설교 후에 다음 회중들이 그룹별로 나뉘어 그 설교에 대

한 토의를 하고 발표한다.
- ▶ 결단과 헌신의 시간 : 모두가 함께 일어나 제단 앞으로 차례로 나와 떡과 포도주를 나누며 결단의 시간을 갖는다. 아니면 떡과 포도주를 배분한 다음 같은 시간에 함께 나눈다(받는다고 먼저 들지 않는다).
- ▶ 공동체 고백시간 : 공동체가 고백문을 작성한 다음 함께 읽음으로써 결심을 확인한다. 다음은 '사랑의 교회'가 실시하고 있는 공동체 고백이다.

"우리는 세상으로부터 부름 받은 하나님의 백성입니다.
또한 세상으로 보냄 받은 그리스도의 제자입니다.
예배를 통해 하나님을 기쁘게 찬양합시다.
전도를 통해 이웃을 열심히 구원합시다.
교제를 통해 하나되는 은혜를 나눕시다.
섬김을 통해 아낌없이 사랑을 실천합시다.
배움을 통해 그리스도를 본받는 성숙한 성도가 됩시다.
그리하여 우리 모두 하나님을 영화롭게 하는 성령충만한 공동체가 됩시다."

사회봉사와 창의적 접근

교회의 봉사활동을 사회에까지 확대한다. 이를 위해 팀을 만들어 조사 보고하도록 할 필요가 있다. 주제를 교회의 봉사활동으로 정하고 다음 영역에 대한 조사를 한다.

- ▶ 봉사활동의 형태와 방법에 관한 자료조사

▶ 봉사활동에 대한 교인들의 반응에 관한 여론조사
▶ 다른 교회들의 봉사활동 현황에 대한 면담조사
▶ 고아원, 양로원, 병원, 교도소, 맹인집단, 빈민촌, 호스피스 등 현장조사

교회는 소외계층, 근로계층에 대한 관심이 높아야 한다. 통신이 고도로 발달한 오늘의 세계 속에도 소외계층이 있으며 사회가 너무 빨리 달려가는 바람에 그들의 아픔이 잘 들리지 않는다. 그렇다고 교회가 그들의 아픔을 외면하는 것은 바람직하지 않다. 콕스에 따르면 과거 기독교운동 그리고 성령운동의 선구자들은 사회의 소외계층에 관심을 두었고 그들이 실제 그 계층에 속했다.

지역사회에 참여함은 물론 여러 행사를 교회가 주도할 필요가 있다. 노인에 대한 것만 보아도 노인 프로그램, 경로대학, 독거노인, 무의탁노인 등에 교회 봉사단체의 참여가 요구된다.

봉사를 함에 있어서는 불신자들의 요구를 적극 수용함은 물론 새로운 봉사방법을 개발하며 사회적으로 공감대를 형성할 수 있는 사업계획을 수립해야 한다. 다음은 지역사회를 위한 프로그램들이다.

1) 선교와 봉사를 위한 프로그램
▶ 전도 활동 (개인, 그룹 전도, 학원 전도, 특수지역 전도)
▶ 지역사회학교 운영 (야간 학교, 토요 취미교실, 노동자 일요 학교, 빈민지역 일요 학교, 예능교실 문화선교 학교, 직장인 교실, 여성 사회교육)
▶ 지역사회 봉사지역 (1일 탁아소 운영, 사회사업기관 1일 봉사, 지역을 위한 노동 봉사, 소외지역 및 특수지역 봉사 활동)
▶ 젊은이를 위한 공간 제공 (산업체 젊은이 초청축제, 청년 신앙강연회, 주제별 세미나, 대화실 운영, 상담코너, 체육 및 음악시설 운영)
▶ 선교사업 (미자립교회돕기, 해외선교, 매스컴 선교, 학원선교)

2) 지역주민의 교회영입을 통한 공동 프로그램

지역주민을 교회 안으로 불러 들여 함께 참여하는 공동 프로그램을 진행함으로써 교회가 지역사회에 관심이 있음을 보여준다.

3) 교회가 지역주민 속으로 들어가 또다른 교회 형성

교회가 지역사회에 들어가 봉사로써 아픔을 같이 할 때 하나의 교회를 형성해 나갈 수 있다. 하나의 교회를 이루기 위한 사회봉사의 방법으로는 탁아소 운영, 근로자 상담, 산업 선교, 빈민촌 구제, 의료선교 등 여러 가지가 있다.

환경문제와 창의적 접근

1) 환경을 사랑하는 마음을 갖게 한다

하나님은 세상을 아름답게 창조하셨다. 그러나 첫째 인간, 아담은 선악과를 따먹고 죄를 지음으로 하나님과 사람, 그리고 자연의 관계를 끊고 말았다. 인간의 죄가 세상을 뒤덮자 하나님은 노아에게 방주를 지으라고 하시고 세상을 심판하셨다. 지금 우리도 신앙의 방주를 지어야 한다.

2) 절제의 아름다움을 갖게 한다

하나님께서는 세상을 사랑하사 그 외아들 예수 그리스도를 땅에 보내주셨다. 그러므로 저를 믿는 자마다 멸망치 않고 영생을 얻게 된다. 이것이 곧 복음이다. 고통하는 모든 피조물이 구원을 기다린다. 하나님만을 믿고 절제하는 삶을 살아감으로 위기를 극복하고 구원을 얻어야 한다.

무절제한 편리함이 환경과 인간을 타락시킨다. 욕심을 버리고 절제하는 사람이 멋있다. 작고 단순한 것이 아름답다.

3) 환경사랑을 생활 속에서 실천하게 한다

그리스도적 환경사랑은 다른 사람과 달라야 한다. 먼저 신앙적 고백을 통해 환경과의 관계를 정립하고 그 다음 그 환경을 사랑하지 못한 죄를 고백하며, 환경에 대한 사랑을 생활 속에서 실천해야 한다. '바다물아나' 또는 '아나바다' 운동은 그 실천방법 가운데 하나이다. 교회행정 담당자는 이 운동이 교회학교에서부터 이뤄지도록 해야 한다.

- ▶ 바 : 바꿔 쓰기
- ▶ 다 : 다시 쓰기
- ▶ 물 : 물려 쓰기
- ▶ 아 : 아껴 쓰기
- ▶ 나 : 나눠 쓰기

【 도움말 또는 사례 】

환경연대의 12 가지 삶에 대한 창의적 제시

환경파괴는 우리의 탐욕 때문이다. 기독교 환경연대는 환경보전을 위해 다음과 같은 삶을 창의적으로 제시하고 있다.

- ▶ 일 : 일회용품을 쓰지 맙시다.
- ▶ 이 : 이용합시다. 버스, 전철.
- ▶ 삼 : 삼갑시다. 합성세제.
- ▶ 사 : 사용합시다. 중고품.
- ▶ 오 : 오늘도 물, 전기를 아껴씁시다.
- ▶ 육 : 육류를 줄이고 음식을 절제합시다.
- ▶ 칠 : 칠일째는 하나님도 쉬셨습니다.
- ▶ 팔 : 팔지 맙시다. 광고에.

- ▶ 구 : 구합시다. 작고 단순한 것.
- ▶ 십 : 십자가의 예수님처럼 겸손합시다.
- ▶ 십일 : 십시일반으로 가난한 이웃을 도웁시다.
- ▶ 십이 : 일년 십이개월을 성실히 신앙생활 합시다.

【 생각해 볼 문제 】

1. 각 교회학교의 발전을 위해 어떤 방법이 좋은지 브레인스토밍을 해보라.

2. 학생들이 보다 창의성을 가지고 학습에 임하도록 하는 좋은 방안이 무엇인지 학생들과 대화해 보라..

3. 예배의 생동성을 위해 어떤 형식이 가장 바람직한지 의견을 제시해 보라.

4. 교회학교 학생들이 환경을 사랑하기 위해 어떤 일을 했으면 좋은지 창의적 접근을 해보라.

【 참고 문헌 】

Barragar, P. (1981). Spiritual Growth Through Creative Drama. PA: Judson Press.

Bergevin, P. Morris, D. and Smith, R. M. (1963). Adult Education Procedures.
 NY: Seabury Press.

Gangel, K. (1982). 24 Ways to Improve Your Teaching. IL: Victor Books.

제10장 리더십과 교육 행정

우리 사회는 지도력이 크게 약화되고 있다. 신세대를 포함한 현대인들은 갈수록 어떤 형태의 권위를 인정하지 않으려 한다. 인정받는 권위가 있다면 전문성 정도이다. 권위가 무너진 상태에서는 지도력이 발휘될 수 없다.

교회교육을 담당하는 지도자는 가르치는 교사나 그 가르침을 돕는 행정가들을 막론하고 그리스도를 본받아 지도력이 발휘되고 또 하나님의 나라를 바로 세워가도록 노력해야 한다.

교회학교 지도자는 누구인가

직분과 계층은 다르지만 교사나 행정가로 임하는 선생의 역할과 사명은 하나이고 공통된다. 모든 교사나 행정가는 교회학교에서 학생들로 하여금 인간다운 교육을 위해 가치관, 윤리관, 인생관을 신앙의 조명으로 가르치며 그리스도 공동체 안에서 인격형성을 위해 노력해야 한다. 이 목적을 위해 교회학교 지도자는 다음과 같은 일을 수행한다.

1) 복음을 가르침

교회학교 지도자는 복음을 전하는 작은 목자이다. 하나님 아버지께서 우리 모두를 얼마나 사랑하시고, 예수 그리스도를 통해 알게 하시는지 복음의 내용을 바로 전하며, 소개받은 예수님의 삶을 학생들로 하여금 본받게 한다. 교사나 교회행정 담당자는 단지 성경지식을 가르치는 사람이 아니다. 그 가르침 속에 하나님을 드러내야 한다.

2) 기도로 인도함

교회학교는 지식이나 교양, 기술을 가르치는 곳이 아니다. 참된 성도로서 살아가도록 가르치는 곳이다. 성도로서 첫 번째 자세는 기도하는 것이다. 주일학교에서는 양심적인 사람이나 도덕적인 사람을 키우는 것이 목적이 아니라 하나님과 만나고 대화하며 그분 안에서 참되게 살아가도록 교육한다. 기도는 바로 이 목적을 위한 귀중한 도구다. 기도는 방법을 가르치기보다 교사 및 행정가가 먼저 모범을 보여주는 것이 바람직하다.

3) 사랑과 봉사를 가르치고 실천함

인간의 가장 아름다운 모습은 공동체 안에서 서로 사랑하고 나누며 봉사하는 삶을 사는 것이다. 교회학교는 이런 삶을 살도록 하는 데 있다. 믿음, 소망, 사랑의 중요성을 아는 것도 중요하지만 그것을 실천하는 것이 더 중요하다.

4) 목회계획에 따라 지도하고 가르침

교회학교 지도자는 총회의 지침 및 담임목사의 목회계획에 따라 교육해야 한다. 교회학교의 교재나 각종 프로그램이 총회 차원에서 계획되고 개교회 차원에서 실시되는 것은 교육의 일관성을 위한 것이다.

교회학교 지도자의 자질

교사는 교사다워야 하고 학생은 학생다워야 한다. 교회교육을 담당하는 행정가도 마찬가지다. 교회학교의 교사 및 담당자는 특히 하나님 나라의 교사로서 그 직분에 합당한 자질을 갖춰야 한다.

1) '귄'의 지도자 자질론

귄(P. A. Gwynn)은 교회학교 지도자의 자질을 기초적 자질, 필수적 자질, 바람직한 자질로 나누었다(Gwynn, 1985).

기초적 자질
- ▶ 깊고 지속적인 기독교적 체험
- ▶ 그 경험을 다른 사람과 함께 나누려고 하는 끊임없는 열망
- ▶ 성경의 가르침에 대한 건전한 이해
- ▶ 인간발달과정에 대한 건전한 이해
- ▶ 실례와 경험을 통해 최고의 교육적 실천을 하고자 하는 자라야 한다.

필수적 자질
- ▶ 종교적 헌신 : 하나님이 살아계심을 믿고 매일 기도하면서 신앙생활을 하는 자
- ▶ 인간적인 매력 : 남에게 주기를 좋아하고 희생적이며 성품이 따뜻한 사람
- ▶ 지성 : 높은 IQ의 소유자라기보다 인간적으로 성숙할 수 있는 기회를 제공할 기술을 갖춘 사람
- ▶ 가르칠 수 있는 능력 : 그리스도의 마음을 가지고 겸손하며 남의 말을 잘 들어주며 배우고 가르치기를 좋아하는 사람

바람직한 자질
- ▶ 성경에 대한 보다 깊은 이해와 피상적인 지식 이상을 가지고 있는 자
- ▶ 심리학에 대한 신뢰성 있는 지식과 인간발달 단계를 이해하고 있는 자
- ▶ 다른 사람들의 행위에 창의적인 생각과 아량을 가지고 있는 자

- 교육적인 방법과 목적에 대해 훈련을 받은 자
- 진지하고 성공적인 교육훈련을 받은 자
- 다른 사람들을 그리스도께 인도할 줄 아는 자

2) '팰머'의 성공적 지도자론

팰머(G. H. Palmer)에 따르면 성공적인 지도자는 다음과 같은 특성을 지닌다.

- 생동력이 있는 지도자 : 생동감이 넘친다. 사리사욕이 없어야 한다.
- 다양한 지식의 축적자 : 작은 것을 가르칠 때도 많은 지식으로 가르쳐야 한다.
- 지식을 통해 활기있는 삶으로 인도하는 사람 : 하나님의 말씀은 굶주린 영혼을 먹이는 양식이 된다.
- 자신을 비우는 자 : 지도자는 그리스도가 삶의 중심에 서도록 학생들은 인도하며 주님 중심으로 생활하도록 한다.

여러 학자들의 견해를 바탕으로 유능한 지도자가 되기 위한 자질을 보다 세부적으로 살펴보면 다음과 같다(김문철, 1987).

- 비전 : 지도자는 꿈을 갖고 배우려는 학생들에게 이 땅에 하나님 나라가 실현될 수 있다는 교육적 꿈을 심어줄 수 있어야 한다.
- 사명감 : 지도자로서 부르심을 받았으며, 그 부르심에 혼신을 다하겠다는 각오가 되어 있어야 한다.
- 사랑 : 주님의 사랑을 심어준다. 지도자는 학생의 영혼을 사랑할 뿐 아니라 그들로 하여금 어떤 시험과 환란에서도 자기를 구속해 주신 주님의 사랑을 느끼고 승리할 수 있도록 만들어 줘야 한다.
- 관심과 열심 : 지도자는 학과목, 학생들의 학습, 가르치는 것에 관심을 보여주며, 일에 대한 열정과 즐거움을 보여준다.

- ▶ 충성심 : 가르치는 사명을 주님의 최고명령으로 생각하고 최선을 다한다.
- ▶ 적극적 사고 : 지도자는 자신은 부족하지만 '내게 능력 주시는 자 안에서 모든 것을 할 수 있다'는 적극적인 믿음을 가져야 한다. 부정적이고 소극적이면 학생을 지도할 수 없다.
- ▶ 인내와 관용 : 가르칠 때 항상 좋은 일만 생기는 것은 아니다. 때로는 견디기 어려운 일이 발생한다. 이럴 때 조급하게 화를 내면 학생을 통솔하기 어려워진다. 계속되는 반성과 훈련을 통해 인내력을 키우며 상대를 존중히 여기며 관용하도록 한다. 남의 실수와 잘못을 용서하고 감싸주며 용기를 북돋아 주는 마음을 가지고 있어야 한다.
- ▶ 개방성 : 훌륭한 지도자는 동료교사나 직원은 물론 학생들로부터 배우려는 자세로 자기를 개방할 때 좋은 인간관계를 유지할 수 있다. 어떤 지적도 겸허히 받아들인다. 보다 넓은 시야를 갖고 가르친다.
- ▶ 창의성 : 가르침에 있어서도 창의력을 발휘한다. 남이 하는 대로 모방만 해서는 발전이 없다. 문제를 안고 스스로 고민할 때 보다 나은 방법이 나올 수 있다.
- ▶ 통찰력 : 변화에 민감해야 한다. 구체적인 상황 속에서 환경의 변화, 학생들의 흥미나 심리변화 등을 민감하게 포착하면서 그것에 알맞는 학습환경을 조성해 나갈 수 있어야 한다.
- ▶ 원만한 인간관계 : 아무리 잘 가르친다 해도 동료교사나 학생들과의 관계가 원만하지 못하면 안 된다. 하나님과의 바른 관계 속에서 서로 협동하고 섬기며 일해 나가는 훈련을 쌓아야 한다.

교회학교 지도자는 이런 자질을 바탕으로 학생들에게 말씀을 확신있게 전하며 말씀을 통해 학생들을 변화시켜야 한다. 학생을 참 그리스도인으로 양육하여 정착시키고, 성령에 대한 강력한 임재를 순간마다 경험하며 지도자로서의 삶을 활기있게 이어갈 때 지도자로서의 보람을 느끼게 된다.

리더십 유형

1) '쥬엘'의 지도자 유형
쥬엘(D. W. Jewell)은 지도자를 다음과 같이 네 종류로 나누었다.

전제형
전제형(autocratic)은 모든 결정의 책임이 자기에게만 있다고 생각한다. 정책을 생각하고 결정할 때도 자신의 권위만 내세운다. 무슨 일이든 자기가 해야 되는 줄 알고 혼자 한다. 구성원을 자신이 세운 목표와 길을 따라 몰아간다. 지배와 복종만 있을 뿐이다.

인자한 전제형
인자한 전제형(benevolent autocratic)은 전제형이기는 하지만 방식이 다르다. 구성원에게 관심을 가지고 있고, 그들이 기뻐해 주기를 바라며 그들을 꾸짖는 만큼 칭찬도 해준다. 이 그룹에서는 지도자에 대한 의존성이 커 리더가 좋아할 것이라는 확신이 없는 한 아무도 새로운 것이나 다른 것을 제의하려 하지 않는다. 활력이 없다.

방임형
방임형(laissez-faire)은 지도자 중심이 아니라 구성원 중심이다. 리더는 구성원으로부터 초연하게 지낸다. 모든 일을 그룹에게 맡긴다. 요청할 때만 간여하지만 좀처럼 당면한 일에 간여하지 않으려 한다. 구성원이 성숙한 경우 스스로 알아서 처리해 일이 잘 되지만 미숙할 경우 협동이 안 되고 조직해체 상태에 빠진다.

민주형
민주형(democratic)은 과제를 계획하고 실행함에 있어서 지도자와 구성원이 함께 참여해 협동적으로 성취해 나간다. 민주적 리더는 그룹의 다른 성원보다 더 훌륭한 재능을 가지고 있다고 생각지 않으며 오히려 모든 일을 함께 나누면서 섬기는 자세로 일한다.

2) '더글러스'의 지도자 유형
더글러스(P. F. Douglass)는 지도자를 두목형, 감독자형, 그리고 촉발자형으로 분류했다.

두목형(the boss)
두목형은 모든 힘과 권위를 장악한 보스와 같은 위치에 지도자가 서서 교수, 학습과정의 모든 계획과 결정권을 행사한다. 학습자는 단지 그의 지시에 기계적으로 따를 뿐이다. 이런 리더십은 종래의 교사중심형에서 많이 나타난다.

이런 지도자 아래서 학생은 위축되어 있다. 무엇을 스스로 발견하고 제안하기보다 지시에 복종할 뿐이다. 의미있고 창조적인 생산은 하지 못한다. 제안해도 창피만 당한다. 보스형의 지도자 아래서 교육을 받으면 자아를 상실한 노예적 교육만 받게 된다.

감독자형(overseer)
감독자형은 지도자가 학습지도에 있어서 감독관이나 관리책임자 위치에 서는 것을 말한다. 이런 지도자는 자기가 맡은 학급의 향상과 복지를 위해 열심이다. 하지만 학생은 교사에 의존적이 되어 지도자가 자기들을 잘 지도하고, 염려하고 노력해 주기만을 바랄뿐 정신적으로 독립적이지 못하다.

지도자는 학급내 한두 학생에게 지도권을 잡게 해 보기에는 자치적으로 보이지만 실제적으로는 지도자가 감독자가 되어 그의 지휘아래 활동한다. 감독자형 지도자 아래서 교육을 받으면 모든 일에 복종적이며, 말썽이 없는 무기력한 신도, 사무적이며 율법적인 신자로 성장하게 된다.

촉발자형(catalyst)

촉발자형은 학생들의 참여와 반응을 자극하고 격려하는 입장에서 지도하는 유형이다. 지도자는 학생들이 계속 성장하도록 자리를 마련하고, 한 사람 한 사람이 추종자가 아니라 참여자로 성숙하도록 한다. 학생 중심형의 학습과정이나 활동그룹 중심의 학습과정에서 흔히 발견할 수 있다.

이런 지도자 아래서 교육을 받은 학생은 적극적이고 책임성이 강하며 다른 사람의 인격을 존중하는 가운데 성장하게 된다.

3) '서지오바니'의 리더십 유형

서지오바니는 리더의 유형을 기술적 지도자, 인간적 지도자, 교육적 지도자, 상징적 지도자, 문화적 지도자로 구분하였다(Sergiovanni, 1984).

기술적 지도자(technical leader)

기술적 지도자는 계획, 시간관리, 상황에 따른 지도, 조직의 구조 등을 최적으로 유지하면서 조직을 건전하게 관리한다. 사무적 기술에 능한 지도자가 이에 속한다.

인간적 지도자(human leader)

인간적 지도자는 인간관계, 대인관계 능력, 동기유발 기술 등을 강조함으로써 구성원을 격려하고 지원하여 성장의 기회를 넓힌다. 이 지도자는 사기를 높이고 의사결정도 참여적이다. 인간관계 기술에 능한 지도자가 이에 속한다.

교육적 지도자(educational leader)

교육적 지도자는 교육문제의 진단, 상담, 평가, 직원의 성장, 교육과정의 개발, 교육 프로그램의 개발 등 교육에 관한 전문지식과 개발에 능하다. 이 지도자는 일선 실무자로서의 역할을 맡는다. 이것은 과거 교육행정분야에서 무시되어온 분야로 경영학과 사회과학이 교육행정에 영향을 주면서 발전했다.

상징적 지도자(symbolic leader)
상징적 지도자는 학교를 순시하고 교실을 방문하여 교육적으로 유리하게 학교를 관리하며 여러 의식이나 주요 행사를 주재하고 적절한 언행을 통해 학교의 전망을 제시하는 등 학교 최고책임자로서의 역할을 한다. 이 지도자는 학교의 기본 목표를 분명히 제시하고 이에 대한 합의와 사명감을 도출하는 데 영향력을 발휘한다.

문화적 지도자(cultural leader)
문화적 지도자는 학교가 추구하는 영속적 가치와 신념 및 문화의 맥을 규정하고 강조한다. 이 지도자는 영적인 지도자로서 전통과 신념을 확립하고 학교의 역사를 힘있게 창조한다. 문화적 힘과 관련된 지도자의 활동은 학교의 목표와 사명을 표현하고 새로운 성원을 그 문화에 적응하도록 한다. 문화를 잘 반영하는 사람들에게 상을 주는 일도 한다.

그에 따르면 기술적, 인간적, 교육적 지도력은 학교 경영에 필수 요소이다. 이 가운데 어느 하나라도 부족하면 학교 경영이 효과적으로 될 수 없다. 그렇다고 이 세 지도력만으로 학교의 우수성이 보장되는 것은 아니다. 그렇기 때문에 상징적, 문화적 지도력이 필요하다.

기술적 지도력과 인간적 지도력은 학교뿐 아니라 어느 조직에서나 유능한 경영자나 지도자라면 보편적으로 가지고 있다. 그러나 교육적, 상징적, 문화적 지도력은 다른 분야와 달리 교육적 상황에서만 특수하게 강조되는 행정적 자질이다. 기술적, 인간적, 교육적 지도력만으로는 훌륭한 학교, 성공적인 학교, 효과적인 학교를 보장하지 못한다. 학교가 보다 우수한 지도력을 발휘하려면 상징적, 문화적 지도력을 발휘해야 한다.

지도자 훈련

1) 예비훈련

예비훈련(pre-service training)은 새로이 교사나 행정담당자로 선정된 자들을 위한 과정이다. 어떤 교회는 예비교사들을 위한 교사양성반을 1년 코스로 운영하기도 한다. 기간이 너무 길어도 안되며, 이 과정을 졸업한 예비교사가 과잉 배출되어 교사로 임명받지 못하고 오래 대기상태로 머물러 있지 않도록 해야 한다. 행정담당자에 대한 교육도 철저해야 한다.

2) 계속훈련

계속훈련(in-service training)은 현직 교사들과 다른 영역의 지도자들의 훈련을 위한 과정이다. 지도자 훈련원을 설치하고 1,2월에는 전체적인 훈련코스를 집중적으로 실시하고, 3월 이후부터는 각 분야별로 계속적인 훈련 코스를 정기적으로 갖도록 하는 방법을 택할 수 있다. 자체 교육이 어려울 경우 전문기관에 위촉한다.

교회교육 지도자에게 필요한 리더십

1) 소명적 리더십

지도자는 부르심에 대한 확신이 있어야 한다. 주님이 지도자로서의 달란트를 주시고 그 나라의 확장을 위해 종으로 부르셨음에 대한 깊은 감격과 열정이 있어야 한다. 소명이 없으면 작은 일에도 넘어지고 좌절하게 된다. 소명에 충실한 지도자는 학생 한 사람 한 사람의 영혼을 깊이 사랑해야 한다. 영혼 사랑에 미친 지도자일수록 성공적인 교육자가 될 수 있다.

교육 지도자는 학생이 장차 이 나라뿐 아니라 교회를 이어갈 계승자라는 사실을 인식하고 그들이 성장하도록 도와주어야 한다. 이를 위해 주님으로부터 받은 각자의 달란트를 자각시키고 키워야 한다. 학습자 각자의 달란트를 소극적 자세로 묻어둘 것이 아니라 적극적으로 개발할 수 있도록 자각시킨다. 하나님께서 각자에게 주신 달란트를 자각시켜 부르신 소명에 철저하도록 가르치는 것은 리더로서 매우 중요한 일이다.

2) 참여적 리더십

발견한 달란트를 아는 것으로 그치지 말고 교회사역에 활용할 수 있도록 기회를 제공해야 한다. 달란트 활용을 통해 헌신할 수 있게 지도한다면 각 개인의 적성개발에도 도움이 되고 교회로서도 효율적인 교육을 기대할 수 있다.

3) 혁신적 리더십

현재 우리 교회학교의 가장 큰 벽은 변화에 대한 두려움이다. 새로운 세기는 변화를 강하게 요구하고 있다. 교회도 변화의 물결에서 제외될 수 없다. 이 때 필요한 것은 창의와 혁신이다. 앞으로의 교회교육은 창조사회에 걸맞는 교육이 되어야 한다. 모방보다는 개성이 있고, 통제보다는 상상력을 발휘하게 하며, 무사안일보다는 차별적 혁신을 통해 교회가 새로운 세기를 이끌어가야 한다.

4) 인격적 리더십

쥬디(M. T. Judy)에 따르면 교회에 적합한 리더십은 인격 안에 있다. 리더는 공동의 관심과 목표를 가진 사람들 속에 존재하며 리더의 과제는 공동의 목표를 성취하기 위해 모두가 협력하도록 하는 것이다.

교회교육 지도자는 학생을 언제나 신성한 인격으로 대해야 한다. 그들은 성인의 축소판도 아니고 완성물도 아니며 명령에 맹종해야 하는 꼭두각시도 아니다. 교사라 하여 학생의 인격과 자유와 권리를 유린할 수 있는 것으로 착각하거나 교사의 자리를 이용하여 학생을 자신의 목적을 달성하기 위한 수단으로 사용해서도 안 된다.
　　인간적, 인격적 지도자는 다음과 같은 특징이 있다(홍웅선, 32-41).

- ▶ 인간적인 지도자는 그의 생각이나 느낌을 학생들에게 분명히 전달한다.
- ▶ 인간적인 지도자는 학생들을 사무적으로 대하지 않는다.
- ▶ 인간적인 지도자는 학생들을 긍정적으로 보려고 한다.
- ▶ 인간적인 지도자는 학생들이 각각 그들 나름의 독자적인 면을 가진 사람들이라고 생각한다.
- ▶ 인간적인 지도자는 학생들이 보는 견해나 그들이 놓여 있는 형편에 비추어 학생들을 지도한다.
- ▶ 인간적인 지도자는 학생의 느낌을 존중한다.
- ▶ 인간적인 지도자는 자기가 가르치는 학생들이 자아실현의 과정에 있다고 본다.

5) 섬김의 리더십

그리스도인의 삶은 섬김을 중심으로 이루어져야 한다. 그리스도인의 사역은 섬김에 있고, 사역자란 바로 섬기는 자를 의미한다. 성경적으로 볼 때 하나님은 가장 으뜸 되시는 리더이며 교회와 그 속에 있는 사람들은 모두 그 분을 섬기는 종이다.

쉐릴(L. Sherrill)은 말씀을 선포하는 사람이나 그 말씀을 가르치는 사람이나 다 함께 하나님을 향해 일하는 사람들이라 했다. 그리스도인의 리더인 교사는 독재자가 아닌 종으로서 자신의 이미지를 개발해 나가야 한다. 교회교육을 맡은 사람은 언제나 자신이 혹사자가 아니라 봉사자라는 사실을 잊어서는 안 된다.

6) 조성적 리더십

조성적(enabling) 리더십은 촉발적 리더십을 말한다. 촉발적 지도자는 다음과 같은 행동을 한다.

- 자신의 지식과 생각을 학생들에게 강요하기보다 그들의 학습과정 속에서 적절한 것과 부적절한 것을 판가름해주고 새로운 차원에서 성장하도록 돕는다.
- 어떤 교리적 강직성과 고정성으로부터 자유로운 입장에서 학생들이 바른 목표를 향해 꾸준히 탐구해 나가도록 한다.
- 조작과 지배를 피하고 학생에게 관심을 주고 뜻을 세워줌으로써 학습을 활기있게 촉진시킨다.
- 조성적 리더는 눈에 띄는 조정자가 아니라 보이지 않는 가운데 학생이 스스로 성과를 이뤄가도록 한다.
- 학생이 어려움에 처할 때 어떤 결정을 내리도록 돕는다.
- 이론적 학습에 그치는 것이 아니라 말씀이 구체적인 삶과 연관되도록 한다.

7) 멘토링 리더십

멘토(mentor)는 교육적 지도자이고 멘티(mentee)는 학생이다. 그러나 멘토와 멘티의 관계는 기계적 관계가 아니다. 모범이 되어 본받을 수 있는 스승과 그분의 삶을 존경하고 사랑하는 학생의 관계이다.

지도자는 학습자의 천부적 가능성을 십분 발휘할 수 있는 기회와 풍토를 마련해주는 협조자가 되어야 한다. 지도자는 어디까지나 학생의 올바른 성장을 돕는 협력자요 동반자이며, 그들의 올바른 성장이 곧 리더의 영광임을 기억해야 한다.

교회학교에서 영원한 멘토의 모범은 예수님이시다. 복음서는 예수님이 하나님 나라에 대해서 얼마나 열심히 가르쳤는가를 보여준다. 그분은 제자들에게 가르쳤을뿐 아니라 그 나라의 삶에 합당한, 온유하고 겸손하며 사람들을 속박에서 풀어주는 선생으로서의 모범을 보이셨다. 그를 대적하는 사람들조차 예수님을 선생이라 불렀다.

예수님이 제시한 복음과 그분의 삶을 가르치는 교회 지도자는 학생들에게 진정한 멘토가 되어야 하다. 그런 의미에서 교회학교에서 요구되는 리더십은 무엇보다 멘토링 리더십(mentoring leadership)이다.

8) 사랑의 리더십

'칼라스'에 따르면 사랑은 훌륭한 교사다. 그러나 고통이 따른다. 후회는 겸손케 하는 교사이다. 그러나 오래 수강해서는 안 된다(칼라스, 1998).

교회교육을 담당한 지도자는 주님의 사랑을 보여주는 작은 예수이다. 지도자의 생각 속에 그리스도의 사랑이 충만해야 하고, 그 말에도 사랑의 언어가 있어야 한다. 사랑을 실천하지 않는 리더는 아무리 잘 가르쳐도 감동을 주지 못한다.

무신론자의 사도라 불리던 루이스(C. S. Lewis)는 하나님의 사랑을 만나기 전까지는 하나님이 존재하지 않는다고 열심히 주장했다. 그러나 하나님의 사랑을 만난 뒤 그 오랜 회의와 방황에 종지부를 찍었다. 그리고 모든 사랑을 풍성하게 하는 하나님의 사랑에 대해 글을 썼다. 그는 천국 밖에서 사랑의 위험이 없는 곳은 오직 지옥뿐이라고 말한다. 사랑에는 보상이 있지만 위험과 고통도 따른다. 지도자는 그 고통을 마다하지 않고 그리스도의 사랑을 보여주고자 하는 사람들이다.

다음은 오천석의 '교사의 기도' 가운데 일부이다.

"주여, 저로 하여금 어린이에게 군림하는 폭군이 되지 않게 하시고 자라나는 생명을 돌보아 주는 어진 원정이 되게 인도하여 주옵소서. 제가 맡고 있는 교실이 사랑과 이해의 향기로 가득차게 하여 주시고, 이로부터 채찍과 꾸짖음의 공포를 영원히 추방하여 주옵소서. 길을 잘못 간다고 책벌을 주기에 앞서 관용으로써 바른 길을 가르쳐 주고, 저항한다고 응징하기에 앞서 애정으로써 뉘우칠 기회를 주도록 도와 주시옵소서."

교회의 지도자가 된다는 것은 그리 쉬운 일이 아니다. 그렇다고 특별한 재능이나 실력이 있어야 된다는 것도 아니다. 지도자로서의 성실한 태도와 학생을 사랑하는 마음 그리고 신앙을 바탕으로 봉사와 희생으로 교사직에 임한다면 그밖에 부족한 것은 교회가 돕고 주님께서 채워주신다.

【 도움말 또는 사례 】

교사의 기도
주님 저에게 힘을 주시어 훌륭한 교사가 되게 하여 주소서
지식의 전달보다는 학생들의 삶의 중요성을 깨닫게 해 주시고
저를 통하여 학생들이 당신께 사랑과 관심을 갖게 하소서

저에게 인내를 주시어 실패해도 낙심하지 않게 해 주소서
또한 겸손을 주시어 당신께서 아버지께로 사람들을 인도하신 것 같이
저도 학생들을 당신께로 인도하게 하소서

가르치면서 배우게 해 주소서
모든 지식을 다 갖추고 있더라도
사랑이 없으면 아무 유익이 없사오니
사랑의 실천을 배워 알게 해 주소서

학생들이 나에게서 당신의 모습을 찾아 볼 수 있게 될 때에
저는 가장 훌륭한 교사가 된다는 것을
깊이 깨닫게 하소서. 아멘.

【 생각해 볼 문제 】

1. 교회교육을 담당한 지도자가 갖춰야 할 자격은 무엇인가?

2. 현재 각 교회학교 지도자들에게 어떤 장점이 있는가? 더 나은 발전을 위해 어떤 점이 보강되었으면 하는가?

3. 교회학교의 영원한 '멘토' 되시는 예수님의 지도력은 어떠했는가 말해보라.

4. 교사로서 또는 교회행정 담당자로서 하나님을 향한 자신의 기도문을 하나씩 작성해보라.

【 참고 문헌 】

김문철. (1987). 교회교육교사론. 종로서적.
홍웅선. (1979). 전인교육의 이론과 실제. 서울시교육위원회
칼라스 E. (1998). 경험으로부터 배우기 위한 12가지 원리. 생명의 말씀사.
Gwynn, P. A. (1985). Leadership Education in the Local Church.
Lewis, C. S. (1998). The Four Loves. 네 가지 사랑. 생명의 말씀사.
Sergiovanni, T. (1984). "Leadership and Excellence in Schooling," Educational Leadership. 41(Feb.), 4-13.

제11장 동기부여, 의사결정 커뮤니케이션과 교회행정

교육과 동기부여

1) 교사들의 동기 부여

보통 교회학교 교사들이 고군분투하는 문제들은 다음과 같다(Adams, 441-442). 교회 행정 책임자들은 이들의 문제를 파악하고 가급적 행정 서비스를 확대해야 한다.

- ▶ 보통 교사들은 가르치는 훈련을 전혀 받지 못함
- ▶ 공과의 주제에 대해 특별한 훈련을 받지 못함
- ▶ 배움에 대한 의무감이 전혀 언명되지 않은 채 진행되고 있음
- ▶ 교사가 가르치려고 시도하는 것이 그대로 전달되고 있는지를 알 수 있는 피드백 효과(시험, 리포트, 보고서 등)가 없음
- ▶ 배울 수 있는 조건이 조성되어 있지 않음
    - · 책상, 교과서 등이 없음
    - · 가정 학습이 없음
    - · 아무도 필기하지 않음
    - · 주일에만 모임
    - · 이해를 하든 안하든 별 상관이 없음
- ▶ 전에 가르쳤던 것을 되풀이할 것이 아니라 매주 새로운 자료를 가르쳐야 함

- 구약, 신약, 성경지리, 교리, 기타 어떤 것도 함께 가르칠 수 있어야 함
- 명시된 어떤 학기나 기간이 없이 계속해서 가르치고 있음
- 쉬는 시간이 없음
- 다른 사람들이 가르치는 것을 관찰함으로써 배우고 성장할 수 있는 기회가 없음

2) 학습방법과 활동

교육담당자는 열려 있는 수업환경을 조성하도록 하는 것이 중요하다. 이를 위해 모두 참여할 수 있는 기회를 부여하고, 특히 학생들에게 참여하도록 동기를 부여한다.

동기를 부여하기 위해서는 학습내용을 학생들의 흥미와 연관시킬 필요가 있다. 교사는 두 가지 방법을 사용하여 학습내용을 학생들의 흥미와 연관시킬 수 있다. 하나는 학생들의 흥미를 유발시켜 주제와 관련을 짓는 것이고, 다른 하나는 주제를 갖고 학생들의 흥미와 관련을 짓는 것이다.

단원을 시작할 때 실제적인 문제를 제시한다. 학생들이 관심있는 실제적인 문제에 대응할 수 있도록 단원을 시작한다. 문제는 학생들이 해결할 수 있는 것으로 가상의 것이 아니라 실제적이어야 한다. 이것은 문제중심 교육방법(Problem-Based Instruction)의 일부분이다.

- 실제생활과 관련된 예를 사용한다.
- 내용을 학생의 경험과 연관시킨다.
- 실제 상황에서 가상의 역할을 해보도록 한다. 교사가 실제적인 문제를 제시할 수 없을 때는 가상으로 학생들이 실제 상황에서 하는 것처럼 한다.
- 창의적인 분위기를 조성한다. 학생 스스로 결정한 창의적인 행동은 도와준다.
- 평가의 경우 그 기준을 제시하고 공정하게 평가됨을 보여준다.

도입단계

도입단계는 만남의 교실로 이끌기 위한 중요한 단계이다. 이 단계는 학생들의 참여를 촉발시키는 동기부여 단계이기도 하다. 이 단계에서는 학생들의 심리적 측면이 중시된다. 그렇다고 주제와 내용에 관계없이 추진되어서는 안 된다.

내용전개

학생들로 하여금 의미 있는 경험을 갖게 한다. 학생들의 생각과 그동안 살아온 방식을 재평가하고 새로운 삶의 방향으로 나가도록 제시한다. 학생들의 삶의 문제를 성경의 말씀으로 올바르게 해석한다. 학습활동에서 성경 이야기, 경험 이야기, 내용 발표, 조사 보고, 즉흥극, 공동 모자이크, 슬라이드 등이 사용될 수 있다. 여기서 학생과 교사는 창의적인 대화와 협동이 필요하다. 교사는 학생과의 상호작용을 위해 칭찬과 용기를 준다.

정리단계

짧은 시간이지만 만남이 새로운 삶의 결단으로 이어지게 한다. 그 날에 배운 주제가 학생의 표현과 경험으로 새롭게 적용되는 과정으로 학생 스스로 행동과 느낌에 변화가 일어나도록 도와준다.

"나에게 주어지는 참의미는 무엇인가"를 스스로 질문하고 결단케 한다. 현재의 삶의 방식을 지속하든지 다른 방향으로 변화를 주든지 간에 학생이 주체가 되어 스스로 삶을 재설정하도록 한다.

3) 즐거운 수업환경 조성

배우는것, 가르치는 것 모두가 즐거운 것이 되어야 한다. 온화하고 두렵지 않은 환경에서 배우고 가르치는 것처럼 중요한 것은 없다. 즐거운 수업환경이 조성되면 학생들은 통찰력, 흥미, 성취로부터 얻은 긍정적인 감정을 갖고 교과목을 대하게 된다. 긍정적인 감정을 유발하는 환경과 바람직한 성취는 서로 연관된다.

긍정적인 감정을 유발하는 환경은 우유와 과자를 준다거나 칭찬을 한다는 것을 말하는 것이 아니다. 그것은 학생들이 감정을 고려하면서 존중하고 인정하는 것을 말한다.

수업중에 즐거운 환경을 제시한다. 학생들의 자아상을 높여주고 학습으로 이끄는 분위기를 편안하게 형성함으로써 심리적으로 안정되게 해준다. 온도, 조명, 좌석 배치 등 물리적인 학습환경도 편안하게 만든다.

즐거운 결과를 제시한다. 자연스럽게 가치있는 결과가 오도록 가르친다. 학생들이 중요하게 생각하는 것을 파악하고 과제를 수행함으로써 얻어지는 결과를 알려준다. 학생들은 대부분 다음과 같은 것을 원한다.

- ▶ 새로운 것을 개발하고
- ▶ 새로운 지식을 얻고
- ▶ 그들의 현재 지식과 기술을 향상시키고
- ▶ 그들에게 일어난 일을 통제하고
- ▶ 독립적으로 되고
- ▶ 원하는 것을 하기 위해 자유시간을 갖고
- ▶ 능력있다고 느끼고, 잘 해내고 있다고 알고
- ▶ 그들의 성취에 대해 좋게 평가받고 인정받는다.

즐거운 결과는 성취도에 영향을 준다. 학생들은 만족스런 결과를 가져오는 행동들을 반복하게 된다.

4) 다양한 변화 수용

여러 측면에서 문화는 계속 변화되고 젊은 세대들은 기성세대와 다르게 생각하고 대화하고 행동하고 있다. 교회에 대한 욕구도 다양화하고 있다. 따라서 예배의 유형도 예배의 시간도 교회음악도 프로그램도 다양한 변화를 요구하고 있다.

5) 학습의 전이와 MASS모형

교육행정 책임자는 학생들이 교회학교에서 배운 것을 생활에서 나타나도록 해야 한다. 이것을 학습의 전이라 한다. 학습의 전이를 위해 MASS모형을 사용한다.

- ▶ M : 동기부여(motivaiton) : 학생들이 배운 것을 사용하도록 동기를 부여한다.
- ▶ A : 인식(awareness) : 다양한 상황에서 학생들이 언제 배운 개념들을 사용해야 하는지를 인식하도록 한다.
- ▶ S : 기술(skill) : 사용될 기술들을 습득하고 적용할 수 있도록 한다.
- ▶ S : (support) : 배운 지식이 사용될 실제생활에서 심리적, 물질적으로 도와준다.

교육과 합리적 의사 결정

1) 학교의 조직화된 무질서

코헨 등에 따르면 학교는 불안정하고 유동적이며 합리적이고 체계적이지 않기 때문에 무질서하고 무정부적(organization anarchy)이라 했다. 조직의 목표가 불분명하고 구성원의 참여가 유동적이며 기술이 불확실하기 때문이다.

- ▶ 학교의 목표가 있기는 하지만 구성원들이 같은 목표를 다르게 해석할 수 있고 그 목표의 우선순위가 개인의 선호에 따라 다를 수 있다.
- ▶ 학교가 목표를 달성하기 위해 학습지도를 한다 해도 교사의 관점과 이념, 그리고 과거의 시행착오적인 경험으로 인해 각기 다른 교수방법과 기술을 사용하게 되어 어느 것이 효과적인지 확신하기 어렵다.

- 교사와 학생이 참여가 유동적이다. 교사의 빈번한 이동과 학생의 이동 및 중도탈락 등으로 구성원들이 매우 유동적이다.
- 학교 부서간의 경계가 불분명하고 사안에 따라 참여자의 범위 및 의사결정자가 수시로 바뀐다.

이런 상황에서 의사결정이 합리적이고 체계적으로 이뤄지기보다는 우연히, 주먹구구식으로 이뤄지는 경우가 많다. 무정부 상태에서의 의사결정은 마치 쓰레기통에서 무엇을 선택하는 상황에 처하게 된다고 하여 의사결정의 쓰레기통 모형(garbage can model)이라 하기도 한다(Cohen et al. 1972).

2) 현명한 결정을 내리는 법

문제에 대해 항상 현명한 결정을 내리도록 노력한다. 다음은 그러한 결정을 내리도록 하는데 도움이 되는 몇가지 지침들이다.

- 그 문제에 대해 충분히 기도한다.
- 경건한 그리스도인들로부터 충고를 구한다.
- 그 결정에 도움이 될만한 정보는 그것이 성경적이든 세상적이든 모두 수집한다.
- 문이 열려있는지 찾아본다. 하나님께서 어느 쪽으로 인도하시는지를 알아볼 수 있는 작은 신호들이 있을 것이다.
- 이상의 모든 것이 성령의 인도로 다 일치가 되어 그 문제에 대해 마음에 평안이 찾아올 때까지 기다린다(오스터, 1998).

3) 학생이 바람직하지 못한 행동을 보일 때

학생의 바람직하지 않은 행동에 대해서는 분명하게 반응한다. 만약에 학생의 행동을 바꾸고 싶으면 어떻게 해야 할까? 예를 들어 학생이 공부를 계속하지 않고, 수업시간에 들어오지 않고, 수업시간과 그룹작업중 관계없는 얘기하고, 수업이 끝나기도 전에 일어나고, 프로젝트그룹에서 협동하지 않는다면 신중하게 접근할 필요가 있다.

바람직한 행위가 나타나면 간섭할 것인가를 먼저 결정하고, 결과를 고려하면서 바람직하지 않은 행위를 다룬다. 어떤 조치를 취하기 전에 교사의 책임인지 교사의 통제범위 내에 있는 일인지 신경쓸만한 일인지 살핀다. 교사의 책임도 아니고 교사의 통제 범위도 벗어나며 신경쓸만한 일이 아니면 무시한다. 그러나 그렇지 않다면 그 행위에 대해 생각해봐야 한다.

교육과 커뮤니케이션

1) 주의력 집중과 유지

교수 - 학습과정에서 가장 중요한 커뮤니케이션 문제는 학생들의 주의력 문제이다. 주의력이 떨어지면 학습효과가 적고 가르치기 어렵게 된다. 수업중 주의가 산만해지면 교사는 주의를 다시 유도하기 위해 무엇인가 해야 한다. 교사가 자극을 정기적으로 변화시킴으로써 주의를 환기시킬 수 있다. 설명을 하는 것에서 토론하는 것으로, 토론하는 것에서 시뮬레이션으로, 시뮬레이션에서 읽는 것으로 변화시킬 수 있다.

교사는 설명할 때 이야기하는 방법과 내용을 변화시킬 수 있고, 움직이는 동작을 보일 수 있으며, 사용하는 매체를 다양화할 수 있다. 학생들의 주의를 불러 일으키고 주의를 집중시키는 것이라면 어떤 변화도 적절하다. 학생들의 주의를 집중시키고 유지시키기 위해 자극을 변화시킨다(Yelon, 1998).

주의를 끎

다음은 주의를 끌기 위한 가이드라인이다.

- 교사의 행동을 다양화한다. 설명할 때 목소리와 동작에 변화를 준다.
- 프로그램을 다양화한다. 때로는 개념을 학생들에게 설명하고, 때로는 학생들이 나누어 준 사례들로부터 개념을 발견케 하고, 때로는 토론하게 하며, 때로는 시뮬레이션하게 한다. 개별적으로 학습하거나 집단으로 학습하는 기회를 부여한다.
- 테크닉을 다양화한다. 짧은 강의를 하고, 이어 연습을 시키고, 간단한 읽기와 비디오 시청을 중간에 집어넣고, 학생들에게 짝을 지어 요점에 관해 토론하거나 문제점으로 부각된 주제에 대해 그들의 생각을 적게 한다.
- 창의적으로 가르친다. 전달하고자 하는 개념을 가르칠 수 있는 색다른 방법을 생각한다.
- 유머, 긴장감, 충격, 그리고 놀라움을 도입한다. 자연스럽게 학생들을 놀라게 하는 방법을 찾는다. 기대하지 않았던 것을 제시한다.
- 학생들에게 주의력을 집중하는 방법을 가르친다. 학생들이 자신들의 정신을 집중하는 것에 책임을 지고 학습에 몰두하도록 가르친다. 자신의 집중도를 점검하고 공부하는 동안 활동을 변화시킨다. 학습한 것을 스스로 물어본다. 공부한 것에서 응용할 수 있는 것을 찾아본다.

주의력 집중
학생들의 주의력을 집중시킨다. 다음은 학생들이 정신을 집중하는데 도움을 준다.

- 학생들이 중요한 단서에 주의를 집중하도록 매체를 이용한다.
- 요점을 강조한다. 강조하는 내용을 좀 더 큰 소리로 말하거나 비밀을 이야기하는 것처럼 속삭인다. 내용이 중요하다고 말하거나 주의 깊게 들으라고 말해준다. 또는 중요하다고 생각되는 내용을 토론하라고 말한다. 무엇이 핵심이며 중요하다고 생각하는가 묻는다.

호기심 유지

계속 호기심을 불러 일으킨다. 다음은 호기심을 불러 일으키는데 도움이 되는 것들이다.

▶ 질문을 사용한다. 질문을 하고 곧바로 대답을 하지 않는 것은 학생들의 호기심을 자극할 수 있는 좋은 방법이다. 교사가 할 일은 질문을 생각하고 학생들에게 부과하는 것이다. 교사는 질문에 대해 조금씩 대답할 수 있고 학생들이 스스로 답을 찾게 할 수도 있다.
▶ 문제를 해결하는 퍼즐게임(puzzling game)이나 시범을 이용한다. 퍼즐은 주위의 상황에서 학생들이 관찰은 하지만 이해할 수 없는 조건들이다. 퍼즐은 학생들이 질문하고 답을 찾게 유도한다.

2) 교사의 열성과 닥터 폭스 효과

교사는 모든 면에서 열성이 필요하다. 열심(enthusiasm)속에는 하나님(Theo)이라는 말이 들어 있다. 하나님을 향한 우리의 열심이 교육을 통해 나타나야 한다.

닥터 폭스 효과는 열정적인 강의에 학생들이 더 만족한다는 것을 말한다. 닥터 폭스(Dr. Myron Fox)라고 알려진 한 배우가 교육자들에게 강연하기 위해 초대를 받았다. 그는 활기있고 열성적으로 이야기해줄 뿐만 아니라 애매모호한 말, 새롭게 지어낸 말, 그릇된 결론, 모순된 말 등을 사용해 줄 것을 요청받았다. 비교적 의미없는 내용에도 불구하고 그 연사는 좋은 평을 받았다. 비록 내용은 없었지만 학생들은 열성적인 강의에 만족할 수도 있다는 것을 보여 주었다.

또 다른 연구자들은 닥터 폭스의 강연을 변형시킨 실험을 시도했다. 그들은 강의의 생생함의 정도와 의미있는 내용의 정도를 여러 가지로 변화시켜 섞어 보았다. 그들은 실속있는 내용이 많을수록 그리고 표현력이 뛰어날수록 학생들이 더 많이 배우는 것을 발견했다.

이와 같은 종류의 여러 연구들을 검토한 후 학자들은 만족도와 성취도는 표현력에 의해 영향을 받는데 특히 만족도가 훨씬 더 많은 영향을 받는다고 결론을 지었다. 학생들의 만족도와 성취도를 이끌어 내기 위해서는 조직된 핵심적인 내용을 열성적으로 가르칠 필요가 있다.

3) 직소 테크닉

직소 테크닉(jigsaw technique)은 한 집단의 학생들이 각 단원을 연구하여 가르치는 방법이다. 먼저 특정 전쟁과 같은 주제를 가지고, 학생들을 정치적인 요인들, 경제적인 요인들, 사회적인 요인들, 국제관계, 전투의 전략, 위생문제들, 그리고 주요 인물의 성격 등 여러 시각을 다루는 집단으로 나누어 공부하게 한다. 교회학교에서도 주제를 요인, 국제 및 사회관계, 인물의 성격 등 여러 시각으로 나누어 소그룹 단위로 공부할 수 있다.

각 영역별 학습을 마친 후 학생들은 새로운 집단으로 다시 구성되는데 새로운 집단에는 처음에 구성한 각 집단의 학생이 적어도 한 명씩 포함된다. 새로운 집단에서 최초에 구성되었던 집단에서 온 영역별 전문가들은 그들이 알고 있는 지식을 공유한다. 따라서 모든 학생들은 다른 사람들이 알고 있는 지식을 배우게 된다.

이런 방법은 마치 친구와 함께 과제로 주어진 독서물을 각기 한 부분씩 읽고 나중에 만나서 요약한 것을 서로 바꿔 가지고 상대방에게 자신이 학습한 것을 가르치며, 이것이 끝나면 둘다 각기 개인적으로 학습한 모든 지식을 서로 공유하는 것과 같다. 이 방법은 단지 교육의 효과뿐 아니라 소그룹간 커뮤니케이션의 효과를 높이는데도 도움이 된다.

4) 교사의 태도와 행동

커뮤니케이션은 무엇보다 교사의 태도와 행동에 따라 크게 달라진다. 따라서 교회 행정책임자는 교사로 하여금 교육자로서의 태도를 바로 가지게 하고, 학생들에게도 따뜻하고 위로와 격려가 넘치는 말을 하도록 한다. 이 점에서는 행정책임자도 마찬가지다.

교사의 태도
교사가 교실에서 유지해야 할 태도는 다음과 같다.

- 교실을 깨끗하게 한다. 다른 수업시간의 벽보를 제거하고 그 수업 목적에 맞는 도표와 슬로건을 벽에 붙인다.
- 수업시간에 일찍 도착하고 각 학생의 이름을 부르며 인사한다.
- 정각에 시작하고 끝낸다.
- 본론에서 이탈하지 않도록 하되 시간과 형식에 대해 불필요하게 엄격하지 않도록 한다.
- 자기 자신이나 교과목에 대해 자연스럽게 생기는 유머를 이용한다.
- 학생들이 질문을 하고 답하고 다른 학생들을 만날 수 있도록 이야기 시간(talk session)을 갖거나 수업시간을 분류한다.
- 음성변조나 관련 행동을 이용해 변화를 준다.
- 가능한 빨리 분명한 피드백을 한다. 칭찬이나 피드백 외에 개인적 조언도 한다.
- 학생들의 눈높이에서 학습이 이뤄지도록 한다.

교사의 언어
교사는 학생들을 존중하고 그들의 학습을 돕는다는 것을 보여주어야 한다. 학생들 스스로 가치가 없다거나 멍청하다고 느끼게 할 만한 말을 하지 않는다.

교사가 자주 사용해야 할 말
- 어려운지 알아. 하지만 나는 네가 할 수 있다는 것도 알아.
- 도움이 필요하면 언제든지 나를 찾아오렴.
- 어떤 질문도 좋단다.
- 네가 우리 반이라는 것이 기쁘다.
- 다른 도움이 필요하면 전화하렴.

▶ 너는 책임감있는 사람이야. 먼저 이 두 가지를 하고, 그리고…
▶ 지난 번에 네가 한 질문에 대해 생각해봤는데…

교사가 피해야 할 말
▶ 네가 이런 걸 할 수 있으리라 생각하지 않지만 어쨌든 해보렴.
▶ 너 집중하지 않았구나
▶ 저런. 다시 시작해야 되겠다.
▶ 너는 왜 여기 와 있는거니?
▶ 숙제를 내주면 너 할거니?
▶ 이 문제는 똑똑한 애들을 위한 것인데.

【 도움말 또는 사례 】

가장 위대한 동기부여

교회학교는 1780년 영국의 산업혁명 과정에서 소외된 어린이들에 대한 관심으로부터 시작되었다. 산업혁명으로 많은 사람들이 경제적 어려움에 처해 있었지만 교회는 이들에 대해 무관심했다. 공장 고용노동자들이 늘어났지만 어린이마저 산업현장에 서야했으므로 어린이의 교육권은 거의 박탈된 상태였다. 심지어 어린이에게는 일을 가르쳐야지 교육을 시켜서는 안된다는 주장마저 대두되었다.

이런 가운데 레익스가 주일학교를 시작한 것은 혁명적인 사건이었다. 이것은 어린이 교육부재에 대한 대안이 되었고, 영국사회를 변화시키는데 크게 도움을 주었다. 동기부여중 가장 위대한 동기부여는 바로 교회학교가 우리 사회에 있다는 것이다.

【 생각해 볼 문제 】

1. 교사들이 교육에 있어 가지고 있는 문제점을 살펴보고 행정담당자로서 그들에게 어떻게 해야 힘을 줄 수 있는지 말해보라.

2. 문제상황에서 행정담당자가 어떤 태도를 가지는 것이 바람직한가?

3. 주의력을 집중하고 유지할 수 있는 가장 좋은 방법은 무엇인가?

4. 교사가 수업에 임하는 태도와 행동이 어떠해야 하는가 말해보라.

【 참고 문헌 】

Adam, J. E. (1998). Shepherding God's Flock. 목회연구. 기독교문서선교회.

Cohen, M. D., March, J. G. and Olsen, J. P. (1972). "A Garbage Can Model of Organizational Choice," Administrative Science Quarterly. 17:1:1-15.

Oster, M. (1998). 아들아, 지혜로운 남자가 되어라. 생명의 말씀사.

Yelon, S. L. (1998). Powerful Principles of Instruction. 성공적인 수업을 위한 10가지 교수 원리. 길안사.

제12장 인간관계와 갈등관리

인간관계론

1) '그리피스'의 인간관계론

그리피스(D. Griffiths)는 교육행정에 있어서 가장 바람직한 인간관계는 인간의 권위와 가치에 대한 신념에 바탕을 둔 상호존중과 호의라고 주장했다. 이를 위해 교장은 자신과 타인을 그들이 처한 사회적 상황에 관련짓는 기술이 필요하다고 보았다. 이 기술은 인간관계의 내용을 이해하고 지속적으로 실천함으로써 개선된다.

학교행정가가 이해해야 할 인간관계의 주요 내용은 다음과 같다 (Griffiths, 1956).

동기부여

행정가는 사람들이 그 일을 하게 된 원인이 무엇인가를 알아야 한다. 심리학적 동기뿐 아니라 사회학적, 문화인류학적 측면까지 고려한다.

언어

행정가는 교사, 학생, 교직원, 시민, 판매원 등과 의사소통을 함에 있어서 주로 언어에 의존하므로 의사를 효과적으로 전달할 수 있는 언어를 구사해야 한다.

권력구조
권력은 사회조직의 시멘트이다. 학교뿐 아니라 학교 밖과의 관계를 유지함에 있어서 이를 지키고 운영하는 힘에 대한 지식을 가지고 있어야 한다.

권한
권력의 제도적인 표현이 권한이다. 학교행정가는 권한이 개인의 행위에 어떻게 영향을 미치는가에 관심을 가지고 있어야 한다.

사기
집단에 나타나는 사기의 정도는 조직 내에서 좋은 인간관계 형성에 중요하다. 사기는 행복한 정신의 발현뿐 아니라 집단의 편에 서서 공동의 목적을 수용하고 이를 달성하기 위한 집단노력과 고도의 단체정신을 유지한다.

집단역학
행정가의 업무는 집단 안에서 이뤄진다. 집단성과 집단행동의 역학에 대한 지식과 집단과 더불어 일하는 기술을 통해 조직을 활성화시킬 수 있어야 한다.

의사결정
의사결정은 진공에서 이루어지는 것이 아니라 경험을 배경으로 합리적으로 이루어진다. 각 결정이 학교체제를 발전시키는 것이 되려면 행정가는 의사결정 과정에 익숙하고 이에 대한 폭넓은 지식을 가지고 있어야 한다.

리더십
리더십은 본질적으로 집단과정이다. 훌륭한 지도자는 때로 훌륭한 추종자가 되어야 한다. 행정가는 현명하고 효과적인 지도성을 발휘할 수 있어야 한다.

2) '데이비스'의 인간관계론

데이비스는 개인차, 전인성, 동기유발, 인간의 권위를 이해하고 발전시키면 보다 나은 인간관계를 유지할 수 있다고 보았다(Davis, 1972).

개인차

좋은 인간관계는 개인차에 대한 이해에서 비롯된다. 관리자는 개인차를 염두에 두고 동기부여를 해야 한다.

전인성

관리자는 사람의 기술만 보고 말하는 것이 아니라 그 사람의 전체적인 인격과 말해야 한다. 관리자가 전인성에 얼마나 접근하느냐에 따라 조직의 성패가 달라진다.

동기부여

사람은 모두 욕구를 가지고 있다. 관리자는 그 욕구를 조직뿐 아니라 개인에게 유익이 되도록 동기 부여할 필요가 있다. 조직에서 동기부여는 조직을 움직이는 증기기관에 점화를 하는 것과 같다.

인간의 권위

개인차, 전인성, 동기 부여가 과학의 문제라면 권위는 보다 도덕적이고 철학적인 문제다. 인간은 다른 생산요소와는 달리 취급되어야 한다. 만물의 영장으로서 그 권위를 인정하고 존중해야 한다. 아무리 단순한 일을 한다 해도 그 과업을 맡은 사람을 존중하고 그의 포부와 능력을 인정할 때 결과가 달라진다.

피그말리온 효과와 자성예언

"좋은 것을 생각하면 좋은 일이 일어나고 나쁜 것을 생각하면 나쁜 일이 일어난다." 이것은 머피의 법칙 가운데 하나다. 이 법칙이 인간관계에 적용되는 것이 바로 피그말리온 효과와 자성예언 효과다.

관리자가 구성원의 성장동기를 억제하고 타율적이고 수동적이며 종속적인 행동을 기대하면 결과적으로 구성원은 미숙한 상태의 행동수준에 머무르게 되고, 그들을 성숙한 존재로 대우하여 자율적이고 창의적으로 업무를 수행할 기회를 갖도록 하면 성숙한 상태의 행동이 강화된다. 이것을 피그말리온 효과(Pygmalion effect)라 부른다.

인간은 기대되는 대로 성취된다. 높은 기대는 높은 성취를, 낮은 기대는 낮은 성취를 가져온다. 이 기대를 자기의 것으로 내면화하면 자성예언(self-fulfilling prophecy) 효과를 가져온다.

이 현상은 기업뿐 아니라 학교에서도 나타난다. 학교는 인간의 성장과 발달을 목적으로 하는 조직이기 때문에 다른 조직보다 성장의 기회가 많이 제공된다. 그러나 학교조직이라 할지라도 규칙과 제약이 많으면 많을수록 미숙하게 취급된다. 고등학생이 초등학생보다 미숙하게 취급되는 것도 이 때문이다(Hersey & Blanchard, 1982).

교회학교 내의 교차적 인간관계

1) 행정담당자와 교사의 인간관계

교사와 교회교육행정 책임자 사이의 관계에 벽이 없어야 한다. 담임목사, 교육목사, 교육위원들은 평상시 교사들의 사기앙양에 힘써야 한다. 평소 교사 자신들의 사기가 저하되면 교사를 모집할 때 무관심하게 될 뿐 아니라 교회일 전반에 대해 부정적 태도를 갖게 된다.

교회학교의 지도자나 교회학교장이 교사들을 돌보는 책임을 져야 하며 특히 신임교사들에게 용기를 북돋아 주면서 교사경험에서 부딪치는 여러 갈등을 극복하도록 도와 주어야 한다. 교역자가 교회교육 담당자와 함께 심방을 해 그가 교사로서 사역을 잘 감당하도록 지도 격려하는 교육심방을 실시한다.

교사 자신이 신앙적인 문제로 고민하거나 인간관계로 고민하게 되면 현장교육에 문제가 발생할 수 있다. 신앙적 문제를 극복하기 위해 교사들을 위한 특별예배를 갖거나 여러 신앙 프로그램을 마련할 필요가 있다. 교사들이 서로 인간관계를 돈독히 가질 수 있도록 정책적으로 배려한다.

교장의 행동적 특성이 문제가 되므로 다음 사항에 주목하여 인간관계에 문제가 발생하지 않도록 한다.

- ▶ 신뢰할 만한가?
- ▶ 학교장으로서 권위가 있는가?
- ▶ 공개적으로 일을 하는가?
- ▶ 독선적이고 지배성이 강하지 않는가?
- ▶ 냉담한가?
- ▶ 관료지향적인가?
- ▶ 목표지향적인가?
- ▶ 인간지향적인가?

2) 교사 상호간의 인간관계

교원집단의 인간관계 특성으로서 상호불신, 갈등, 친밀성, 통합성, 사기, 장애성, 협동성, 일탈성이 거론되고 있다. 이런 문제를 해결하기 위해 교사소그룹을 통해 교사들 상호간에 친밀감을 강화하도록 한다.

3) 교사와 학생간의 인간관계

"학교는 있어도 스승은 없다"는 말이 있다. 이것은 학생이 교사에 대해 신뢰하지 못하고 있음을 보여준다. 무엇보다 학습자와 교사간에 신뢰가 구축되어야 한다.

교사는 학생의 필요를 파악하여 효과적으로 그들을 도울 수 있도록 심방을 실시한다. 심방은 교사와 함께 담당교역자가 실시하며 개인양육적 차원에서 실시한다. 가정과 긴밀한 협조로 교육 공조체제를 이루어 학생을 지도한다. 전화로 먼저 심방한 다음 가정을 방문하는 것이 좋다.

- ▶ 교사는 무엇보다 자신이 하나님과의 만남의 체험을 통해 선교적 과업을 계승하고 있음을 분명히 해야 한다. 자신이 하나님과의 만남을 통해 학생들에게 사랑으로 하나님을 증거하며 진리 자체에 관한 만남이 이뤄지는 영의 도구로 자신을 헌신해야 한다.
- ▶ 학생들을 그리스도께 인도할뿐 아니라 그들이 영적으로 성장하도록 돕는다.
- ▶ 학생들은 모두 꿈을 가지고 있다. 따라서 교사는 그들의 꿈이 하나님과의 관계를 통해 성숙되도록 도와줄 필요가 있다.

4) 학생 상호간 인간관계

교회학교의 학생은 일반학교의 학생생활과는 다른 모습을 보여야 한다. 학습자 상호간에도 벽이 없어야 한다. 서로가 서로에게 친구가 되어 주는 것이 중요하다. 이를 위해 믿음 안에서 서로 격려하고 자신보다 남을 위해 살 수 있는 마음을 갖도록 한다. 서로 사랑하고 존경하며 위하는 마음을 가질 때 하나님의 말씀이 학생들 사이에서 바로 설 수 있다. 각자의 고민도 서로 말할 수 있게 하고, 상대를 깊이 있게 이해하며 문제를 말씀으로 풀어갈 수 있도록 한다.

5) 교사와 학부모와의 관계

대개 교회학교의 학부모들은 신앙교육을 담당하는 교사에 대한 관심이 제도학교의 교사에 비해 지극히 적다. 학습자의 올바른 성장, 균형잡

힌 신앙인으로 커 가는 것은 중요한 일임에도 불구하고 일반 학교 교사보다 무관심하다. 부모들은 자녀들을 교회학교에 맡긴 순간부터 자신이 가정에서의 교사임을 포기하고 있으며 교회학교와 아무런 협력도 추구하지 않는다.

여기에는 여러 가지 이유가 있겠지만 신앙교육에 대한 낮은 기대감과 교사가 비전문가라는 생각을 가지기 때문이다. 따라서 교사는 학습자들의 특별한 교육과정을 통해 그들의 성장과 변화과정에 대한 세심한 관찰, 성의있는 기록, 자상한 상담을 통해 닫혀 있는 학부모의 마음을 먼저 열 필요가 있다. 그리고 학부모 또한 자녀들의 고민과 생활 습관, 변화과정에서 나타난 감당할 수 없는 문제들에 대해 상담을 요청할 필요가 있다.

교회가 학부모들로 하여금 교회교육과 교사에 대해 관심을 갖게 하는 것도 중요하다. 교인들에게 교사를 위해 기도하게 하고, 커피타임이나 식사에 교사를 초대해 친숙하도록 한다. 일년에 최소한 한 차례 이상 교실방문의 날을 정해 학부모들이 교실을 방문해 교사들이 하는 일을 참관케 한다. 또한 일일교사 제도를 두어 부모가 직접 교육에 참여하게 하는 방안도 있고, 보조교사로서 활동하도록 하는 것도 좋은 제도이다. 특히 절기나 교사의 날에 교사를 위한 카드나 선물을 마련해 주거나 함께 공동식사를 함으로써 거교회적으로 교사에 대한 관심을 불러 일으킨다. 이렇듯 교사에 대한 관심이 높아지면 교사에 대한 선호도가 높아지고 교회교육이 활성화된다.

교사의 갈등 이해

스트레스는 일하는 사람과 그의 작업환경 사이에 조화가 결핍되어 일어나는 현상이다. 교사들도 그들이 당면하는 문제가 그들의 정신적 안정을 위협하고 이 문제를 해결할 능력을 초월할 때 불쾌하고 부정적인 감정이 일어나게 된다.

여러 교육관계 조사에 따르면 교사는 주변 환경, 각종 수업관련 활동, 사무처리, 행사준비 및 참여, 연수 및 연구, 시설 및 환경 관리, 조직 건강상태 등으로 스트레스를 받는다.

- ▶ 학교 주변의 물리적 환경 및 교육적 환경
- ▶ 교무실, 강의실, 휴게실 시설 설비 면적, 시설의 편의성, 사무기기, 책걸상, 조명, 환기, 냉난방
- ▶ 근무부담 : 학생부담, 수업부담, 업무부담
- ▶ 수업지도 여건 : 교수 및 학습자료 구비, 교구 및 시청각 기자재 확보, 학업부진 학생지도 부담, 학급의 학습분위기
- ▶ 교직업무의 특성 : 과제수준과 난이도, 수행의 자율성, 수행기술의 다양성, 역할 명확성
- ▶ 조직건강 : 신뢰성, 적응성, 자원활용, 응집성, 의사소통, 목표집중성, 혁신성, 권한 배분의 적정성, 문제 해결의 적정성, 생산성, 기획성, 동조성 등

멜치에 따르면 스트레스와 과업수행은 연관이 있다(Gmelch, 280). 다음 그림의 세로축은 과업수행의 정도를, 가로축은 스트레스의 정도를 나타낸다. 이를 보면 지나친 스트레스나 불충분한 스트레스는 최고수준의 과업수행에 본질적인 심리적, 생리적 균형을 깨뜨린다. 가로축의 양극에서 우리는 스트레스에 의한 죽음을 발견할 수 있다.

바이올린의 현이 지나치게 느슨하거나 지나치게 팽팽하면 연주를 제대로 할 수 없는 것과 같다. 직무의 양은 너무 적어도 안 되고 많아도 안 되며 적정 수준을 유지해야 한다.

스트레스와 과업수행

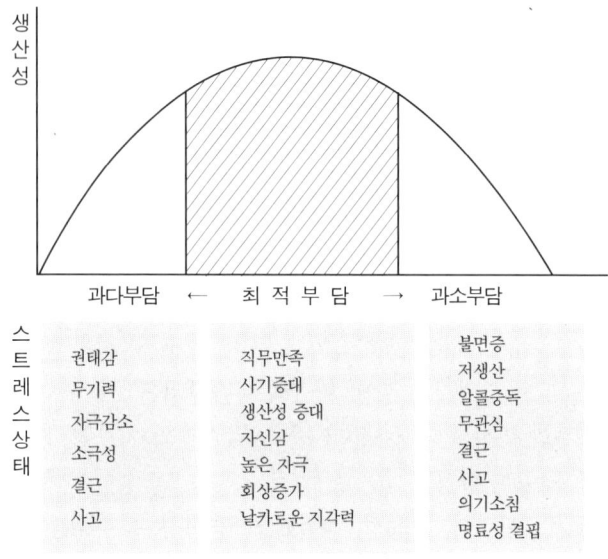

출처 : Gmelch, 29, 280.

교육에 있어서 갈등해소를 위한 방법

1) 무언의 행동

무언의 행동(action parable)은 여러 갈등을 담고 있는 계획된 경험 속에 들어가 무엇인가 행동하게 해 학생 스스로 그 갈등을 몸으로 느끼고 해결점을 모색하게 하는 방법이다.

이것은 인간관계에서 일어나는 문제들이나 환경에의 적응과 같은 문제들에 대해 학생 스스로 해결점을 발견할 수 있게 하는 것으로 말은 하지 않고 행동만으로 계획된 경험을 하게 한다. 자유로운 분위기 가운데 몸으로 느끼고 몸으로 말하게 하는 가운데 여러 시행착오를 통해 학습하게 한다. 이 방법은 경험을 먼저 하고 나중에 그 경험들을 돌아봄으로써 학습내용을 발견하게 하는 것이므로 교사는 학습하고자 하는 내용을 먼저 제시하지 않도록 주의한다.

무언의 행동에는 짝을 지어 경험하게 하는 방법과 소그룹을 통해 경험하는 방법이 있다.

짝경험(1)
▶ 교사가 두 사람씩 짝을 짓게 한 다음 한 사람의 눈을 수건으로 가리게 한다. 다른 한 사람은 10분 동안 눈을 가린 짝의 손을 잡고 인도하면서 옷을 만지게 하거나 문을 열게 하기도 하며 물건을 만지게 하는 등 많은 경험을 하게 한다. 이 행동을 무언으로 하게 한다.
▶ 10분이 지난 다음 서로 역할을 바꾸어 같은 방식의 경험을 하게 한다.
▶ 이같은 경험이 모두 끝나면 모두 모여 신뢰와 불신에 대한 느낌을 서로 이야기하게 한다. 짝을 신뢰할 수 있었는가? 그 이유는 무엇인가? 신뢰하지 못했다면 그 이유는 무엇인가?

짝경험(2)
▶ 두 사람씩 짝을 짓게 하고 한 사람을 자기 짝의 뒤에 서 있게 한다. 앞에 서 있는 짝의 눈을 수건으로 가린 다음 뒤로 넘어지도록 하고, 뒤에 있는 사람은 그 사람이 다치지 않도록 손으로 받아주게 한다.
▶ 이 행동이 끝나면 서로 역할을 바꿔 다시 하게 한다.
▶ 전체가 모여 이 경험에 대해 이야기를 나눈다.

소그룹경험
▶ 10명 정도의 소그룹으로 나눈 다음 각 그룹에서 한 사람의 술래를 정하게 한다. 나머지 9명은 팔짱을 끼고 원을 만들어 서 있고 술래는 원 밖에 서 있게 한다.
▶ 교사의 신호에 따라 약 3분 정도의 시간 안에 술래는 어떤 방법으

로든 그 원을 뚫고 안으로 들어갔다가 다시 밖으로 나오게 한다. 이 때 술래가 사람을 다치게 하는 등 난폭한 행동을 하지 못하게 주지시킨다.
▶ 3분이 지나면 술래를 교대하여 같은 요령으로 행동하게 한다. 모두가 술래가 되는 경험을 할 때까지 계속한다.
▶ 끝나면 다 함께 모여 술래가 되었을 때와 원을 만들고 있을 때의 느낌을 서로 나눈다.

교사는 이 방법 외에 여러 다른 경험들을 제시할 수 있으며 학생들의 느낌을 종합하고 논평한다.

2) 역할극

역할극(role playing)은 상대에 대한 이해를 높이는 방법이다. 이것은 사람들 사이에 발생하는 문제를 해결하기 위한 것으로 문제 속의 인물 역할을 맡아 즉흥적으로 연기함으로써 문제 및 상대방을 이해하게 되고, 문제해결의 가능성을 높인다.

역할극은 문제상황만을 제시하고 연기자들이 나름대로 자유롭게 진행하는 방법, 과거의 상황을 실제 재현시키는 방법, 문제상황의 일부 줄거리만 제시한 다음 계속 그 문제를 즉흥적으로 전개하여 풀어가는 방법 등 여러 가지가 있다.

▶ 역할극의 줄거리가 제시되면 각 연기자들은 역할을 명확히 하는 예비토의 시간을 갖는다. 무엇이 문제의 초점인지 파악하기 위한 것이다.
▶ 연기자들은 문제를 어떻게 해결해 나갈 것인가를 목표로 삼고 연기한다.
▶ 연기가 절정에 이르러 문제의 해결책이 제시되면 사회자는 연기를 중단시킨다.
▶ 역할연기를 맡았던 사람들에게 각자의 소감을 묻는다. 어떤 점이 불충분했다고 생각하는지 말하게 한다.

▶ 그룹토의를 통해 적절한 해결책에 도달하지 못하면 다른 회원들에게 부분적인 상황에 대한 연기를 하도록 하고 거기에 대해 토의한다.
▶ 역할극을 통해 얻은 결론에 대해 각자의 생각을 함께 나눈다.

역할연기는 주로 인관관계의 문제를 취급하는데 주로 사용되고 있다. 교회학교에서는 성경의 이야기를 다시 재현해 성경을 연구하는 방법으로 활용할 수 있다. 이 때 학생들로 하여금 자신의 입장과는 다른 역할을 맡도록 하는 것이 바람직하다. 역할극에 임하는 태도가 진지하지 않으면 익살로 끝날 수 있으므로 참가하는 사람 모두가 문제의식을 가지고 있어야 한다.

3) 피드백 게임

피드백게임(feedback game)은 인간관계향상을 위한 기법이다. 다른 사람의 도움을 얻어 자신의 모습을 발견함으로써 자아의 성숙에 이르게 하기 위한 방법이다. 소그룹의 멤버들이 한 사람씩 돌아가며 그 그룹 원 안에 들어가서 자신의 인상, 장점, 단점, 무의식적인 행동 등에 대해 다른 멤버들의 지적을 받게 하는 방법이다(Blumberg, 1976). 자신의 얼굴에 있는 티를 알기 위해서는 자신이 직접 거울을 보고 아는 방법과 다른 사람이 발견해주는 방법 두 가지가 있다. 피드백게임은 다른 사람들이 자기를 어떻게 보고 있는가를 알게 하여 자신의 모습을 새롭게 깨닫게 하는 것이다.

교사는 이 게임을 실시하는 목적과 가치를 간단히 설명한 뒤 전체 학생을 6-8명 정도의 소그룹으로 나눈다. 각 소그룹은 원형으로 둘러 앉아 잠시 각자의 출생지, 출신학교, 가족사항, 이름, 나이, 취미, 특기 등에 대한 소개 시간을 가져 서로 친숙한 분위기를 느낄 수 있게 한다.

▶ 한 사람이 소그룹의 원 안에 들어가 앉게 하고 나머지 멤버들은 한 사람씩 돌아가면서 그 사람의 인상, 장점, 단점, 무의식적인 행동

등에 대해 자신이 느낀 대로 솔직하게 지적해준다.
- ▶ 이 때 교사는 피드백을 하는 사람들에게 피드백을 받는 사람의 과거 사실보다 현재 사실에 중점을 두어 지적하게 하고, 막연한 느낌보다 구체적인 행동을 통해 나타나는 실례를 들어 지적하도록 한다.
- ▶ 이와 같은 요령으로 소그룹의 멤버 모두가 역할을 바꾸어 원 안으로 들어가 피드백을 받게 한다.
- ▶ 피드백을 받는 사람은 다른 사람들의 지적을 침묵 가운데 조용히 듣기만 한다.
  변명이나 해명을 하는 발언을 해서는 안 된다.
- ▶ 피드백 순서가 모두 끝나면 소그룹 또는 전체 그룹에서 각자가 새롭게 깨달은 자신의 모습과 이런 경험을 통해 느낀 점들을 돌아가면서 함께 나눈다.

피드백 게임이 효과를 거두기 위해서는 피드백이 비난이나 공격을 위한 수단이 되지 않도록 해야 하며, 다른 사람에게 도움이 되도록 솔직하게 지적해 주어야 한다.

인간관계 개선을 위한 바람직한 태도들

1) 열린 마음과 열린 태도

교육하는 사람이나 교육을 받는 사람은 변화를 두려워해서는 안 된다. "실패할 것이다", "누구도 나의 이야기를 들어주지 않을 것이다", "상대가 나를 싫어할 것이다", "나는 안돼"라고 미리부터 부정적인 생각을 가져서도 안 된다. 기성의 가치를 절대화하여 새로운 변화의 물결을 받아들이지 않는다면 새로운 변화에 적응하는 학습자들의 마음도 열 수 없다.

교회 안에서는 언제나 유연한 자세, 기다릴 줄 아는 마음, 어떤 의견이나 어떤 실패도 용납할 수 있는 열린 마음을 가져야 한다.

2) 고정관념의 제거

새로운 시대는 발상의 전환을 요구한다. 이를 위해서는 고정 관념을 깨야 한다. 마찬가지로 보다 나은 인간관계를 위해서는 고정 관념을 제거해야 한다. 성, 지역, 나이, 학벌에 따른 차별적 인식이 교회 안에 존재해서는 안 된다. 우리는 그리스도 안에서 모두 하나요 한 형제라는 인식을 확고히 가져야 한다.

【 도움말 또는 사례 】

김 ○○ 목사님의 고백

김 ○○ 목사님이 미국에 유학을 갔다. 한국에서는 꽤 영어를 잘한다고 생각했는데 첫 강의 때부터 문제가 발생하기 시작했다. 교수의 강의를 이해하려고 귀를 세웠다. 주제가 뭔지는 알겠는데 내용에 들어가서는 헤매기 시작했다. 토의시간에 들어가서는 서로 무슨 말을 하는지 종잡을 수가 없었다. 실망이 절망으로 바뀌었다. 그러자 과정을 마무리한다는 것이 불가능할 것 같은 두려움이 들었다.

지도교수를 찾아가 아무래도 짐을 싸 한국으로 돌아가야 할 것 같다고 말했다. 그러자 그 교수는 김 목사의 등을 두드리며 이렇게 말했다.

"나도 처음에 미국에 와서 얼마나 영어가 어려웠는지 몰라. 자네는 그래도 자신의 의사를 나에게 표현하고 있지 않은가. 나는 그렇지도 못했어. 그런데 지금 나는 교수가 되어 있지 않은가. 자네도 충분히 할 수 있어. 용기를 내게. 용기를."

김 목사는 그 교수의 격려에 힘입어 석사과정을 잘 마치고 귀국하게 되었다. 교사의 격려는 절망에서 일으키는 힘이 있다. 그리스도 안에서 서로의 격려는 서로를 일으키는 데 가치가 있다.

【 생각해 볼 문제 】

1. 교육행정에 있어서 가장 바람직한 인간관계는 상호존중과 호의라는 그리피스의 주장에 대해 어떻게 생각하는가?

2. 피그말리온 효과에 대한 경험을 하나씩 들어보라.

3. 각 교회에서 교사가 어떤 스트레스를 가지고 있고, 그것을 해결하기 위해 어떤 조치가 바람직한지 말해보라.

4. 효과적인 인간관계와 갈등관리를 위한 방법을 나름대로 한 가지씩 제시해보라.

【 참고 문헌 】

Davis, K. (1972). Human Behavior at Work. NY: McGraw-Hill.
Gmelch, W. (1982). Beyond Stress in Effective Management. NY: Wiley.
Griffiths, D. E. (1956). Human Relations in School Administration. NY: Appleton Century Crofts.
Hersey, P. and Blanchard, K. (1982). Management of Organizational Behavior: Utilizing Human Resources. NJ: Prentice-Hall.

제13장 상담관리

고등부 사역자 임 아무개 목사의 노트에는 100명이 넘는 학생들의 신변정보들로 빼곡하다. 학원 가는 시간, 엄마생일에 준 선물, 수학성적이 침몰해 고민이라는 얘기, 그런 것들이 학생들에게 다가가는 징검다리 역할을 한다. 그런 정보를 가지고 학생과 만나기 때문이다. 전화로, 호출기로, 편지로.

주일오후에는 예배에 나오지 않는 결석생들에게 전화를 한다. 한 사람도 빼놓지 않는다. 집에 없으면 부모와 대화하고 호출기에 녹음을 남긴다. 주중에는 나머지 학생들에게 전화를 한다. 새신자들에게는 편지를 쓴다. 문제가 생기면 장문의 편지를 쓴다. 그의 책상에는 이런 경구가 쓰여 있다. "인내는 쓰고 열매는 달다."

토요일에는 목사의 방으로 학생들이 모여 함께 교제하고 다수는 밤을 함께 지샌다. 그는 학생들에게 큰 형님으로 불린다. 청소년 시절에 얼마나 깊은 신앙을 가질 수 있을지 의심스럽지만 그래서 더욱 교회 안으로 그들을 붙들어 두려는 목사의 끈기가 있는 한 주님은 그들을 깊이 만나 주실 것이다.

현재 교사는 열심히 학생들의 개선을 위해 노력한다. 그렇다고 교회학교가 상담에 관한 모든 것을 교사에 맡겨 버리는 무책임한 행정을 해서는 안 된다. 교회교육행정 담당자는 상담 및 그 관리에 지속적인 관심을 가지고 있어야 하며 그것의 개발을 위해 노력해야 한다.

교회학교에서의 학생상담의 의미

레익스가 처음 주일학교를 열었을 때 몇 명의 질이 나쁜 아이들도 있었다. 그들은 교회에 들어올 때부터 나쁜 모습을 하고 있었다. 부모들이 학교에 보내면서 어떤 때는 14파운드나 되는 무거운 것을 발에 묶어 보내기도 하고 어떤 때는 팔목에 통나무를 묶어 보내기도 했다. 레익스는 비록 아이들이 그런 모양으로 나왔다 해도 교회교육을 통해 개선될 것을 믿었다.

교회학교가 시작된 지 3년이 지나자 결과가 달라졌다. 주일학교를 통해서 난폭하고 불량스럽던 어린이들의 생활 속에 새로운 변화와 개혁이 일어난 것이다. 교사가 학생들을 어떻게 대하느냐에 따라 학생은 달라진다. 교회학교에서의 상담은 개개인의 염려를 기독교적 상담을 통해 변화시키는 데 목적을 두고 있다.

- ▶ 인간은 변화를 받을 필요가 있다. 프로이드적 상담은 자기 행동에 대한 책임을 묻기보다 무의식의 작용에 관심을 둔다. 그러나 기독교는 인간은 변화를 받을 필요가 있는 죄인임을 확실히 한다.
- ▶ 변화되기 위해 성령님의 도우심이 필요하다. 로저스와 같은 상담자들은 인간이 스스로 변화의 주체임을 강조한다. 그러나 기독교는 다르다. 변화되기 위해 인간은 성령의 능력 안에서 믿음으로 상담을 받을 것을 강조한다.
- ▶ 변화를 통해 하나님의 형상을 회복한다. 행동주의적 상담에 따르면 인간은 다른 동물과 다름이 없다. 그러나 기독교는 다르다. 모든 사람은 하나님의 형상으로 지어졌다. 따라서 상담을 통해 설득하고 변화를 받아 잃어버린 그 형상을 회복하도록 한다.

교회학교 상담조직과 상담교육

학교는 학생 생활상담실을 두고, 실장은 물론 상담심리를 전공한 전문상담위원을 두며, 교사는 그들이 다하지 못한 역할을 보조적으로 해야 한다. 상담전문위원의 수는 교회마다 다를 수 있다.

상담실은 교회에서 가장 쾌적한 공간이 되어야 하며, 상담이 피상적이 아니라 전문성을 가지고 이뤄지도록 해야 한다. 이를 위해 교회학교의 상담조직과 상담위원들이 받아야 할 교육의 내용 등을 살펴보면 다음과 같다.

교회학교의 상담조직

조 직	인 원	내 용 보 기
상담실장	1명	상담심리전공자로서 상담실 운영 책임을 맡는다
상담전문위원	1-2명	상담심리전공자로서 일차 상담을 하고 각종 심리검사를 주관한다
교사상담위원	7-8명	상담에 관심이 있는 교사들로 구성하며 1년에 두어 차례 상담교육을 받는다

상담위원들이 받아야 할 교육의 내용 보기

- 기독교상담의 이해
- 불안, 공포심 이해
- 방어기제
- 성격장애와 증상들
- 스트레스에 대한 이해
- 부부상담
- 대화기법
- 상담실습
- 기독교인의 위기
- 현실요법
- 인간성장 단계와 이해
- 어린이 우울증과 상담법
- 결혼상담
- 자녀양육
- 영적 회복의 기본 요건
- 상담사례 교육

인간발달 이해

1) 에릭슨이 본 인간발달

문화와의 관계에서 인성이 발달하는 모습을 단계적으로 살펴보면 다음과 같다. 교사는 이 단계에 대한 이해를 통해 학생이 어떤 심리적 위기에 있으며 무엇을 필요로 하는지 파악할 필요가 있다.

자아발달의 8단계

단계	사회심리적 위기	중요 관계	자아의 힘
초기유아단계	신뢰 : 불신	어머니	희망
후기어린이단계	자율성 : 수줍음,의심	아버지	의지력
놀이단계	주도성 : 죄책감	가족	목적
학교재학기	근면 : 열등감	이웃, 학교	능력
사춘기, 청년기	자아정체 : 역할혼동	동료그룹	성실
성인초기	친근감 : 고립	친구, 이성, 경쟁자	사랑
성인중기	생산성 : 정체성	직장, 가정	보살핌
성인후기	자아통합 : 절망, 염증	인류	지혜

출처 : Erikson. (1963).

2) 파울러의 신앙과 도덕성의 발달

파울러는 우리의 신앙이 6단계를 거쳐 변화한다고 보았다.

▶ 직관적 - 투사적(intuitive-projective) 신앙 : 아동들은 우주에 대한 환상을 가지고 세계 안의 의미와 질서를 본다. 그들은 혼란하고 환상적인 세계 속의 한 부분인 자신을 느끼고 감정적이며 좋아하는 것을 행동으로 표현한다.

▶ 신화적 - 문자적(mythic-literal) 신앙 : 경험의 기반 위에서 현실과 비현실을 구별한다.
▶ 종합적 - 관습적(synthetic-conventional) 신앙 : 청년기로부터 어른까지에 속한 것으로 이 단계에서는 사회 안에서 자신의 동질성과 위치를 찾기 위해 여러 영향을 받아들이고 이것을 종합한다. 기대나 판단도 타인을 기준으로 하기 때문에 스스로 행동하지 못한다.
▶ 개인적 - 반사적(individual-reflective) 신앙 : 후기 성년기에 나타난다. 이 때부터 신앙에 대한 바른 이해가 시작된다. 자신만의 관점에서 벗어나 다른 사람을 이해하게 되고, 그룹을 형성하여 유대관계를 맺는다. 이때부터 자신이 결정할 수 있는 주체성이 싹트게 된다.
▶ 접속적(conjuctive) 신앙 : 개인의 입장에서 벗어나 그룹의 궁극적 관심과 우주적 관념이 형성되기 시작한다. 신앙적 입장도 개인보다 그룹입장을 반영한다. 대화를 통해 세상의 다양한 구조를 파악하고 인격적 만남이 이뤄진다. 이 단계에서 신앙은 성숙성을 보인다.
▶ 보편화된(universalizing) 신앙 : 특별한 은혜를 받았다고 하는 성인들의 신앙형태이다. 그들 신앙을 보편적으로 보는 것은 그들이 속한 공동체가 어느 정도 우주적이기 때문이다. 그들은 사랑하는 삶을 살아가며, 다른 단계의 사람들과도 동료가 될 수 있다. 이 단계는 완숙한 신앙단계에 속한다.

3) 콜버그의 도덕성 발달
콜버그는 인간의 도덕성이 다음과 같은 6단계를 거쳐 발달한다고 보았다.

▶ 타율적 도덕성(heteronomous morality) 단계 : 벌을 피하기 위해 복종한다. 이것은 자기중심적 판단에 의존된다.
▶ 도구적 교환(instrumental exchange) 단계 : 필요성에 만족하는 단계로 자기를 만족시키는 필요에 따라 움직인다.
▶ 상조적 인간관계(mutual interpersonal) 단계 : 고정관념적 단계

로 다른 사람에게 칭찬을 받는 착한 아이라는 표준에 맞추려 한다.
▶ 사회조직과 양심(social system and conscience) 단계 : 법과 규칙에 따르는 단계다. 자기에게 부과된 의무를 행하기 위해 법, 규칙 등에 자신을 적응시킨다.
▶ 사회계약 - 개인권리(social contract-individual rights) 단계 : 의무나 준법을 계약의 원리로 이해하고 타인의 권리를 침해하는 것을 피하는 단계이다.
▶ 보편적 윤리(universal ethical principle) 단계 : 도덕판단을 보편적, 우주적 원리에 따르는 단계이다.

파울러의 신앙 단계를 콜버그의 도덕성 발달 단계와 비교해 보면 다음과 같다.

파울러의 신앙단계와 콜버그의 도덕성 발달 단계의 비교

단 계	파 울 러	콜 버 그
유아기	미분화된 신앙	
초기아동기	직관적, 투사적 신앙	전관습적 단계: 1. 타율적 도덕성
아동기	신화적, 문자적 신앙	2. 도구적 변화
청년기	종합적, 관습적 신앙	관습적 단계: 1. 상호적 인간관계
초기성인기	개인적, 반사적 신앙	2. 사회조직과 양심
성인기	접속적 신앙	후관습적 단계: 1. 사회계약, 개인권리
성숙기	보편화된 신앙	2. 보편적 윤리단계

4) 학생의 경험세계와 감정들

다음은 각부 학생들이 할 수 있는 경험과 그 속에서 느끼는 여러 가지 감정들이다. 상담교사는 그들이 어떤 상태에 있는가를 이해할 필요가 있다.

학생의 경험 범위와 경험적 의미

대 상	경제적 범위	콜 버 그
유 치 부	가정, 이웃, 친구, 유치원	사랑과 갈등, 본능적이고 감각적, 독립적, 추상적 사고 불가, 호기심 많음, 현실만 생각, 사랑과 동정의 감정이 쉽게 생김 교회에 속하는 느낌 가짐 하나님과 예수님 혼동
유 년 부	가정, 학교, 친구, 놀이	어른들의 세계에 대한 관심, 사랑과 갈등, 신앙적 갈등, 추상적 사고 불가, 공동체의식 이야기를 좋아함, 집중력이 약함, 개별적 지도와 애정을 갈망 성경에서 문제의 해결을 찾으려 함
초 등 부	가정, 학교, 친구, 경쟁, 사회생활	또래그룹, 종교적 질문과 회의, 추상적 사고 시작, 과학적 사고 자연에 관심, 정의와 타인의 권리에 관심, 교리를 이해하기 시작, 양심이 발전
중 등 부	진학, 학교, 친구, 사회생활	비판적 사고(반항), 종교적 질문, 추상, 사랑과 갈등, 역사의식 관심사가 급하게 바뀜 때로는 환경으로부터 소외됨 친구를 좋아하고 중심적 인물이 되고자 함 자기관심과 욕구에 맞는 교회활동에 적극적 기독교신앙에 증명을 요구
고 등 부	이성교제, 학교, 또래그룹, 진학	반항, 가치관에 대한 질문, 새로운 모색, 미래 직업설계
대 학 부 및 그 이상	대학, 직업, 이성교제, 다방	역사의식, 사회정의, 가정, 이성, 인간관계, 신앙과 생활, 선교

출처 : 김태원, 119쪽; 이종식, 108-111쪽.

청소년 이해

1) 청소년기의 일반적 특징

청소년기의 특성은 모순과 혼란, 반항성, 비판성, 내면적 생활의 발견, 자아의식의 고양, 정신적 독립이다. 이러한 특성이 성인체계로 재조직화되는 과정이다. 청소년기의 특징을 살펴보면 다음과 같다(최임선, 65).

- ▶ 신체적으로 급격한 변화를 가져와 생리적인 여러 기능이 완성되며 에너지가 왕성해진다.
- ▶ 성적 성숙으로 이성에 관심이 많아진다.
- ▶ 자아의식의 발달로 심리적인 이유현상을 나타낸다.
- ▶ 주체성이 발달하여 이상, 친구, 취미 등의 선택이 뚜렷해지고 사고는 추상적, 관념적이며 또 비판적, 합리적이다.
- ▶ 개성이 뚜렷해져 독립된 사회인이 된다.
- ▶ 권위에 대해 반항심이 강하고, 고독을 즐기며, 갈등으로 깊이 고민하고 자기감정에 쉽게 도취된다.
- ▶ 철학과 인생에 관심을 갖는다.
- ▶ 과도기적 현상으로 부적응과 비행이 많다.

2) 청소년 범죄와 교회학교 상담의 필요성

교회학교 교육은 청소년 범죄를 예방하고 그들을 올바르게 선도하는 가장 중요한 역할을 한다.

뉴욕주에서 법관을 지낸 포시트(L. L. Faucett)는 12년간 법관생활을 하면서 4천명 이상의 청소년 범죄자를 취급했다. 그 가운데 주일학교를 다닌 사람으로 범죄한 사람은 단 3명밖에 없었다. 그는 이런 사실에 바탕을 두어 젊은이들의 악한 생각과 범죄의 물결을 방지하는데 주일학교의 효과를 실감하고 그 가치를 높이 평가한다고 했다.

샌프란시스코 경찰서장을 지낸 매튜슨(D. Mathewson)은 그가 경험한 많은 청소년 범죄자 가운데 주일학교에 다니는 사람은 한 사람뿐이었다고 했다. 그는 청소년 범죄자의 90%는 주일학교에 다니지 않은 사람이었다고 말하고, 만일 청소년들을 주일학교에 잘 나오게 한다면 교회는 차고 넘치는 반면 형무소는 비게 될 것이라고 주장했다.

FBI의 후버(J. Hoover) 국장도 만일 청소년들의 습관의 틀이 잡히게 되는 때 주일학교를 다니게 하면 청소년 범죄는 아주 줄어들거나 아예 없어지게 될 것이라 했다.

이 모두는 교회에서의 주일학교의 교육, 집안에서의 기독교 가정교육이 얼마나 중요한가를 보여준다.

교사가 가져야 할 요소

아담스는 교사가 학생을 돌봄에 있어서 몇가지 특성적 요소를 가지고 있어야 한다고 말한다. 그것은 태도적 요소, 이성적 요소, 감성적 요소, 그리고 경험적 요소이다.

1) 태도적 요소

태도적 요소(attitude element)는 기독교 교사는 세상을 돌봄에 있어서 그리스도 안에 나타난 하나님의 사랑으로 계속 응답해야 한다. 이것은 사랑의 사고와 감정과 태도 속에 들어감을 의미한다.

2) 이성적 요소

이성적 요소(reasoning element)는 기독교 교사의 감정 속에는 다른 사람의 마음과 의견을 존중하는 이성적 여지가 있어야 한다. 남의 약점을 이용하려는 행위는 피해야 하며 오히려 더 깊이 이해하려는 의지를 가지고 있어야 한다.

3) 감성적 요소

감성적 요소(feeling element)는 인간이 그리스도를 통해 하나님을 믿게 될 때 그분의 사랑을 충분히 받아들여 평안이 생기게 되는데 이것을 다시 다른 사람을 향해 이동하게 되는 것이 감성적 요소다. 이것은 자기중심성에서 탈피하는 일이며 그리스도를 통해 얻는 편안한 감정을 다른 사람에게 전하는 것이다.

4) 경험적 요소

경험적 요소(experiential element)는 다른 사람에게 사랑을 전함에 있어서 전에 경험한 자신의 체험적 사랑을 개방하고 또 그렇게 되도록 노력하는 것이다.

학생 개인상담

1) 공감적 상담

공감적(empathic) 상담은 내담자의 경험, 감정, 사고, 신념을 내담자의 입장에서 상담자가 내담자인 것처럼 듣고 이해하는 것이다. 공감은 상대방의 입장에 서는 것, 또는 상대의 눈으로 사물을 바라보는 것이다. 상담자가 내담자에게 던져주는 단순한 하나의 언어반응이 아니라 상담자와 내담자가 함께 하는(being with) 상담이다.

2) 존중적 상담

존중적(regarding) 상담은 내담자를 한 인간으로 존중하여 그의 감정, 사고, 행동을 평가하거나 판단하지 않고 있는 그대로 받아들이는 것을 말한다. 상담자가 내담자에게 긍정적 존중을 보이면 내담자는 자신에게 자신감을 가지고 상대방에게 반응하게 된다. 상대에 대한 존중은 자기존중에 기인한다. 자신의 경험, 사고, 감정을 존중하지 않는 상담자는 다른 사람의 사상과 감정을 존중하는데 어려움을 갖게 된다.

3) 엠파워링 상담

엠파워링 상담은 상대방에게 힘을 주는(empowering) 상담이다. 서로가 존중받는 구성원일뿐 아니라 긍정적인 자기존중감(self-esteem)을 가진 구성원이 되도록 한다.

4) 친밀감을 더해주는 상담

친밀감(intimacy)을 더해주는 상담을 한다. 교사는 세 가지 종류의 지원을 통해 친밀감을 확장한다.

- ▶ 도구적 후원(instrumental support) : 서로의 필요를 채워준다.
- ▶ 정서적 후원(emotional support) : 서로를 향한 신뢰와 사랑, 존경을 느끼게 한다.
- ▶ 정체성 지원(identity support) : 삶의 의미와 가치, 그리고 목적과 방향이 연결된 공동체적 구성원임을 느끼게 한다.

5) 진실한 상담

진실한(genuine) 상담은 상담자가 내담자와의 관계에서 자신의 경험이나 감정을 솔직하게 표현하는 것을 말한다. 상담자가 상담관계 속에서 내담자에게 단순히 상담자로서의 역할을 수행하는 행동을 취하며 가식하거나 '―체' 하지 않고 인간으로서의 자신의 모습을 진솔하게 나타낸다.

긍정적 자아상과 부정적 자아상

상담교사는 학생들로 하여금 부정적 자아상을 버리고 긍정적 자아상을 갖도록 한다. 다음은 긍정적 자아상을 가진 학생과 부정적 자아상을 가진 학생들의 태도와 그 특성들이다.

긍정적 자아상을 가진 학생의 특성

태 도	특 성
긍정적 태도	• 늘 유쾌한 모습이다.
사 교 성	• 친구들이 자기를 좋아한다고 여긴다. • 사교성이 있다.
헌 신 성	• 다른 사람에게 자신을 내어줄 수 있다. • 다른 사람에게 사랑과 친절을 보인다.
자 신 감	• 자기가 잘하는 것이 무엇인지 자신있게 말한다. • 강하고 능력이 있다고 생각한다. • 스스로를 중요한 사람으로 여긴다.
도 전 성	• 용기를 갖고 새로운 과제에 부딪쳐 본다. • 게임을 구경만 하기보다는 친구들과 함께 참여한다.
창 조 성	• 나름대로의 독특한 방식으로 창조성을 발휘한다.
수 용 성	• 자신의 독특한 면이 다른 사람에게 수용되었다고 느낀다. • 자신의 외모를 수용하고 대체적으로 자기 모습을 좋아한다.
안 정 성	• 가정생활에서 안도감을 느낀다. • 자기도 가족의 중요한 일원이라 생각한다.

부정적 자아상을 가진 학생의 특성

태 도	특 성
우 울	• 거의 항상 우울해 있다. • 울고 푸념하고 위축되어 있다.
위 축	• 자기가 가족의 중요한 일원이라고 느끼지 못한다. • 친구들이 자기를 좋아하지 않는다고 느낀다. • 친구 사귀는 것을 어려워 한다. • 친구나 어른들과 갈등이 많다.

태 도	특 성
위 축	• 다른 아이들과 극단적으로 경쟁한다. • 집에서 가족들의 관심을 얻기 위해서는 힘겹게 노력해야 한다고 생각한다. • 거의 항상 무슨 일인가로 곤경에 처해 있다고 여긴다.
도전감 부족	• 실패를 두려워 하기 때문에 새로운 과제에 부딪쳐 보려 하지 않는다. • 다른 아이들이 노는 것을 바라만 보고 끼어들지 못한다. • 자신만의 특별한 능력이나 재능을 알지 못한다. • 무엇인가 잘했을 경우에만 자신을 중요하게 여긴다. • 자기가 다른 사람에게 실망을 준다고 여긴다. • 여러 사람이 모인 곳에서 자발적으로 대답하기를 두려워 한다. • 부끄러움을 많이 탄다. • 걱정을 많이 한다.

건강한 학생으로 성장하도록 돕는 방법

교회학교는 학생들이 건강한 학생으로 성장하도록 교회 분위기를 획기적으로 전환시키며 교사들로 하여금 학생들에 대해 깊은 관심을 갖도록 해야 한다.

▶ 격려하는 환경을 조성한다.
▶ 사기를 북돋아 준다
▶ 각 개인에 대한 하나님의 계획이 있음을 말해준다.
▶ 있는 모습에서 출발한다.
▶ 언제라도 도움을 청할 수 있는 교사와 부모가 있음을 말해준다.

▶ 살피라, 들으라, 그리고 말하라.
▶ 말하기 이전에 듣는 것이 중요하다.
▶ 좋은 질문을 한다.
▶ 대화의 방법을 습득한다.
▶ 학생이 자기의 감정을 표현하도록 돕는다.

용기를 주는 표현과 용기를 잃게 하는 표현

용기를 주는 표현	용기를 잃게 하는 표현
• 그것 참 멋진 질문이다	• 너, 즉시 앉아
• 좋은 점을 지적했다	• 너희들 또 나를 힘들게 하는구나
• 대단히 고맙다. 좋은 생각이야	• 네가 뭘 한다구
• 그 사실에 동감한다	• 별 것 아니잖아
• 잘하는구나. 계속해 보아라	• 하라면 할 것이지 왜 말이 많아
• 그것 참 적절한 표현이다	• 남의 일에 참견 말고 네 일이나 해
• 아주 훌륭한 일을 맡았어	• 말도 안되는 소리 하지도 말아
• 잘 할 수 있을거야	• 넌 도대체 신중하지 못해
• 그것 참 독특하구나	• 난 모르니까 다른 사람한테 가봐

대부분의 교사들은 고정된 표현 몇 가지만 자주 사용한다. 교실에서 중요한 것은 학생들의 대답을 긍정하고 용납하는 것이다. 학생들이 질문에 대답하고 그들의 의견을 제시할 때 교사는 상호작용을 위해 격려하고 칭찬하는 표현이 필요하다.

그러나 감상적이거나 무조건적이고 막연한 칭찬은 피해야 한다. 다음은 칭찬과 용기를 주는 표현들이다.

소그룹 상담교육과 교사간 자문 및 상담

교회 교육행정담당자는 상담교육이 개인뿐 아니라 집단으로 이뤄질 수 있도록 배려하고, 학생과 교사 사이뿐 아니라 교사 사이에도 서로 자문하고 상담할 수 있도록 해야 한다.

1) 소그룹 상담교육
소그룹을 통해 다양한 상담이 이뤄질 수 있다. 그 보기로는 부모역할 훈련, 자기와의 만남, 결혼 예비학교, 부부성장 교육, 상담사례 분석, 민감성 훈련, 일반 신도 상담교육 등이 있다.

2) 교사간 자문 및 상담
교사간 자문 및 상담은 서로 이해하고 상대의 부족한 점을 채우며 서로 짐을 나누는 일이다. 상담하는 쪽이 교사의 입장에서 상대를 잘 이해해주는 방향으로 도와 주어야지 꾸짖는다든지 핀잔을 주어 당황하게 해서는 안 된다. 이를 위해 다음 사항에 주목한다.

- ▶ 상대를 인격적으로 대한다.
- ▶ 교사가 솔직하고 자유로운 분위기 속에서 일할 수 있도록 돕는다.
- ▶ 교사가 교육의 목적과 임무에 따라 어떻게 스스로 발전시켜 나갈 수 있는가를 암시해준다.
- ▶ 교사의 당면한 문제가 개인적이든 교회적이든 서로 대화가 잘 되도록 자문한다.

【 도움말 또는 사례 】

레익스 방식
　매우 질이 나쁜 한 소년이 있었다. 레익스는 그를 학생의 집으로 데리고 간 다음 그 부모들에게 그를 때리도록 했다. 때린 후에 그 장난꾸러기를 뒤로 데리고 가서 눈물을 닦도록 하고 다른 곳도 닦아 주었다. 레익스 선생은 이렇듯 나쁜 일을 한 사람에게는 무서운 형벌자였지만 사랑을 잊지 않았다.

【 생각해 볼 문제 】

1. 교회학교에서 상담이 왜 필요한가?

2. 상담실 운영을 어떻게 하는 것이 가장 효과적인가?

3. 교회 청소년들이 가진 문제는 무엇이며 그들을 위해 교회가 해야 할 일은 무엇인가?

4. 학생이 건전하게 성장할 수 있도록 함에 있어서 교사가 해야 할 일은 무엇인가?

【 참고 문헌 】

김태원. (1990). 교회교육 커리큘럼. 종로서적.
이종식. (1994). 주일학교교육. 한글.
최임선. (1987). 신앙의 발달과정. 종로서적.
Adams, J. E. (1998). Shepherding God's Flock. 목회연구. 기독교문서선교회.
Erikson, E. H. (1963). Childhood and Society. NY: Norton.
Fowler, J. W. (1981). Stage of Faith. NY: Harper & Row.
Kohlberg, L. (1981). The Philosophy of Moral Development. NY: Harper & Row.

제14장 회원 및 소그룹 관리

회원관리

교회학교 조직관리에서 특별히 관심을 가져야 할 분야는 회원의 출석관리와 새 회원의 관리이다. 교회학교는 일반학교와는 달리 그 자체가 복음을 선포하고 가르치는 선교적 공동체이기 때문이다.

1) 교회학교 진흥관리
교회는 교회학교의 진흥을 위해 다음과 같은 활동을 전개한다.

- ▶ 가능한 한 현재의 교회학교 회원들이 많이 출석하도록 한다. 새 회원은 스스로 교회학교에 직접 찾아오는 회원도 있지만 다른 장소에서 전도나 만남을 통해 오는 간접적인 회원도 있다.
- ▶ 가능한 한 많은 옛 회원들이 재등록하도록 한다.
- ▶ 가능한 한 많이 앞으로 회원이 될 사람들을 찾고, 그들을 새로운 회원으로 만들도록 한다.

교회학교가 성장하기 위해서는 새로운 회원들을 확보하는 일은 물론 이미 확보하고 있는 회원들을 유지하는 일이 중요하다.

2) 새회원 확보관리

교회학교의 성장과 회원의 확장을 위해서는 무엇보다 새 회원을 맞이할 준비가 되어 있어야 하고 적극적이어야 한다.

새 회원을 획득하는 방법들로는 전통적인 방법과 새로운 방법으로 나누어진다. 다음은 전통적인 방법의 보기들이다.

- ▶ 전도지를 배포한다.
- ▶ 친구들을 교회로 인도한다. 구 회원들이 학교, 사교모임, 이웃, 일터, 우연한 만남을 통해 신입 가능한 회원들과 접촉하여 인도한다.
- ▶ 집집마다 방문하여 교회학교 신입 가능 회원들을 찾아낸다.

전통적인 방법도 있지만 보다 새롭고 적극적인 방법을 사용하는 것이 바람직하다. 다음은 몇 가지 새로운 방법이다.

- ▶ 교회학교 프로그램들에 관한 소개 책자들을 준비하고 YMCA, YWCA, 적십자 회관, 주부교실, 스카웃 단체 등 여러 사회단체 조직과 연결을 가짐으로써 새로운 회원들을 발견한다.
- ▶ 지역종교 여론조사 프로그램을 실시한다. 각 가정을 방문하여 가능성 있는 사람들의 명단을 작성하고 계속적으로 접촉한다.
- ▶ 연극 발표회, 초청 행사 등을 개최하여 참석자들에게 방문록에 주소를 기록하게 한다. 나중에도 그들을 계속 초청할 수 있도록 한다.

이 가운데 교회학교 및 프로그램에 대한 홍보는 매우 중요하다. 홍보에 따라 참여하고 싶은 마음이 달라지기 때문이다. 홍보는 모임이나 프로그램의 기본적인 성격과 방향을 미리 알고 참여케 하므로 기초교육의 효과가 높다. 또 그룹이나 프로그램이 하고자 하는 목적에 먼저 찬동하고 자발적으로 참여케 하므로 공동체 의식을 보다 쉽게 가질 수 있게 하는 효과가 있다. 홍보를 보다 효율적으로 하기 위해서는 다음과 같은 점에 유의할 필요가 있다(Gable, 104-114).

- 새로운 회원은 교회가 말하는 내용보다 교회 자체의 분위기나 교인들의 행동에 더 많은 영향을 받는다. 그러므로 교회 그 자체가 가장 큰 홍보자임을 잊어서는 안 된다.
- 어떤 프로그램을 계획할 때는 그에 대한 해설과 홍보도 함께 계획해야 한다.
- 교회홍보 활동은 진실해야 한다. 위장이나 과장되었다는 것이 밝혀지면 교회는 그것으로 인해 오래동안 고통을 받게 된다.
- 프로그램이 가진 긍정적인 가치를 강조한다.
- 홍보의 대상을 결정한다.
- 각 대상에 도달할 수 있는 가장 적합한 매체를 택한다. 설교, 광고, 전화, 주보, 팜플렛, 신문이나 잡지 광고, 편지, 엽서, 포스터, 게시물, 뉴스레터 등이 있다.
- 홍보 스케줄을 작성한다. 홍보의 타이밍이 중요하다. 홍보는 너무 빨리 해도 효과가 없으며 너무 늦어도 참가자들의 시간이 조정되지 못하여 문제가 발생한다. 대체로 1개월 전에 프로그램의 전체적인 소개와 시간이 알려져야 하며, 2주전에는 참가에 대한 구체적인 안내가 있어야 한다.
- 교육 프로그램에 대한 안내책자를 발간한다.
- 새로운 회원의 입장에서 교회학교와 프로그램들을 소개한다.
- 교인 모두가 홍보에 대한 책임의식을 갖도록 한다. 자신이 참가하지 않는 프로그램이라해도 다른 사람들에게 소개할 수 있어야 한다.

전통적인 방법을 사용하든 새로운 방법을 사용하든 신입 가능 회원들에게 적극적으로 접근하고, 그들에 관한 정보를 획득하며, 그 정보가 활용될 수 있도록 해야 한다.

3) 교회환경 관리

교회학교의 교육환경은 신입 가능 회원에게 강력한 메시지를 전한다.

교육환경은 크게 심리적 환경과 물리적 환경으로 구분된다. 두 환경 모두에 대한 관리가 요구된다.

심리적 환경과 물리적 환경

심리적 환경	물리적 환경
• 따뜻한 만남 • 거리감 없는 대화 • 자신의 능력을 마음껏 발휘할 수 있는 참여 • 서로 용납하고 감싸주는 가족적 분위기	• 건물과 교실 • 의자의 배치 • 벽의 그림

4) 신회원관리

새 회원이 처음으로 참석했을 경우 다음과 같은 조치를 취한다.

▶ 새 회원에 대한 이해를 높인다. 새 회원은 기존 회원과는 다르다. 새 회원의 관점에서 바라보는 것이 중요하다. 교회생활에 대한 전반적인 것을 새 회원의 입장에서 점검할 필요가 있다.
▶ 그들에게 교회학교 프로그램에 대한 안내책자를 준다.
▶ 계속적인 관계를 유지할 수 있도록 한두 사람 정도의 친구를 그 즉시 선정해준다. 중도에 포기하는 가장 큰 이유는 신입회원들과 이미 있는 다른 친구들과의 관계형성이 잘 안되는 데 있다.
▶ 새 회원을 위한 특별교육 프로그램에 참여할 수 있게 한다.

5) 새회원 특별교육 프로그램

교회학교는 새 회원을 위한 프로그램을 3-4개월 정도의 장기 프로그램으로 기획하여 이 기간 동안 단순한 교회의 소개가 아닌 깊이있는 내용으로 기독교에 대한 기본적인 교리, 중심사상, 예배의식 등에 대해 집중적인 교육을 실시할 수 있도록 준비한다.

새 회원은 이 시기에 기독교에 대해 알고자 하는 마음의 준비가 잘 되어 있기 때문에 교회학교는 이 기회를 잘 활용해야 한다.

새 회원부를 운영하는 것이 바람직하다. 새신자부는 대개 1년 과정이 적당하다. 이 과정을 마친 후 각자에 맞는 부서에서 활동하게 한다.

6) 부서운영

새가족부

교회에 새로 등록한 사람이라고 해서 다 새로 믿기로 결심한 사람은 아니다. 기존 교인이 이주해 와서, 혹은 믿다가 낙심해서 재등록한 경우도 있기 때문에 새가족부라는 명칭이 더 바람직하다.

새가족부는 영접부와 양육부로 나누어 등록한 신자를 관리해야 한다. 영접부는 새로 나온 분들에게 관심과 사랑을 가지고 그들을 맞아야 하고, 양육부는 새신자인 경우 기초교리 공부, 교회 소개, 예배 안내, 성경 찾는 법 등 아주 기초적인 것들을 가르쳐야 하고, 기존 신자가 옮겨왔을 경우 이질감이 생기지 않도록 소정의 재교육 과정을 거친 후 각기관에 혹은 일할 수 있는 자리에 본인의 형편과 달란트에 따라 세워야 한다.

후견인 제도

새신자부에서 1년 동안 공부하고 수료한 성도라 할지라도 주일 대예배에 참석해 적응하는데 문제가 있다. 새신자부 교사의 관심과 지도를 받으며 교회생활을 해왔지만 이제부터는 아는 사람도, 알아주는 사람도 없는 가운데 신앙생활을 하려면 서먹서먹한 느낌뿐 아니라 소외감을 갖게 된다. 또 이들이 교회에 잘 나오는지 관리해 줄 사람도 없다.

이런 문제를 해결하기 위해 교회가 연령, 성별, 기타 여러 조건을 살펴 해당 구역에서 적절한 사람을 후견인으로 묶어준다. 후견인은 가르치는 사역은 하지 않고 새신자부 수료생과 친구가 되어 함께 예배드리고 함께 식사하고 주중에 전화하면서 교회에 잘 적응하도록 도와주는 역할을 한다.

벨크로 사역자

새가족반을 마친 새신자들이 교회에 잘 적응하기 위해 후견인처럼 도와주는 사람을 벨크로(velcro) 사역자라 한다. 벨크로란 나일론으로 만든 접착포, 일명 찍찍이로 쉽게 붙이고 뗄 수 있는 것이다. 이것은 풀씨가 옷에 붙어서 떨어지지 않는 데서 착안한 것으로 풀씨의 껍질이 고리처럼 되어 한 번 붙으면 잘 떨어지지 않는 성격을 모방한 것이다. 벨크로 사역자들이 각 지역에서 그들과 함께 해줌으로써 예배, 친교, 봉사 등을 함께 할 수 있게 한다. 새로 등록하고 새가족반에 들어오지 않는 새신자에게도 벨크로 사역자를 붙여준다(이근수, 5).

새교우 환영 잔치

매달 또는 분기별로 새교우 환영 잔치를 실시한다. 그 달에 등록한 새교우를 초청해서 식사를 같이하며 서로 소개하고 친근한 대화를 나눈다. 이때 벨크로 사역자도 함께 와서 마주보고 앉아 식사를 나눈다.

7) 출석, 결석관리

회원의 정규적인 출석을 촉구하는 방법으로 좋은 프로그램을 제공하는 방법과 그 프로그램에 회원들을 적극적으로 참여시키는 방법이다.

교회학교에 매주 계속하여 새로운 회원이 들어오는데도 불구하고 숫자가 증가하지 않고 있는 원인은 결석자에 관심을 가지지 않기 때문이다. 교회학교가 성장하기 위해서는 새 회원을 만드는 것과 마찬가지로 이미 회원된 사람을 성공적으로 유지시키는 것이 필수적이다.

교회학교 프로그램도 좋고 회원의 자발적 참여를 촉구함에도 불구하고 결석자가 발생하는 이유는 회원 상호간의 인간관계와 갈등, 기대의 좌절, 모임 시간이 맞지 않는 것 등 여러 가지가 있다. 결석자가 생겼을 경우 교사나 반의 리더는 다음과 같은 조치를 취해야 한다.

▶ 주간에 결석자를 방문하여 결석 사유를 발견하고 문제를 해결하도록 노력한다. 결석자에 대한 방문은, 그들이 왜 떠나는가, 어떠할

때 매력을 느끼며 어떨 때 싫어하는가 등의 이유를 발견할 수 있으므로 조직과 프로그램의 개선에 많은 도움을 준다.
▶ 현재 계속 출석하고 있는 그의 친구를 연결시키든지 새로운 짝을 만들어 주어 장기결석을 막도록 한다.

8) 유지관리

새로운 회원들에게 관심을 주는 동안 교회학교를 떠나는 사람들이 더 많아지면 교회학교는 침체된다. 따라서 회원들을 지키는 것이 중요하다.

교회학교 회원들은 크게 잠재 그룹, 출석 그룹, 이탈 그룹 등 3 가지 그룹으로 나뉜다. 잠재 그룹(engaging group)은 교회에 대해 잘 모르지만 어느 정도 관심이 있어 한두 번 참석하는 회원을 말한다. 출석그룹(regular group)은 정규적으로 출석하고 교회일에 적극적으로 참여하며 때로 교회학교의 정책 형성에도 기여하는 그룹이다. 그리고 이탈 그룹(disengaging group)은 열심이 식어서 가끔 참석하거나 특별한 행사 때만 참석하고 결국 교회를 떠나는 그룹이다.

학생들의 이탈이 심해지면 교육행정담당자는 다음과 같은 내용을 점검할 필요가 있다(피어스, 111-2).

▶ 교회학교 프로그램들이 학생들에게 매력을 주는가 아니면 반발을 사게 하는가?
▶ 회원들과 옛회원들로부터 그들이 남아있거나 떠나가는 이유를 찾아낼 수 있는가?
▶ 학생들이 급우들 가운데 친구를 찾는데 도움을 주는가?
▶ 그들이 필요할 때 차편의 도움을 받을 수 있는가?
▶ 교실이 학생의 기분을 고무시킬 만큼 깨끗하고 밝고 따뜻한가?
▶ 흥미있는 교육계획과 현장탐방 등에 교회가 충분한 재정적 지원을 하는가?

▶ 교회학교가 학생들에게 충분히 만족감을 줄 만큼 행정적으로 지원하고 있는가?

소그룹 관리

미래교회에서 소그룹은 매우 중요한 자리를 차지하게 된다. 특히 앞으로의 교육은 소그룹 형태가 주를 이룰 전망이다.

1) 소그룹

한국 교회에 소그룹이 확산되고 있다. 교회 안의 작은 교회, 작은 공동체를 표방하고 있는 소그룹 운동은 개성을 강조하는 변화의 새 시대에 적절한 움직임으로 주목을 받고 있다.

대가족의 핵가족화, 이웃과의 관계 단절, 평생직장의 붕괴, 선데이 크리스천의 증가 등으로 미래 사회는 인격적인 상호교제의 리더십이 절실해지고 있다. 시대적 상황이 건강하고 균형잡힌 교회성장의 모델로 소그룹 사역이 크게 요청되고 있다.

소그룹이란 정해진 시간에 3명에서 12명 정도의 사람이 그리스도 안에서 풍성한 삶을 살기 위한 가능성을 발견하고 성장하려는 공통의 목적을 가지고 의도적으로 한 자리에 모인 모임이다. 예수님의 제자훈련은 소그룹의 모델이며 초대교회 또한 소그룹 공동체의 전형이었다.

교사 소그룹

교사들을 개인의 선택에 따라 여러 소그룹으로 나눈다. 이 그룹을 통해 일차적인 친교집단의 기능을 담당하게 하고 피차 섬기며 교제하는 생활공동체로 만든다. 이 그룹의 리더는 순장과 같은 기능을 담당한다. 이차적으로는 함께 배우는 학습공동체로 발전하도록 한다.

이 때 행정의 일로 소그룹에 가입하지 않은 사람들도 따로 모아 소그룹을 형성케 한다.

학생 소그룹
학생들을 반으로 편성한다. 담당교사가 이들의 신앙교육을 담당하며 예배중 진행되는 소그룹 토의를 맡아 진행한다. 담당교사는 학생에 대한 정보를 교역자에게 신속하게 알려주어 적절한 지도를 받도록 안내한다.

2) 교회학교 소그룹 관리와 활성화
- 특성화된 소그룹을 만드는 것이 중요하다. 저학년의 경우 관심영역에 따라, 성인의 경우 독신자, 은퇴자, 임산부, 새가정, 고3부모, 유치원생 부모 등으로 공동 관심사에 따라 그룹을 나눈다.
- 1년 단위로 그룹원을 바꾼다. 가급적 모든 소그룹은 1년 후 새로운 소그룹을 탄생시키도록 한다.
- 처음 온 사람에 대한 배려가 있어야 한다. 질문을 강요하지 않고, 다양한 소재로 이야기하며, 활동은 계획성있게 하고, 사람들의 개성과 이야기에 긍정하는 분위기를 조성한다.
- 발언을 너무 많이 하는 사람에게 발언을 제한시킨다.
- 머뭇거리는 회원에게는 발표할 기회를 제공한다.
- 관계된 정보나 자료를 제시하여 그룹 회원들이 스스로 발견할 수 있도록 한다.
- 논쟁이 시작되면 그것이 자발적으로 끝나도록 기다린다.
- 회원들 다수가 주제를 벗어나 다른 발언을 할 경우 본래의 주제로 돌아가도록 한다.
- 토의가 빨리 진행될 수 있도록 질문, 논평, 요약 등의 방법을 사용해 토의를 이끌어 간다.
- 어떤 결론이 형성되고 방향이 설정되도록 한다.

3) 교회학교 소그룹 활동 모형과 보기

소그룹 활동 모형

모 형	보 기
· 연구형 소그룹 · 생각나눔형 소그룹 · 함께 하기형 소그룹 · 공동체의식 향상형 소그룹	· 스터디 그룹 · 순환응답, 그룹토의 · 그림붙이기, 즉흥극 · 코이노니아 그룹

가) 연구형 소그룹

스터디 그룹(study group)

스터디 그룹은 특정과제를 함께 연구하기 위해 소그룹을 만든 것을 말한다. 회원들이 정기적으로 만나 과제에 관련해 읽은 책, 조사 내용, 연구결과 보고 등을 토의한다. 이 방법은 모든 일들이 그룹 회원들의 자발적인 참여와 연구, 토의에 의해 결정된다는 점에서 다른 전문가들이 주도하는 다른 방법들과 구별된다(Raines, 91-92).

이 방법은 회원들이 서로 도와가며 함께 연구하는 과정에서 정보와 지식을 얻을 뿐 아니라 공동체의식도 높일 수 있어 교회교육에 매우 유익하다. 대학부나 청년부 등에서 많이 활용되고 있다.

▶ 리더는 그룹이 자발적으로 움직이도록 하며, 모이는 시간과 장소를 함께 정한다.
▶ 리더가 그 날의 연구 주제와 발표자를 소개한다. 발표는 한 사람이 할 수도 있고, 몇 사람이 분담해 할 수도 있다. 발표자는 자기의 주장을 펴기 위해서가 아니라 공동연구에 도움을 준다는 입장에서 발표한다.

- 때에 따라서는 외부인사를 초청하여 그 주제에 대해 강연을 들을 수도 있다.
- 발표자의 의견을 바탕으로 각자 의견을 제시하고 결론에 도달할 수 있도록 토의한다.
- 토의가 끝나면 평가를 하고, 다음 모임의 과제와 발표자를 선정한다.

교회에서 이 방법을 사용할 때 신앙교육의 특수성을 감안해 전문지도자가 함께 참여해 도움을 줄 수 있다. 그러나 이 지도자는 그룹의 연구를 이끌어가는 리더가 아니라 함께 학습하는 사람으로써 그룹이 자발적으로 연구할 수 있도록 도와주는 역할을 해야 한다.

나) 생각나눔형 소그룹
순환응답(circle response)

순환응답은 그룹이 원형으로 둘러 앉아 어떤 문제나 주제에 대해 각자의 의사를 한 사람씩 돌아가면서 발표하게 하는 것이다. 각자 모두 한 번씩 말할 기회가 다 돌아간 다음 두 번 말하는 것이 허용된다. 이 방법은 논쟁의 여지가 있는 문제나 각자의 견해가 서로 다를 때 각자의 생각을 충분히 제시하여 그 가운데 공통점을 발견하기 위한 것이다.

- 그룹 리더는 문제나 주제에 대해 간단히 설명하고 회원들이 대답해야 할 질문을 제시한다. 이 때 여러 질문을 동시에 던지지 않아야 한다.
- 리더는 자신의 오른편에 있는 사람부터 차례로 각자의 생각을 발표하도록 한다. 이 때 리더는 모든 회원이 다 발표하기 전까지 한 사람이 두 번 말하는 것이 허용되지 않는다는 것을 분명히 한다.
- 질문이 제시되면 회원들로 하여금 잠시 생각할 시간을 준 다음 리더의 지시에 따라 한 사람씩 의견을 발표한다.
- 앞 사람이 자기가 하고 싶은 말을 했다 하더라도 단순히 그 생각에 동의해서는 안 되며 자신의 생각을 덧붙여 의견을 제시하도록 한다.

▶ 회원이 자신의 의견을 발표할 때 그것에 대해 논평을 하지 않는다.
▶ 회원이 주제와 상관이 없는 말을 해도 제지하거나 반박하지 않고, 그대로 다음 사람으로 진행되도록 한다. 논평이나 제지를 하면 의사표시를 충분히 할 수 없기 때문이다.
▶ 한 번씩 다 돌아간 다음 리더는 더 첨가할 의견이 있는가 묻고 몇 명에게 다시 말할 수 있는 기회를 준다.
▶ 지금까지 제시된 의견들을 종합하고 결론을 이끌기 위해 토의시간을 갖는다.
▶ 이 방법을 통해 배우고 느낀 점들을 함께 나누는 평가 시간을 가진 다음 리더가 마지막 논평을 한다.

순환응답은 회원 모두가 참여할 수 있도록 기회를 주므로 공동체의식을 갖게 한다. 또 수줍어 발표하기를 꺼리는 회원도 부담스럽지 않게 자신의 의견을 내놓을 수 있다. 그러나 회원의 숫자가 너무 많으면 시간이 너무 오래 걸리고 지루하므로 20명 이하의 그룹에서 사용하는 것이 바람직하다.

그룹토의(group discussion)

그룹토의는 '한 사람의 생각보다 여러 사람이 함께 생각하는 것이 더 효과적이다'는 원리에 따라 그룹 공동의 관심사에 대해 회원 모두가 자신의 생각이나 경험을 나누면서 어떤 결론에 도달하기 위한 소그룹 모임이다. 이 방법은 그룹 회원들이 모두 참여해 자기의 뜻을 나타냄으로써 그룹 전체에 공헌할 수 있게 한다는 교육적 가치도 함께 가지고 있다.

그룹토의를 위해서는 그룹의 공동관심사에 관련된 주제를 택해야 한다. 효과적인 토의를 위해 회원들을 자극하고 생기를 불어 넣으며 발언을 요약하고 명확히 하며 질문을 통해 그룹의 사고를 이끌어 가는 지도자가 필요하다. 이 외에도 지도자를 도우며 자료를 제공하고 내용을 기록하는 보조리더와 진행과정과 회원들의 상호작용을 뒤에서 관찰하는 관찰자가 있는 것이 좋다.

리더는 토의 주제와 목적을 간단하고 분명하게 제시한 뒤 자유로운 분위기에서 토의하도록 한다. 토의는 탐구, 내면화, 분석, 조사, 발견, 종합, 결정 등 7단계를 거치면서 토의한다.

- ▶ 탐구(exploration) 단계에서는 문제를 명확히 한다.
- ▶ 내면화(internalization) 단계에서는 문제의 중요성을 생각하게 한다.
- ▶ 분석(analysis) 단계에서는 문제를 작은 부분들로 나눈다.
- ▶ 조사(research) 단계에서는 작은 부분들을 각각 살펴본다.
- ▶ 발견(discovery) 단계에서는 새로운 시각에서 문제를 보고 여러 해결점들을 모색한다.
- ▶ 종합(synthesis) 단계에서는 해결점들을 연결하여 전환점을 마련한다.
- ▶ 결정(decision) 단계에서는 제안을 그룹 공동의 의견으로 받아들인다.

그룹토의가 끝나면 중요한 토의 내용과 제안된 결론을 보조리더로 하여금 요약정리해 발표하도록 하고, 관찰자에게 그룹토의의 진행과정에 대해 평가를 하도록 하며, 전체회원들로 하여금 배우고 느낀 점들을 함께 나누게 한다.

그룹토의는 소그룹에서만 가능하고, 만족스런 결론에 도달하기 위해 많은 시간이 필요하며, 토의를 능숙하게 이끌 수 있는 리더가 없으면 토의가 논쟁으로 끝나기 쉽다는 단점이 있다. 이러한 점들을 극복하기 위해서는 토의하기 전에 주제에 대한 조사와 연구를 하고, 공동의 결론에 이르도록 각자에게 책임을 주지시키며, 리더가 토의를 원만히 진행하도록 협조해야 한다.

다) 함께 하기형 소그룹

그림붙이기(group pasting)

그림붙이기는 전체 학생을 여러 소그룹으로 나눈 다음 제시된 주제에 대해 그룹멤버들의 의견을 종합해 공동의 작품을 만들어 나가는 것을 말한다. 먼저 공동의 견해를 결정하고 그것을 상징적으로 표현하는 작품을 구상한 다음 공동작품을 만들어 전체 그룹에게 설명하게 한다.

그림붙이기에는 크게 몽타주(montage) 방법과 콜라주(collage) 방법으로 나뉜다. 몽타주 방법은 큰 종이 위에 잡지, 책, 신문 등에서 오려 낸 그림이나 글자 조각들을 풀로 붙여서 의미있는 그림이 되게 하는 것이다. 그리고 콜라주 방법은 색지, 철사, 나무조각, 유리조각, 털실, 천 조각 등을 붙여서 만드는 방법이다.

작품이 완성되면 교사는 전체 그룹을 큰 원형으로 둘러 앉게 하고 각 그룹별로 작품을 설명하게 한다. 각 그룹의 발표자들은 왜 그렇게 표현했고, 그것이 무슨 의미를 가지고 있는지를 설명한다. 다른 학생들은 그 작품에 대해 자유롭게 질문한다.

이 방법은 어떤 주제에 대해 학생들이 자신들의 생각을 하나로 묶어 작품을 통해 창조적으로 표현함으로써 창의력, 탐구력, 협동심을 발휘하도록 한다. 작품활동은 서로 가깝게 사귈 수 있는 기회를 마련해준다. 그러나 자칫하면 단순한 흥미위주로 끝나 버리고 아무것도 배우지 못하게 되므로 학습 목표를 분명히 하는 것이 바람직하다.

즉흥극(creative drama)

즉흥극은 연극으로 나타낼 수 있는 어떤 주제를 학생들에게 제시하고 학생들을 몇 개의 소그룹으로 나누어 짧은 연극을 즉흥적으로 해보도록 하는 것을 말한다. 각 소그룹은 그 주제를 상징적으로 표현할 수 있는 상황과 줄거리를 함께 구상하고 등장 인물에 대한 역할들을 분담한 후 전체 앞에서 연극을 한다.

즉흥극은 연극을 위한 연극이 아니라 교육을 위한 연극이기 때문에 실제 연출보다 그것을 준비하는 과정이 더 중요하다. 회원들 모두의 생각을 창조적으로 함께 묶어 공동의 견해로 표현하는 방법들이 여러 가지이지만 즉흥극은 말이나 글로 표현하는 방법보다 더욱 피부에 가깝게 느낄 수 있게 해준다.

즉흥극 발표가 끝나면 학생 모두 함께 모여 즉흥극을 만들고 연기하는 과정을 통해 느낀 점들을 나눈다. 이런 경험을 통해 배운 점들이 무엇인가를 서로 의논한다.

라) 공동체의식 향상형 소그룹

코이노니아 그룹(koinonia group)

코이노니아 그룹은 공동체적 생활을 함께 나누고 선교적 사명을 함께 수행하기 위해 뜻을 같이하는 사람들이 자발적으로 공동의 계약을 세우고 약속한 기간 동안 그 계약을 중심으로 함께 모이고 생활하며 활동하는 것을 말한다. 계약에는 그룹의 목적과 명칭, 모임과 활동의 방법, 회원들의 생활규칙, 계약기간 등이 명시된다.

이 그룹은 계약 그룹, 가정 교회, 선교 그룹, 기초 공동체 등 여러 명칭이 있다. 이 그룹의 특징은 예수의 가르침에 복종하여 예수의 사랑을 함께 실천하고 그 사랑을 세상에 심기 위해 자발적으로 모인다는 데 있다.

대체로 1주일에 한 번의 모임을 갖는다. 모임의 진행 방법은 그룹의 성격에 따라 다르지만 일반적으로 다음과 같은 순서로 진행된다.

- ▶ 새 노래와 생활의 나눔 : 모임이 시작되면 새 노래를 함께 배우고 1주일 동안 각자의 생활, 생각, 어려웠던 문제를 돌아가면서 이야기한다.
- ▶ 말씀의 나눔과 공동기도 : 리더가 제시하는 성경구절을 함께 묵상하고 각자의 생각을 나눈 다음 그 말씀에 대해 함께 기도한다.
- ▶ 공동식사와 성만찬: 모든 회원들이 함께 식사를 하고 성만찬 예식을

행함으로써 결속을 재확인한다. 공동식사는 팟럭(potluck) 형식으로 각자 집에서 준비해온 것들을 함께 나누는 것이 바람직하다.
▶ 주제연구와 활동토의 : 회원들이 공동의 목적을 이루기 위해 필요한 지식과 정보 등을 학습하기 위해 주제연구 시간을 가진다. 그 뒤 선교활동을 위한 토의를 한다.
▶ 찬양과 결단의 기도 : 모임이 끝나면 함께 그날의 모임을 반성하고 각자의 다짐을 나눈다. 그 후 같이 손잡고 찬양을 부르며 결단의 기도를 드린다.

이 그룹의 계약은 회원들 모두의 필요에 따라 언제나 수정되고 보완될 수 있다. 하지만 약속기간이 다 지나면 모든 회원들을 다시 새롭게 공동의 계약을 지킬 것을 서약하는 계약갱신 모임을 가짐으로써 다시 출발한다.

이 그룹은 뜻을 같이 하는 사람들을 모으기 어렵고, 도중에 탈락하거나 계약을 깨뜨리는 사람도 있으며, 모임의 시간이나 기간이 너무 길다는 문제가 있다. 그러나 계약을 통해 공동체적 생활을 할 수 있다는 점을 보여주어 새로운 유형의 소그룹모임으로 주목을 받고 있다. 이 그룹은 작은 교회로 출발할 수 있는 기틀을 마련해주기도 한다.

【 도움말 또는 사례 】

양육의 방법

▶ 신앙의 성숙을 위해 관심을 갖고 계속 기도한다.
▶ 말씀을 통해 훈련한다.
▶ 사랑으로 용납하는 분위기를 형성한다.
▶ 따뜻한 그리스도인의 교제 가운데로 인도한다.

- ▶ 삶의 방법을 보여준다.
- ▶ 자신을 내어준다.
- ▶ 재생산한다. 전도와 양육을 감당하게 한다(심수명, 68-70).

【 생각해 볼 문제 】

1. 새로운 회원이 부담없이 기쁜 마음으로 교회학교에 출석할 수 있게 하려면 어떻게 하는 것이 좋은가?

2. 학생들의 이탈이 많아질 경우 교회학교 행정담당자가 관심을 가져야 할 사항은 무엇인가?

3. 교회학교에서 소그룹은 왜 중요하다고 생각하는가?

【 참고 문헌 】

심수명. (1998). 인격적인 제자양육을 위한 소그룹 리더십. 한밀교회.
이근수. (1997). "나는 이렇게 목회한다", 교회갱신소식. 5-6월. 교회갱신을 위한 목회자 협의회, 4-9.
피어스, M. M. (1985). 교회학교 운영지침서. 종로서적.
Blumberg, G. (1976). Learning and Change in Groups. Penguin Books.
Raines. R. A. (1968). The Secular Congregation. NY: Harper & Row.

제15장 미래사회와 기독교 교육행정

미래교회의 변화 예측

다음은 새로운 세기에 교회의 구조가 어떻게 변할 것인가를 보여주는 것들로서 교회교육과 연관된 것들을 살펴보면 다음과 같다(이성희, 1998).

미래교회의 변화

예 견	설 명
주일교회에서 매일교회로의 전환	주일에만 북적거리는 주일교회를 벗어난다. 다양한 프로그램 개발과 교회개방으로 활기 넘치는 매일교회로 전환된다.
언어중심에서 미디어중심으로	언어중심에서 미디어중심으로 전환된다. 현대인에게 가장 효과적인 복음전파의 도구는 미디어다. 미디어에 대한 신학적이고 목회적인 확신이 필요하다.
성직자중심에서 평신도중심으로	다양한 전문기능을 가진 평신도 역할이 증대되고 있다. 교회교육 담당자는 평신도 훈련에 많은 힘을 쏟아야 한다.
심방목회에서 교육목회로의 전환	이제 심방은 고비용 저효율의 목회로 지목되고 있다.

예 견	설 명
	교육목회를 통해 비로소 온전한 그리스도인으로 양육할 수 있다.
선포설교에서 이야기설교로	설교자는 수천년 전에 기록된 말씀을 현실화하는 작업을 해야 한다. 그 전달방식이 바로 이야기체이다.
예전적 예배에서 축제적 예배로	경건과 회개를 강조하는 예배는 기쁨과 감격을 잊게 한다. 모이면 축제적 예배, 흩어지면 소그룹을 통해 성숙하는 구조로 전환한다.
프로그램 목회에서 영성목회로	환생, 전생, 귀신, 무당 신드롬이 더욱 횡행한다. 교회가 건강한 영성을 회복시키지 못하면 안 된다.
교회성장에서 사회봉사로	교회는 사회에 대해 보다 열려 있어야 한다. 교회가 사회에 대해 폐쇄적이 되면 21세기에 적합한 교회가 될 수 없다.
제자훈련에서 사도훈련으로	제자훈련으로 배우는 자인 제자를 많이 양육했다. 이제는 더 나아가 보냄을 받은 자인 사도로 양성해야 한다.

위기의 교회학교

교회학교가 우리나라에 들어와 사회발전은 물론 교회성장에 크게 도움을 주었다는 사실은 의심할 바 없다. 그런데 지금 교회학교의 학생수가 줄어들고 학생도 교회학교에 대한 관심도가 떨어져 있어 심각한 문제로 대두되고 있다. 이것은 한국 교회의 미래와 직결되는 문제이기 때문이다.

왜 학생들은 교회를 떠나가는가? 과학기술의 발달과 함께 소비성향의 문화와 향락주의가 전통적인 사고체계를 압도하고 있다. 이런 물결 속에서 교회는 능동적 대처능력을 갖추지 못하고 있다. 사이버처치, 뉴에이지, 포스트모더니즘 등 급속히 변모하는 문화적 변혁에 교회는 무기력하기 그지 없고, 자유주의 신학의 도전으로 영적 권위까지 위기를 맞았다. 이 변화에 보다 능동적으로 대처하지 않으면 한국 교회는 큰 위기를 맞게 될 것이다. 그 변화에 대한 대처는 교회학교에서부터 시작되어야 한다.

한국의 교회학교를 가리켜 19세기의 시설에, 20세기의 교사들이 21세기의 학생들을 가르치고 있다고 말한다. 학생들은 21세기를 향해 진입을 해야 하는데 교사들은 아직 한 세기 뒤져 있고, 학교시설은 그보다 한 세기 뒤져 있다는 것이다. 이것은 한국 교회가 교회학교에 대해 어떤 생각을 가지고 정책을 전환해야 하는지를 보여준다.

밀려드는 포스트모던 사조

1) 포스트모던 사조

21세기 교회는 포스트모더니즘, 종교다원주의와 같은 새로운 신학적 도전이 점점 거세질 전망이다. 이러한 사상은 절대성을 부인하고 모든 것을 상대적으로 보려는 태도를 가지고 있다. 이것은 여러 다양한 의견을 수용하는데는 도움을 주지만 기독교의 절대성을 부인하고 창조주 하나님에 도전한다는 점에서 문제가 된다. 신학적 상대주의가 발생하는 것도 이 때문이다. 포스트모더니즘은 문학, 역사, 정치, 교육, 법, 사회, 과학, 신학 등 여러 분야에 광범위하게 퍼져 있으며 알게 모르게 성경의 진리를 말살하려는 고도의 전략을 사용하고 있다. 이로 인해 교회도 다음과 같은 현상들이 나타나고 있다.

▶ 기독교의 전통적이고 정통적인 개혁주의 신학의 해체를 주장하고 있다.

- 신앙패턴, 특히 예배형태가 변하고 있다. 예배에 있어서 지적이고 교리적 측면의 명료함에 관심이 없고 감각주의와 감성주의가 등장한다.
- 교인들이 교리와 신학에 무관심하고 감정적이고 경험적인 것을 중시한다. 그 결과 성경 또는 교리에 대한 해석의 다양성을 수용하고 결과적으로 탈성경화를 하려고 한다.
- 교회의 원리나 전통, 진리의 내용을 무시하고 임의성, 실용성, 간편성을 도입한다.

신학적으로는 내재적 주관성에 기인한 신비주의, 그리스도가 없는 역사주의, 역사성만을 강조하는 자유주의, 외형적 성장만을 강조하는 심리적 성장주의로 변해가고 있다. 이것은 세속주의 신학이 확산되고 기독교의 참된 의미가 상실되어가고 있음을 보여준다.

2) 현대사조에 대한 과감한 대처와 영적 각성

포스트모더니즘은 삶의 모든 영역에서 활동하면서 성경적 기독교를 전멸시키려는 파괴의 영이다. 그러므로 영적 망령인 포스트모더니즘 등 현대사조의 실체를 파헤쳐야 한다. 또한 역사성과 정체성을 무시하는 신비주의나 그리스도가 없는 역사주의를 지향하는 자유주의 신학이나 물질주의와 기복신앙으로 변모해가는 세속주의 신학을 배격하고 하나님의 주권과 영광을 최상으로 생각하는 칼빈의 개혁주의 신학으로 돌아가는 것만이 무질서한 교회의 신학과 교회의 세속화를 막을 수 있는 길이다.

다양한 영성교육프로그램이 주일학교에 도입되어야 한다. 이렇듯 변화하는 시대에 교회가 해야 할 사명은 무엇보다 영적으로 깨어나는 일이다. 교회지도자와 교육책임자들이 진정으로 회개하고 영적으로 깨어 있어야 한다.

3) 그리스도의 문화 확산

변화가 다양하게 전개되고 있지만 교회에서 가장 중요하게 생각해야 할 것은 젊은 세대들에게 바로 가르치고 깨닫게 하며 이 땅에 그리스도의 문화가 확립되도록 해야 한다는 것이다. 나의 것을 최고의 것으로 만들려는 세대들에게 그리스도의 것이 최상의 것임을 신앙적으로 확인시켜주는 것이다. 종교개혁자들은 말씀이 말씀되게, 교회가 교회되게, 은혜가 은혜되게, 그리고 문화가 문화되게 하는데 초점을 맞추었다.

정보화 사회와 교회교육

1) 정보화 사회와 사이버 문화

가상공간, 동물 복제 등으로 상징되는 첨단 과학은 종교에 대한 인식이나 신앙생활에도 엄청난 변화를 몰고 올 전망이다. 종교계에서도 과학발전이 더욱 가속화할 21세기를 앞두고 대책마련을 위한 연구와 교육이 활발하다.

예배형식에 대변혁이 예상된다. 특히 영상예배의 급격한 보편화 현상이 생긴다. 멀티미디어를 통한 가정예배가 교회에서 드리는 예배를 대체할 가능성이 커지고 있다. 영상예배의 급격한 보편화 현상과 함께 TV를 통한 가정예배가 건물교회에서 드리는 예배를 대체할 가능성이 높아지고 있다. 교회교육도 이에 대한 대비를 하지 않으면 안 된다.

앞으로의 사회는 정보화, 세계화의 큰 경향에서 사회의 유연화와 다원화가 증대된다. 정보화 사회는 우리가 살고 있는 현재인 동시에 앞으로 살아가야 할 미래이다. 정보화 사회에 훌륭히 적응할 수 있는 인재의 양성은 교육을 통해 이뤄진다. 이전 사회와는 다른 새로운 사회, 그 사회가 요구하는 새로운 인재의 모습, 그 인재를 양성하는 교육체제 역시 이전과는 달라져야 한다.

멀티미디어라는 첨단 대중매체가 출현한 후 소설이나 영화에서만 보던 사이버 스페이스가 현실로 다가서고 있다. 이제 대중의 관심은 지역적, 시간적 제약을 벗어나 지구촌의 모든 사물과 사건에 대한 정보를 쉽게 습득하게 되었다. 정보와 정보처리가 가장 소중한 가치로 평가받는 현시대에 기독교는 어떤 교육전략을 가지고 대처해야 하는가? 급변하는 정보화 시대에 대한 기독교 세계관 정립과 효과적인 선교전략이 필요하다.

이미 건축, 의료, 군사, 영화, 게임, 건축 및 디자인, 환경영향평가, 그리고 핵실험에 이르기까지 거의 모든 분야에서 이용되고 있는 사이버 문화는 21세기에 종교적 영적 삶에도 중요한 영향을 미치게 된다. 이에 따라 기독교의 현실적이고 신속한 대처방안이 마련되어야 한다.

사이버 문화는 대중매체보다 기술적으로 훨씬 진보한 매체의 형태를 가지고 있다. 그 어떤 진보가 이루어져도 예수 그리스도는 그 문화 속에서 여전히 구주로서 그의 주권을 행사하고 있다는 것을 인식하지 않으면 안 된다. 주님은 오늘도 그리스도인들을 통해 사이버 문화의 변혁을 요구하고 있다.

2) 순기능과 역기능

가상현실의 응용분야는 오락은 물론 건축, 의료, 설계, 교육, 군사, 과학, 예술 등 무궁무진하다. 교회는 사이버 문화를 적극 활용해 장애자에게 예배 및 교육의 기회를 제공하고, 대규모 전도나 농어촌을 비롯한 산간오지의 예배의 효율성, 특수직 근무자 및 신우회 활동 등에도 관심을 기울여야 한다. 그러나 대중매체의 부산물인 가상현실의 사이버 문화는 대중의 욕구와 야합해 자아의 존재를 부정하고 정체성을 해체하는 역기능을 가지고 있다.

가상현실 상의 교회는 극단적 이기주의, 코이노니아의 파괴, 재택예배, 가상현실 중독증, 소극적이고 피동적인 예배습관을 형성하는 등 문제점도 안고 있다. 이런 부정적인 이미지를 해결하기 위해서 교회는 성례전을 강화하고 공동체 의식을 높이며, 신학을 정립해야 한다. 선교와 교육에 멀티미디어를 적극 활용하는 방안도 마련하는 등 미래 시대 변화에 대응하는 적극적인 자세를 가져야 한다(김진년, 1998).

사이버 문화의 폐단이 제기되고 있지만 기독교는 배타적인 태도보다 열린 자세로 사이버 세계 속에 있는 이들에게 신앙을 증거할 수 있도록 사이버 문화 선교사를 양성해야 한다.

가상현실은 없어져야 할 것이 아니라 그 존재성이 인정되어야 한다. 가상현실로서 교회가 사이버 월드를 넓히는 것은 충분한 투자가치가 있다. 그러나 이에 대한 문화비평 작업도 지속적으로 이뤄져야 한다. 가상현실의 유용성과 위험성을 어떻게 기독교적으로 이해할 것인지의 안목이 중요하기 때문이다. 특히 가상현실을 하나의 성공적인 작품으로 이끌기 위해서는 성경적 세계관과 시대의 흐름, 기술적 능력을 갖추고 진행시켜야 한다.

사이버 시대에 교회가 사이버 세계를 소극적 수용자 태도로 일관하면 새로운 대중문화의 도전으로부터 도태될 뿐 아니라 적절한 전문가를 양성하지 못해 쉬운 패러다임을 수용하여 대중문화의 논리에 쉽게 길들여질 수 있음을 간과해서는 안 된다. 우리는 사이버 문화를 단지 극단적인 이단문화로 여길 것이 아니라 능동적으로 대처하여 사용자가 성령충만한 영적인 도구로 만들어 그 속에 그리스도 문화를 정착시켜야 한다.

3) 정보화 사회와 교육적 기여

하나되는 사회, 함께 하는 사회

정보화 사회에서는 정보가 통신망을 통해 빠르고 자유롭게 유통되기 때문에 전세계가 하나의 지구촌을 이룬다. 아프리카에 직접 가지 않아도 그들의 생활방식을 알 수 있으며, 다른 나라 사람들과 직접 만나지 않더라도 환경문제와 같은 주제를 놓고 의견을 나눌 수 있다. 교회학교에서도 통신망을 통해 학생들이 세계의 다른 학생들과 토론도 할 수 있다. 디지털 시대의 인간관계는 닫힌, 수직적 연줄망에서 열린, 수평적 연결망으로 변화한다. 바람직한 디지털 문화는 '남과 달리' 하는 창조성 못지 않게 '남과 함께' 라는 공동체 윤리를 강조하는 데서 꽃이 핀다(백욱인, 1998).

주도적 평생학습

지금까지는 학교라는 울타리 안에서 교사가 전달하는 지식을 받아들이는 것이 교육의 전부였다해도 과언이 아니다. 그러나 알아야 할 정보의 양이 엄청나게 불어나는 사회에서는 학교에서 배운 지식만으로 살아가기 어렵다. 따라서 정보화 사회는 언제, 어디서나 필요한 지식과 정보를 스스로 탐색하고 학습해야 하는 자기주도적 평생학습사회이다. 교회교육도 통신망을 통해 스스로 찾아서 하는 교육으로 전환될 것이다.

창의력 존중

정보화 사회에서는 하루가 다르게 새로운 정보가 만들어지는 정보의 홍수 속에서 살게 된다. 평범한 정보보다는 새로운 정보, 남들이 미처 생각해내지 못하는 창의적인 정보가 더 값진 것이 된다. 정보화 시대에 학교에서 학생들에게 길러주어야 할 것은 문제해결 능력, 창의적 사고 능력, 메타인지 능력 등이다. 교회학교 행정담당자는 이 점을 염두에 두어 학생을 보다 창의적으로 양성해야 한다.

교육의 정보화

교육의 정보화가 강하게 추진되고 있다. 새로운 교육체제의 실현은 초고속 정보 통신망, 종합 정보 통신망 등 정보통신 기반과 멀티미디어 정보처리 기술의 발달로 가능해졌다. 누구나 어디에서든 세계의 각종 정보가 모여 있는 인터넷이나 교육정보가 모여있는 에듀넷과 같은 정보망을 통해 교육내용을 찾아보고 전자우편을 통해 모르는 내용을 물어볼 수 있게 되었다. 이렇게 되면 교육내용과 방법, 체제 등 많은 것이 변화된다. 이른바 사이버 교육 시대가 열린다(교육부, 1997). 교회도 이런 변화에 빨리 적응하는 교육체제로 전환되어야 한다.

열린 교육기회

지금 새로운 교육체제의 주된 목표는 누구나, 언제, 어디서나, 원하는 교육을 받을 수 있는 길을 활짝 여는 것이다. 열린 교육사회, 평생학습사회 건설이라 할 수 있다. 이런 교육정책에 따라 교육이 누구에게나 열려진다. 학생, 거동이 불편한 장애인, 성인, 노인에 이르기까지 누구나 교육정보를 활용할 수 있게 되어 모든 국민이 교육기회를 갖게 된다. 교회교육도 교회에 출석하는 학생뿐 아니라 부득이하게 출석하지 못하거나 지역적으로 떨어진 학생들에게 열린 교육장이 되도록 해야 한다.

시공초월

시간과 공간을 초월한 교육이 실시된다. 자신이 원하는 시간과 공간에서 교육을 받을 수 있다. 학교에서의 정규교육, 시간에 구애받지 않는 재택교육, 지리적으로 멀리 떨어진 학교간의 원격교육, 교육여건이 열악한 농촌지역의 원격교육 등 시간과 공간의 제약에서 탈피한 다양한 형태의 교육이 제공된다. 정규학교에 다니는 학생이 아니더라도 연령에 관계없이 원하는 시간에 원하는 장소에서 원하는 학습을 할 수 있다. 정보매체를 이용할 경우 교회학교 교육도 시간과 공간을 초월하는 교육으로 전환된다.

개별화된 교육가능

개별화된 교육이 실시된다. 모든 사람이 똑같은 내용과 똑같은 방법으로 교육을 받지 않는다. 개인별로 다른 학습능력과 속도, 필요에 따라 각기 다른 내용과 방법으로 교육이 실시되어 개개인의 능력을 최대한 발휘할 수 있다. 성경교육도 개개인에 따라 특성있게 교육될 수 있다.

풍부한 정보제공

풍부한 정보가 제공된다. 우리나라뿐 아니라 세계의 모든 정보를 교실이나 가정에서 도시나 농촌에서 얼마든지 활용할 수 있게 되었다. 멀티미디어 정보처리 기술의 발달로 문자를 비롯한 그림, 동영상, 음성, 음향 등 다양한 형태의 자료제공이 가능해져 보다 효과적인 학습이 이루어지고 있다. 또한 세계 각지의 문헌과 자료를 검색하고 신속한 정보 교환이 가능해져 연구, 학술능력이 강화된다. 홈페이지를 통해 영상설교와 찬양뿐 아니라 교회교육이 실제적으로 이루어지도록 한다.

효율적 행정구현

학사 및 교무 등의 업무는 모두 전산화되어 단순히 반복되는 업무의 부담이 줄어들게 된다. 교사의 역할인 학생을 지도하는 일에 더 많은 시간을 투입할 수 있다. 또한 모든 교육행정 기관이 연결되어 교육행정 정보가 신속하고 정확하게 전달됨으로써 효율적인 학교운영과 교육행정 서비스가 이루어진다. 교회 교육행정의 정보화는 교회의 정보화와 깊게 연계되어야 한다.

4) 교회학교가 해야 할 일

정보화에 맞는 교육체제로 재구성하기 위해 교회학교가 해야 할 일을 살펴보면 다음과 같다.

열린 교육체제로의 전환

경직되고 표준화된 교육체제에서 열린 교육체제로의 전환이 필요하다. 정보는 변화의 속도가 빨라 모든 사람에게 평생학습이 요구된다. 교육은 지식의 전수가 아니라 계속 학습하는 습관, 학습하는 방법을 가르치는데 중점을 두어야 한다. 다양한 연령층에 다양한 프로그램을 다양한 방법으로 제공할 수 있도록 개편되어야 한다.

정보화에 대한 바른 이해와 규범 확립

정보화의 편리함을 수용하되 부정적 측면에 대비한다. 정보화가 교육의 모든 문제를 쉽게 해결해 줄 것으로 맹신하는 것은 금물이다. 정보화가 인류의 생활을 편리하게 하는데 공헌할 것은 사실이지만 그 역기능에 대한 경계를 소홀히 해서는 안 된다.

정보화는 간접체험의 증가, 획일적 다양화, 삶의 보람에 대한 정서문제 등 인간성 형성에 부정적 영향을 미칠 수 있다. 교회교육이 그 부정적 측면을 최소화하는 역할을 맡아야 한다. 그것은 도덕적으로 잘 무장되어 정직한 생활을 하고 책임성과 공동체 의식이 강한 하나님 나라의 시민을 육성하는 것이다.

정보화 작업 및 팀 구성

교회학교는 다음과 같이 여러 제작팀을 두어 정보화를 앞당길 필요가 있다.

▶ 교육행정 정보화팀 : 교회교육, 사무행정, 재정 등 소프트웨어 제작
▶ 홈페이지 제작팀 : 교회교육에 관한 홈페이지 제작
▶ 멀티미디어 제작팀 : 멀티미디어 앨범, CD-ROM, 성경공부, 설교 등 제작
▶ 자료 입력팀 : 교회교육의 각종 문서 및 자료 입력

각 제작팀에 자원봉사 지원팀을 구성하여 도움을 주게 한다. 다음은 각 팀과 가능한 자원봉사자 영역이다.

자원봉사자의 활용

팀	자 원 봉 사 자
교육행정 정보화 지원팀	전공 교수, 소프트웨어 개발회사 근무자, 프로그래머 MIS개발 경험자
홈페이지 제작 지원팀	인터넷 관련회사 근무자, 디자이너, 통신 네트워크 전문가
멀티미디어 제작 지원팀	그래픽 디자이너, 비디오 및 오디오 회사 근무자, 방송, 사진 전문가, 맥 전문가
자료 입력팀	한타, 영타, 녹음테이프 풀어쓰기, OCR 작업가능자

교수 – 학습의 개별화와 교육의 과학화

교수 – 학습의 개별화와 창의성 교육이 가능하도록 교육의 과학화가 이루어져야 한다. 올바른 교육은 개개인이 타고난 잠재력을 최대로 개발하여 자아실현이 가능하도록 하는 것이다. 한 사람도 버릴 사람이 없다는 철학으로 모든 교인이 필요로 하는 알맞는 교육을 제공하도록 교육체제를 재구성해야 한다. 강의에 의해 지식을 전달하는 교육방식은 정보시대에 맞지 않는다. 강의식 지식전달보다 과제 중심의 학습(project-based learning)이 필요하다. 설교 중심의 예배구조에도 변화를 줄 필요가 있다.

전통적 가치와 신세대 가치의 조화로운 인성 교육

교회의 전통적 가치와 신세대 가치의 조화로운 인성 교육이 병행되어야 한다. 대중매체의 영향으로 청소년들의 가치관과 기성세대의 가치관이 크게 상충될 수 있다. 문자세대는 이성적인데 반하여 영상세대는 감성적이다. 문자세대는 옳고 그름으로 판단하는데 비해 영상세대는 좋고 싫음으로 판단한다. 그리고 문자세대는 억제된 감정을 존중함에 비해 영상세대는 해방된 감정을 갖고 있다.

교사의 참여와 전문적 역할

정보화 추진에 있어서 교사의 참여와 전문적 역할이 중요하다. 교육은 전문가에 의해 이루어져야 한다. 정보화사회의 교육이 열린 교육체제라 하여 전문성이 결여된 채 체계적 교육이 이루어지지 않으면 그 교육은 위험하다.

한국화와 국제화

교회교육을 통해 올바른 세계인이 양성되어야 한다. 세계화는 한국화와 국제화가 동시에 강조되어야 한다. 한국적 문화전통만 강조하여 국제적 안목을 가지지 못한다든지, 국제화만 강조하여 한국적인 것을 무시하면 안 된다. 교회교육에 있어서도 국제적 교류가 활성화되어야 한다. 정보화 사회는 이러한 흐름을 촉진시킨다.

교육이 미래의 정보 지식사회에 대비하기 위해서는 많은 양의 지식을 능동적으로 배우고 익혀야 할 뿐 아니라 학습하는 방법을 터득하여 정선된 지식을 최대한도로 활용하고 새로운 지식을 창출하며 창의적이고 독특한 개성을 소유한 인재를 양성해야 한다. 교회교육도 교육의 탁월성을 추구해야 한다. 앞으로 교회교육에서도 교육체제 및 운영에 시장경쟁 원리가 도입되어 교육기회가 다양하게 마련되고 교육시설이나 설비가 대폭 개선될 것이다.

미래 교회학교 교육행정의 방향과 대책

1) 미래지향적 안목

기독교는 현재에 안주하는 것이 아니라 변화를 이끌어 나갈 책임이 있다. 이를 위해서는 미래지향적인 안목을 가진다. 동서남북 사방을 편협하지 않은 눈으로 바라보고, 긍정적인 태도로 현재의 어려움들을 극복해 가도록 해야 한다.

2) 열린 교회학교

교회교육 담당자들은 학생들을 하나님께로 더 가까이 가도록 만들어야 한다. 이를 위해 교회학교는 기존의 방식을 과감히 탈피하지 않으면 안 된다. 교회학교가 하나님께 열리고, 학생들에게 열려 있어야 한다. 그들이 교회로 오기에 주저함이 없도록 해야 한다. 이를 위해 교회학교는 열린 학교로 변화되어야 한다.

교회학교가 열린 학교가 되기 위해서는 커리큘럼, 교육시간, 교육장소, 교육조직 모두에 열린 태도를 유지해야 한다. 교육과정에 유연성을 부여하고, 교육시간도 주일만 하는 것이 아니라 주중으로도 확대하며, 교육의 장소도 교실에서만 하는 것이 아니라 교육적 영향을 끼치는 모든 환경이 교실이 되어야 한다. 교육조직도 학급이나 학년에 제한을 두지 말고 그 벽을 허물며, 교사도 한 사람이 아니라 팀티칭이나 전문강사 및 지원인사의 도움을 받는다. 이를 위해 우리 모두의 마음이 열려 있어야 하며 인간관계도 열린 관계를 유지해야 한다(김종수, 1998).

3) 교육시간의 유연성 확대

현재 교회학교는 주일에만 운영되고 있다. 그러나 앞으로는 교육시간에 있어서 유연성을 두어 다양하게 확대되어야 한다. 앞으로 교회학교는 주일에만 교육한다는 벽을 허물어야 하며 교육시간을 주중까지 확대함으로써 절대 부족한 교육시간을 충분하게 확보해야 한다.

일주일에 하루, 그것도 한두 시간의 교육으로 험한 세상과 싸우고 새 세상에 대한 비전을 가진 인물을 양성할 수 없다. 따라서 교육시간의 확대는 필수적이다. 주일에만 교육하는 형태를 벗어나기 위해서는 주중의 교육프로그램, 매일의 교육프로그램이 설정되어야 한다.

주간학교(weekday school), 주말학교(weekend school), 방과후학교(after school), 인터넷학교(internet school) 등 적극적인 프로그램을 개발하여 교육시간을 유연성있게 확대한다. 인터넷학교가 열리면 언제든지 교육이 가능하다. 교육에 있어서 이른바 유연시간 제도가 확립되면 교육의 질도 크게 달라진다.

4) 교육장소의 유연성 확대

교육의 장소도 다양성을 띠어야 한다. 지금까지 학습장소는 교실에 한정되어 있었다. 앞으로는 교실의 벽을 허물고 교육적으로 영향을 줄 수 있는 곳은 어디나 교육장소가 된다. 교회뿐 아니라 가정, 지역사회, 자연 모두가 학습장소가 된다. 이른바 학습장소의 유연성이 확보된다.

교육공간은 단지 가르치는 곳이 아니라 학습하고 생활하는 곳이다.

좁은 교회당에서 서로 넓은 자리를 차지하려고 할 것이 아니라 독서영역, 놀이영역, 작업영역, 시청각영역 등 영역을 다양하게 나눠 교회 밖으로 교실을 확대해 나가야 한다.

5) 다양한 프로그램의 개발

뉴미디어 시대에 걸맞는 다양한 프로그램을 시급히 개발해야 한다. 지금 교회학생들은 세속적인 다양한 매체의 파상적인 공격에 엄청난 도전을 받고 있다. 따라서 단순한 땜질식 처방으로 교육을 해서는 안 된다. 교육프로그램은 일방적인 공과 강의에만 치중하는 것이 아니라 음악, 미술, 체육, 글쓰기 등 다양한 교육프로그램을 도입하고 다양한 예술장르를 활용함으로써 교회 교육방법에 혁신을 가져와야 한다.

6) 교회의 기초확립

아무리 시대가 바뀐다 해도 교회는 언제나 교회다워야 한다. 이를 위해 교회의 기초확립이 절실히 요청되고 있다. 칼빈의 개혁주의 신학은 하나님 중심, 성경 중심, 교회 중심, 가정 중심의 특징을 가지고 있다. 능동적 생산적 말씀의 사역과 무한하신 하나님의 은혜와 은총을 통해 더욱 그를 느끼게 하고 사랑하게 되는 열정적, 헌신적, 실천적 교육이 있게 될 때 진리체계가 바로 설 뿐 아니라 개인이나 교회 모두가 하나님의 영광을 위해 살게 된다.

7) 말씀교육 강화와 성령의 임재

어려울 때일수록 철저히 말씀으로 돌아가야 한다. 종교개혁자들은 '오직 성경'이라는 구호를 내걸었다. 이 모토는 그 당시에만 필요한 것이 아니라 지금도 필요하다. 말씀은 오늘의 도전을 이길 수 있는 유일한 무기이기 때문이다.

호라이즌 크리스찬 펠로우쉽 교회에서는 교인들과 교감이 있는 목회를 하고 있다. 즉, 사이버 목회가 현대적이기는 하지만 사람들이 능력있는 성령의 임재가 있는 곳에 모이도록 한다. TV나 라디오로는 그것을 느끼지 못하기 때문이다. 말씀과 성령을 사모하는 곳에는 언제나 활기가 있다.

8) 교리교육

교회에서는 교리적 교육이 강조되어야 한다. 학습, 세례교인을 교육시키는 일은 간단한 사도신경 해설로 충분하지만 교인을 가르치려면 역대 교회가 남겨준 교회적 유산인 신앙고백을 다루어야 한다. 모든 주교교사들을 대상으로 교리적 교육이 시행되어야 한다. 교리적 선이해 없이 단순한 선별적 성경공부나 주관적 체험중심의 성경공부는 자칫 탈선하기 쉬운 파행적 신앙행로로 치닫게 된다(김의환, 1998).

9) 지도자 교육의 강화

교회는 교회교육 담장 지도자 교육을 강화해야 한다. 이 교육을 위해 보다 구체적이고 획기적인 계획이 제시되어야 한다. 신학교육의 질을 높이고, 지도자의 재교육을 통해 영적 지도력을 확장해 나간다.

10) 그리스도의 군사 양성

교회학교 학생들을 단지 수동적인 출석교인에서 능동적으로 일하는 그리스도의 군사로 전환시켜야 한다. 학생들은 모두 하나님 나라 건설의 첨병이 되어야 한다. 그리스도의 강한 군사가 되어야 한다. 교회내에 헌신된 일꾼이 많아질 때 어떤 도전과 위험도 이길 수 있다.

11) 가정교육 병행

신앙교육을 교회학교에만 일임하는 것은 바르지 못하다. 가정과 교회학교가 서로 협력해야 한다. 가정에서의 신앙교육이 강화될 필요가 있다. 가정에서 신앙교육을 시키도록 총회차원에서 예배가이드 및 가정신앙교육 지침 등을 제시하고 가정의 교회화 운동을 전 교계적으로 전개해야 한다. 하나님 중심, 말씀 중심, 교회 중심의 삼대 표어에 반드시 가정 중심이 보강되어야 한다. 가정목회의 진정한 회복없이 교회목회는 성공할 수 없다.

12) 불신과 벽을 허무는 교육정책

현대사회는 공동체의식이 중요한 미덕으로 간주되고 있다. 따라서 교회도 공동체의식을 신앙생활에 접목시킬 방안을 모색해야 한다. 21세기에 교회가 관심을 가져야 할 중요 분야로 청소년, 교육, 문화, 통일, 가정, 평신도신앙생활 등이 있다. 상호불신과 불화, 각종 고정관념, 미움과 질시의 벽을 허물고, 화해와 통일로 나가야 한다.

13) 창의성 확대

교회가 새 시대를 이끌어 가기 위해서는 보다 창의적인 발상을 해야 한다. 이를 위해 교인들의 달란트를 발전시키는 교육정책이 마련되어야 한다. 우리의 말과 행동 하나하나에 그리스도의 향기가 묻어나고 이로써 하나님의 영광이 드러나듯 하나님이 주신 달란트를 주님을 위해 사용되도록 가꾸고 발전시켜야 한다.

교회성장이 정체되고 교인수가 줄어든다고 해도 기독교에 대한 사회의 기대는 날로 높아지고 있다. 특히 가치의 혼란 속에서 무절제하게 살아가는 현대인일지라도 누군가 금전만능의 물결, 극도의 개인주의화의 물결, 참담한 경쟁사회의 물결을 제어하고 생명존중의 가치, 공동체의 가치, 평화공존의 가치를 널리 퍼뜨리기를 갈망하고 있다. 교회에 대해거는 기대도 커지고 있다. 따라서 교회학교는 이런 사회의 요구를 수렴하여 보다 적극적으로 대안을 제시하고 이 땅에 하나님의 나라를 날마다 확장할 필요가 있다.

【 도움말 또는 사례 】

인터넷 통신교육

일방적으로 듣는 것보다 직접 보고, 보는 것보다 직접 실제로 해보는 학습(hands-on learning)으로 전환되고 있다. 모든 수업방식은 학생들에게 정보를 찾아 가공하는 방법을 가르치는 방향으로 전환된다. 최근 세계적으로 급속히 확산되고 있는 인터넷 통신망은 새로운 생활공간을 만들어 주고 있다. 현대는 노하우(know-how)가 아닌 노훼어(know-where) 시대이다. 암기위주의 교육에서 벗어나 생생하게 살아있는 세계의 현장에 직접 뛰어들어 보고 듣고 배울 수 있다.

학교 정보화운동은 모든 학생, 교사가 언제 어디서나 학습이 가능한 교육체제를 만들고자 노력하는 운동이다. 인터넷 시대에는 단순한 지식의 축적만으로 안 된다. 어떤 정보가 어디에 있고, 그것을 어떻게 수집 가공해서 얼마나 잘 활용할 줄 아느냐가 미래형 지식인의 기준이 된다. 따라서 모든 수업방식은 학생들에게 정보를 찾아 가공하는 방법을 가르치는 방향으로 전환된다.

인터넷을 활용한 교육은 폐쇄된 교실을 벗어나 전세계를 대상으로 협력, 협동학습을 가능하게 해 학생, 교사 모두에게 능동적인 학습의욕을 불러 일으킨다. 다양한 학습경험을 쌓으면서 자연스럽게 세계인으로 동참하는 계기를 마련해야 한다.

【 생각해 볼 문제 】

1. 미래사회가 어떻게 변화하며 그것이 교회에 미칠 영향을 구체적으로 말해보라.

2. 교회는 왜 포스트모더니즘의 위험성을 말하는가? 그에 대한 교회

의 바람직한 교육정책은 무엇인가?

3. 정보화 사회가 교회교육에 미치는 순기능과 역기능에 대해 말해 보라.

4. 교회학교의 미래 교육정책이 어떤 방향으로 가야 하는가 말해보라.

【 참고 문헌 】

김의환. (1998). "21세기의 변화와 교회의 교육적 사명", 기독신문. 5월 13일.
김종수. (1998). "교회학교의 21세기를 준비하자", 빛과 소금. 7월, 114-117.
김진년. (1998). "가상현실의 도전과 교회의 준비", 제1회 숭실기독문화정기포럼 : 사이버 문화와 기독교 문화전략. 6월 16일.
교육부. (1997). 멀티미디어지원센터. 10월 15일.
백욱인. (1998). 디지털이 세상을 바꾼다. 문학과 지성사.
이성희. (1998). 미래목회 대예언. 규장.

현대인을 위한 신학총서10
기독교 교육행정

초판발행 2000년 1월 28일
초 판 4쇄 2014년 4월 4일

지 은 이 양창삼 교수

편   집 대한예수교장로회총회 교육부
제   작 대한예수교장로회총회 출판부
발   행 대한예수교장로회총회

주   소 서울시 강남구 영동대로 330
전   화 (02)559-5655~6
팩   스 (02)564-0782
인터넷서점 www.holyonebook.com

출판등록 제1977-000003호
ISBN 978-89-88327-90-6 04230
      978-89-88327-33-3 (세트)

ⓒ2000, 대한예수교장로회총회